복음의 진리, 갈라디아서

The Truth of the Gospel:

The Nature of Community Revealed in Galatians

LIVE 성경강해

말씀을 경청하고	Listen to the Word
바르게 해석하고	Interpret the Word
가치를 정립하고	Value by the Word
진리로 연대합니다	Eat with the Word

일러두기

이 책에 인용한 〈갈라디아서〉 성경 구절은 저자가 직접 번역하였습니다. 그 외의 성경 구절은 대한성서공회에서 펴낸 《새번역성경》을 따랐으며, 다른 번역본을 사용한 경우에는 따로 표기하였습니다.

LIVE
성경강해

복음의 진리, 갈라디아서

갈라디아서에 드러난 교회 공동체의 본질

김도현 지음

사자와 어린양

안드레이 루블료프 작, 〈사도 바울〉(1410).
러시아 모스크바 트레치아코프 미술관 소장. 160×110cm.

To Pastor Paul Choi and Brothers and Sisters at Village Church

"May the God of Hope fill you with Joy and Peace."

서문

갈라디아서는 많은 그리스도인들이 사랑하고 좋아하는 책입니다. 하지만 깊이 있게 이해하기 어려운 서신이기도 합니다. 로마서보다 더 간략하고 날카롭게 하나님의 복음을 드러내고 있음에도 그러한 이유는, 로마서가 바울 자신의 형편에서 복음의 논리를 전개하고 있는 데 비해 갈라디아서는 갈라디아 교회의 상황이 바울의 논증을 이끌어 가고 있기 때문입니다. 갈라디아서는 갈라디아 교회의 형편을 얼마나 이해했느냐에 따라 해석의 여지가 큰 편지입니다.

저의 경우에는 근래의 연구들, 특히 편지가 쓰인 시대적 정황을 담은 갈라디아 지역에 대한 괄목할 만한 연구 성과들이 갈라디아서를 이해하는 데 큰 도움을 주었습니다. 특히 이 강해는 최근 발간된 여러 좋은 연구에 힘입은 바가 큽니다(예를 들어, 톰 라이트, 크레이그 키너, 데이비드 드실바의 저작들이 그렇습니다). 그렇다고 해서 최근의 연구들이 오래전의 연구들보다 반드시 더 우수하다는 의미는 아닙니다. 한스 벳츠(Hans Dieter Betz) 교수는 그의 유명한 주석(*Hermeneia*, 1989)에서

복음의 진리

"1535년에 출판된 《마르틴 루터 주석》이 바울이 말하고자 의도한 것에 대해 경이롭고 심오한 이해를 담고 있는 것을 발견하고 놀랐다"라고 했습니다. 저 역시 루터의 주석을 계속 읽어 가면서 자주 경탄을 했고, 역사비평학이 발전하기 전의 해석(pre-critical exegesis)이 갖는 분명한 힘을 경험한 적이 많습니다.

제 경험 가운데 갈라디아서와 관련해 가장 강렬한 기억은, 대학 시절 2장 20절을 암기한 사건입니다. 제자훈련 과정에서 고린도후서 5장 17절과 함께 가장 먼저 암기한 성구로 생각되는데, 이후 계속해서 살아 있는 말씀으로서 여전히 마음에 깊이 남아 있습니다. 존 스토트 목사님의 《갈라디아서 강해》를 읽으며 은혜를 누린 기억도 있습니다. 그러나 학문적으로 갈라디아서를 집중해서 공부한 시기는, 1992년 봄학기 예일대학교 신학부에서 갈라디아서 세미나를 수강할 때였습니다. 그해 뉴욕 유니언 신학교의 마틴(J. Louis Martyn) 교수님이 예일대에 교환교수로 와 있으면서 세미나를 인도했는데, 마침 갈라디아서 주석(Anchor Bible Commentary, 1997)을 집필하시고 계신 터라 그의 생생한 주장을 마음껏 들을 수 있었습니다. 세미나 시간 외에도 따로 시간을 요청해 몇 차례 커피를 마시면서 갈라디아서에 관한 무궁무진한 이야기를 들을 수 있었고, 그로써 그의 묵시론적 바울 해석에 점점 설득되어 갔습니다. 그 세미나에서 저는 겁도 없이 2장 16-21절을 덜컥 맡아 토론을 인도하고 보고서를 제출하기도 했습니다. 지금 생각하면 무모한 시도였지만, 교수님은 매우 너그럽게 (gracious!) 평가하면서 본인이 쓰고 있던 주석을 출력해 보여 주시기도 했습니다. 이 배움은 후에 갈라디아서의 공동체적 읽기를 시도하는 데 초석이 되었습니다.[1]

이 책《복음의 진리, 갈라디아서》는 신약학자로서 그동안 갈라디아서를 연구하고 해석한 결과물입니다. 저는 갈라디아서 전체를 총 세 번 강해했는데, 모두 다 교회를 향한 작업이었습니다. 제일 먼저는 대학생을 대상으로 한 모임에서, 이후에는 유학생과 연구원이 많은 캠퍼스 교회에서, 마지막으로는 이민교회에서 강해를 했습니다. 세 번의 강해 가운데 가장 어려웠던 시간은 이민교회에서의 설교였습니다. 고달픈 이민 생활 가운데 있는 분들에게(평균 연령이 60세가량 되는 분들이었습니다.) 갈라디아서의 핵심 메시지를 제대로 전달하기란 결코 쉬운 일이 아니었지요. 그럼에도 2천 년 전 갈라디아 지역의 교회들이 겪은, '복음의 진리'가 위협받던 상황에 대응한 바울의 편지가 21세기 미국에 와서 살아가고 있는 이민자 그리스도인들에게 어떻게 하나님의 살아 있는 말씀으로 전달될 수 있었는지 그저 신비롭기만 합니다.

"2천 년 전에 갈라디아에서 그랬다고 하는데, 그게 지금 우리와 무슨 상관이 있나요?"

이런 질문들이 여전히 귓가에 울립니다. 이 책이 부족하나마 답이 되기를 마음 모아 기도합니다.

박대영 목사님(광주 소명교회 책임목사,《묵상과 설교》책임편집자)이 시작한 'LIVE 성경강해' 시리즈로 이 책《복음의 진리, 갈라디아서》를

---

1   Johann D. Kim, "Towards a Communal Reading of Paul: Galatians as a Test Case," Society of Biblical Literature National Meeting, New Orleans, Nov 22, 2009. 이 보고서는 https://www.vanderbilt.edu/AnS/religious_studies/SBL2009/Kim.pdf에 실려 있다.

출간하게 되어 참 기쁩니다. 학문적인 논의를 자세히 쓰기보다는 시리즈의 취지에 맞게 강해설교 형태로 펴냅니다. 각주는 최소화하되 꼭 필요한 부분에는 첨가를 했습니다. 참고한 책, 논문, 주석을 일일이 언급한다면 책의 부피가 지금의 두 배는 될 것입니다. 더 깊은 연구를 위한 참고 자료는 크레이그 키너(Craig Keener) 교수의 방대한 주석《Galatians: A Commentary》(Grand Rapids: Baker Academic, 2019)에서 도움을 받을 수 있을 것입니다.

저는 갈라디아의 교회들이 직면한 위기는 다민족/다문화 교회의 존립에 관한 위기였다고 확신합니다. 바울은 갈라디아서 2장에서 초기 기독교의 대표적인 다민족/다문화 교회였던 안디옥 교회에 일어났던 사건을 이야기하면서 "복음의 진리"(2:5, 14)를 언급합니다. 이것은 바울이 말하는 "복음의 진리"의 위기가 어떤 추상적인 것이 아닌,[2] 그리스도의 복음이 무너뜨렸던 유대인과 이방인 사이의 벽이 다시 세워지는 데서 온 것임을 보여 줍니다(2:18). 갈라디아서는 그 "벽"이 유대인과 이방인 사이에 다시 세워지면 "복음의 진리"가 허물어지고, 그리스도께서 자기희생으로 허락하신 "자유"를 빼앗기며(참고. 2:4), 자유가 없는 상태에 놓이면 하나님이 세우기 원하는 공동체의 파괴가 일어남을 증언합니다(5:15). 그러므로 복음의 진리의 위기는 바로 교회 공동체의 위기이며, 바울은 그의 편지에서 갈라디아 교회

---

2 내가 아는 바, 갈라디아서를 '복음의 진리'로 풀어낸 작품으로는 게르하르트 에벨링(Gerhard Ebeling)이 저술한 훌륭한 강해서 *The Truth of the Gospel: An Exposition of the Gospel*(Trans. David Green; Philadelphia: Fortress, 1985; German original, *Die Wahrheit des Evangeliums*, Tübingen: J.C.B. Mohr, 1981)이 유일하다. 그러나 에벨링은 '복음의 진리'를 교회론적으로 접근하지 않고 개혁주의 전통에서의 신학적인 문제(즉, 이신칭의)로 다루고 있다.

들이 겪은 공동체 파괴를 직접적으로 다루고 있습니다.

더 나아가 다민족/다문화 교회의 형성은 현재의 "이 악한 세대"(1:4)에서 건짐을 받아 유대인과 이방인, 남자와 여자, 노예와 자유인이 한 영으로 예배드리는 공동체를 세우는 것이며, 하나님의 "새 창조"(6:15)를 미리 맛보며 장차 완성될 소망으로 채워지는 것입니다. 로마서에서 바울이 그의 긴 논증 끝에 묘사하는 예배 공동체 역시 다양한 배경과 문화를 가진 사람들(믿음이 강한 자와 약한 자, 유대인과 이방인 등)이 서로를 받아들이고 "한 마음과 한 입"(롬 15:6)으로 하나님께 영광 돌리는 다민족/다문화 공동체입니다. 그 공동체에서 유대인과 이방인이 함께 찬양하고 예배드리는 모습은 이미 구약성경에 드러난 하나님의 계획이었습니다. 바울이 로마서 15장 9-12절에서 인용하고 있는 성경 구절은 구약성경 전체를 아우릅니다(삼하 22:50; 시 18:49; 신 32:43; 시 117:1; 사 11:10). 바울은 그런 다민족/다문화 공동체에 하나님이 주시는 "소망"이 가득 차기를 기원하며 그의 논증을 마칩니다.

> 소망을 주시는 하나님께서, 믿음에서 오는 모든 기쁨과 평화를 여러분에게 충만하게 주셔서, 성령의 능력으로, 소망이 여러분에게 차고 넘치기를 바랍니다. (롬 15:13)

이 소망은 다름 아닌, 갈라디아서에서 말하는 "새 창조"의 소망입니다. 교회 공동체는 "새 창조"를 미리 맛볼 수 있는 미니 모델로서 현재의 "이 악한 세대" 안에 존재하도록 세워졌습니다. 그러므로 "복음의 진리"의 위기는 그 모델이 파괴되어 더는 소망을 가질 수 없

복음의 진리

게 될 위기입니다. 책 제목을 《복음의 진리, 갈라디아서》로 정한 이유는 2천 년 전의 갈라디아 교회가 겪은 위기를 이 세대도 겪고 있다고 믿기 때문입니다.

섬기던 교회를 사임하고 2023년 초 오리건에 내려와서 쉬는 중에, 비버튼에 위치한 빌리지 교회 최규진 목사님의 연락을 받고 한동안 이 교회에서 상주 신학자(Theologian in Residence)로 지내게 되었습니다. 70여 년 전에 백인 위주의 교회로 시작해 큰 부흥을 이루고, 1990년대에 들어서는 다민족/다문화 공동체를 추구하기 시작한 빌리지 교회는 제가 그동안 주목해 오던 교회입니다. 이 교회가 위치한 비버튼 주위에 백인이 아닌 다양한 인종이 옮겨 오기 시작하면서 교회의 리더십은 더 이상 백인 중심의 사역을 하는 것이 옳지 않다고 믿게 되었고, 새로운 방향으로 나아가기로 결단했습니다. 백인 교인들이 대부분을 차지하고 있던 상황에서 교회의 리더십에게 선교적인 마음이 없었다면 불가능한 결정이었습니다. 물론 그 뒤에도 쉽지 않은 길을 걸어야 했고 여전히 걷고 있지만, 신실하게 다민족/다문화 교회를 향해 나아가고 있습니다.

지금은 적어도 6개 민족이 어우러져 예배를 드리는 참으로 멋진 교회입니다. 주일예배 때는 영어, 스페인어, 한국어로 찬양을 드리고 이 언어들로 말씀을 선포합니다. 성경을 인용할 때는 중국어와 일본어도 화면에 같이 띄워 줍니다. 교인들이 주로 영어를 사용하는 상황에서 영어를 잘 못하는 사람들이 불편해하지 않도록 배려하려면 사실 많은 에너지를 써야 합니다. 결코 쉽지 않음에도 이 교회가 다민족/다문화 교회를 지향하는 일은 매우 성경적인 시도입니다. 바울의 교회론은 다민족/다문화 교회의 형성을 추구하고 있기 때문입니다. 저는 빌리지 교회가 디아스포라 한인교회들이 곧 직면하게 될 미래를 먼저 살아가고 있다고 확신합니다.[3]

조국 땅에 있는 교회는 물론 디아스포라의 많은 한인교회들이 노쇠하면서 세대와 세대가 이어지지 못하는 현상이 여기저기서 일어나고 있습니다. 몇 년간 이어진 코로나 팬데믹은 그 현상을 가속화해 교회들이 위기 상황에 놓이게 되었습니다. 단지 교회 출석 인원이 줄어드는 문제를 넘어서 복음이 능력 있게 전해지지 못하고, 회심을 통해 예수님을 받아들이고 그분을 주님으로 고백하는 사람을 목격하기 힘든 실정입니다. 1세에게서 2세들에게로 복음이 전해지지 않음으로써 공동체가 힘을 잃고 있습니다. 우리가 '복음의 진리'를 회복하지 않으면 한국 교회와 디아스포라 한인교회들의 미래 또한 밝지 못합니다. 디아스포라 한인교회들의 경우, 멀지 않은 시기에 존립 자체를 위협받게 될 것입니다.

이런 상황에서 이 부족한 강해서가 바울이 내다보고 있던 다민족/다문화 공동체의 비전을 조금이나마 풀어내어 소망을 잃고 위기를 겪고 있는 한국 교회와 디아스포라 한인교회들에게 도움이 되기를 기도합니다. 특히 이러한 비전을 구체화하는 길에 서 있는 최규진 목사님과 빌리지 교회 성도들에게 감사를 드리며 이 책을 헌정합니

---

3   한국 교회의 미래도 크게 다르지 않다고 생각한다. 조국에 갈 때마다 지나치게 빠른 속도로 다인종/다문화 사회가 현실이 되는 모습을 목격한다. 그러나 한국 교회 안에 안주하고 있는 분들은 이런 현실을 보지 못하고 눈이 감겨 있는 것 같다. 하나님의 선교(*missio Dei*)는 선교사를 타국에 파송하는 개념을 넘어 교회 자체가 하나님으로부터 '보내심'을 받은 곳에서 사역하는 것을 의미한다.

다. 소망을 주시는 하나님께서, 신실함에서 오는 모든 기쁨과 평화를
한국 교회와 디아스포라 이민교회, 특별히 빌리지 교회에 충만케 하
셔서, 성령의 능력으로 하나님의 소망이 차고 넘치기를 기원합니다.

2023년 12월
오리건에서 김도현

차례

갈라디아서[4]

1장

1 사람들이 보내서 사도가 된 것도 아니요, 사람의 권위에 의해 사도가 된 것도 아니요, 예수 그리스도, 그리고 그분을 죽은 사람들 가운데서 살리신 하나님 아버지를 통해서 사도가 된 나 바울이,

2 나와 함께 있는 모든 믿음의 식구와 더불어 갈라디아에 있는 여러 교회들에 이 편지를 씁니다.

3 우리 아버지 하나님과 주 예수 그리스도의 은혜와 평화가 여러분과 함께하기를 빕니다.

4 예수 그리스도께서는 하나님 우리 아버지의 뜻을 따라 우리를 현재의 이 악한 세대에서 건져 주시려고, 우리의 죄를 대신하여 자기 자신을 바치셨습니다.

5 하나님께서 영원토록 영광 받으시기를 빕니다. 아멘.

---

4 헬라어 성경과 여러 성경 번역본을 비교하여 새롭게 번역했다.

복음의 진리

6 　나는 정말 놀라지 않을 수 없습니다. 여러분을 그리스도의 은혜 안에서 불러 주신 분을 그렇게도 빨리 버리고 다른 복음을 따라가고 있다니요!

7 　사실 다른 복음이 있는 것은 아닙니다. 다만 어떤 사람들이 여러분을 혼란하게 하고 그리스도의 복음을 변질시키기 원하는 것뿐입니다.

8 　그러나 우리는 말할 것도 없고, 하늘에서 온 천사일지라도, 우리가 여러분에게 전한 것과 다른 복음을 전한다면, 마땅히 저주를 받아야 합니다.

9 　우리가 전에도 말했지만, 이제 다시 말합니다. 여러분이 이미 받은 것과 다른 복음을 여러분에게 전하는 사람이 있다면, 그가 누구든지 저주를 받아야 마땅합니다.

10 　지금 내가 사람들의 지지를 받으려 하고 있습니까? 아니면, 하나님의 인정을 받으려 하고 있습니까? 아니면, 사람들의 마음을 얻으려 하고 있습니까? 내가 아직도 사람들의 마음을 얻으려 하고 있다면, 나는 그리스도의 종이 아닙니다.

11 　왜냐하면 형제자매 여러분, 내가 분명히 밝히기 원하는 것은 내가 전한 복음은 사람에게서 비롯되지 않았다는 사실입니다.

12 　왜냐하면 이 복음은 내가 사람에게서 받은 것도 아니고 배운 것도 아니며 예수 그리스도의 계시로 받은 것이기 때문입니다.

13 　내가 전에 유대교에 있을 때에 어떻게 행동했는지를, 여러분이 이미 들은 줄 압니다. 나는 하나님의 교회를 폭력을 사용하여 박해하였고, 또 아주 없애 버리려고 하였습니다.

14 　나는 내 동족 가운데서, 나와 같은 또래의 그 어떤 사람보다 유대교 신앙에 앞서 있었으며, 내 조상들의 전통을 지키는 일에도 훨씬 더 열심이 있었습니다.

15 　그러나 나를 태어나기도 전에 따로 세우시고 은혜로 불러 주신 분께서,

16 　그 아들을 이방인에게 전하게 하시려고, 그를 나에게 계시해 주시는 것

을 기뻐하셨습니다. 그때에 나는 어떤 사람과 의논하지 않았고,

17 또 나보다 먼저 사도가 된 사람들을 만나려고 예루살렘으로 올라가지도 않았습니다. 나는 곧바로 아라비아로 갔다가, 다마스쿠스로 되돌아 갔습니다.

18 그리고 삼 년 뒤에 나는 게바를 만나려고 예루살렘으로 올라가서 그와 함께 보름 동안을 지냈습니다.

19 그러나 그때 나는 주님의 동생 야고보밖에는, 사도들 가운데 아무도 만나지 않았습니다.

20 내가 여러분에게 쓰는 이 말은 하나님 앞에 맹세코 거짓말이 아닙니다!

21 그 뒤에 나는 시리아와 길리기아 지방으로 갔습니다.

22 그래서 나는 유대 지방에 있는 그리스도의 교회들에는 얼굴이 알려져 있지 않았습니다.

23 그들은 다만 "전에 우리를 박해하던 그 사람이, 지금은 그가 전에 없애 버리려고 하던 그 믿음을 전한다" 하는 소문을 들을 따름이었습니다.

24 그래서 그들은 나로 말미암아 하나님께 줄곧 영광을 돌렸습니다.

2장

1 그리고 십사 년 후에, 나는 바나바와 함께 디도를 데리고, 다시 예루살렘 으로 올라갔습니다.

2 내가 거기에 올라간 것은 계시를 받았기 때문입니다. 나는 이방 사람들 에게 전하는 복음을 그들에게 설명하면서 인정받는 지도자들에게 는 따로 설명하였습니다. 그것은, 내가 달려가고 있는 일이나 지금 까지 달려온 일이 헛되지 않게 하려고 한 것입니다.

3 그러나 나와 동행한 디도는 그리스 사람이지만, 할례를 강요받지 않았 습니다.

복음의 진리

4 그러나 몰래 들어온 거짓 형제들 때문에 할례를 강요받는 일이 있었던 것입니다. 그들은 우리를 노예로 만들고자 하여, 그리스도 예수 안에서 누리는 우리의 자유를 엿보려고 몰래 끼어든 자들입니다.

5 우리는 그들에게 잠시도 굴복하지 않았습니다. 그것은 복음의 진리가 언제나 여러분 가운데 보존되게 하려고 한 것입니다.

6 그리고 그 인정받는 지도자들은(그들이 어떤 사람들이든지, 나에게는 아무 상관이 없습니다. 하나님께서는 사람을 겉모양으로 판단하지 않으십니다.) [나의 복음에] 아무것도 더하지 않았습니다.

7 도리어 그들은, 베드로가 할례받은 사람에게 복음을 전하는 일을 맡은 것과 같이, 내가 할례받지 않은 사람에게 복음을 전하는 일을 맡은 것을 알게 되었습니다.

8 왜냐하면 그들은, 베드로에게 역사하여 할례자에게 복음을 전하게 하시려고 사도직을 주신 분이, 나에게도 역사하여 이방인에게 복음을 전하게 하시려고 사도직을 주셨다는 사실을 깨달았기 때문입니다.

9 그래서 기둥으로 인정받는 야고보와 게바와 요한은 하나님이 나에게 주신 은혜를 인정하고, 나와 바나바에게 친교의 오른손을 내밀었습니다. 그렇게 하여 우리는 이방 사람에게로 가고, 그들은 할례받은 사람에게로 가기로 하였습니다.

10 다만 그들이 우리에게 바란 것은 가난한 사람을 기억해 달라고 한 것인데, 그것은 바로 내가 마음을 다하여 해오던 일이었습니다.

11 그러나 게바가 안디옥에 왔을 때에 책망받을 일을 하였기 때문에, 나는 그의 얼굴에 대고 그와 맞섰습니다.

12 그것은 게바가, 야고보에게서 몇몇 사람이 오기 전에는 이방인들과 함께 음식을 먹고 있었는데, 그들이 도착하니 할례자들을 두려워하여 슬그머니 그 자리를 떠난 일입니다.

13 그리고 나머지 유대인들도 그와 함께 위선을 하였고, 마침내는 바나바까지도 그들의 위선에 끌려가게 되었습니다.

14 그러나 나는 그들이 복음의 진리를 따라 똑바로 걷지 않는 것을 보고, 모든 사람 앞에서 게바에게 이렇게 말하였습니다. "당신은 유대인인데도 유대인처럼 살지 않고 이방인처럼 살면서, 어찌하여 이방인더러 유대인같이 살라고 강요합니까?"

15 우리는 본래 유대인이요, 이방 죄인이 아닙니다.

16 그러나 우리는 사람이 율법의 행위가 아닌 오직 예수 그리스도의 신실함으로 의롭게 되는 것을 알기 때문에 그리스도 예수를 믿은 것입니다. 그것은 우리가 율법의 행위로가 아니라 그리스도의 신실함으로 의롭게 되기 위함입니다. 그 이유는 율법의 행위로는 아무도 의롭게 될 수 없기 때문입니다.

17 우리가 그리스도 안에서 의롭다고 하심을 받으려고 하다가 죄인으로 드러난다면 그리스도가 죄의 종이라는 말입니까? 그럴 수 없습니다.

18 내가 전에 헐어 버린 것을 다시 세운다면, 나 스스로 범법자가 되는 것입니다.

19 나는 율법을 통하여 율법에 대해 죽었습니다. 그것은 내가 하나님에 대하여 살려고 하는 것입니다.

20 나는 그리스도와 함께 십자가에 못 박혔습니다. 그런즉 이제는 내가 사는 것이 아니라 그리스도께서 내 안에 살고 계십니다. 내가 지금 육신 안에서 살고 있는 삶은, 나를 사랑하셔서 나를 위하여 자기 자신을 버리신 하나님의 아들의 신실함 안에서 살아가는 것입니다.

21 나는 하나님의 은혜를 헛되게 하지 않습니다. 의롭다고 하여 주시는 것이 율법을 통하여 이루어진다면 그리스도께서는 헛되이 죽으신 것입니다.

3장

1 어리석은 갈라디아 사람들이여, 예수 그리스도께서 십자가에 못 박히신

것이 여러분의 눈앞에 생생한데, 누가 여러분을 홀렸습니까?

2   나는 여러분에게서 이 한 가지만을 알고 싶습니다. 여러분은 율법의 행위로 성령을 받았습니까? 아니면, 듣고 믿어서 성령을 받았습니까?

3   여러분은 그렇게도 어리석습니까? 성령으로 시작한 것을 이제 와서는 육체로 끝마치려고 합니까?

4   여러분이 받았던 그 많은 고난은, 다 허사가 되었다는 말입니까? 참말로 허사였습니까?

5   하나님께서 여러분에게 성령을 주시고 여러분 가운데서 기적을 행하시는 것이 율법의 행위를 통해서입니까, 아니면 듣고 믿음을 통해서입니까?

6   그것은 아브라함이 하나님을 믿으니, 하나님께서 그것을 의롭다고 여겨 주셨다는 것과 같습니다.

7   그러므로 여러분은 알아 두십시오. 믿음에서 난 사람들, 바로 이 사람들이 아브라함의 자손입니다.

8   성경은 하나님께서 다른 민족 사람들을 믿음에 근거하여 의롭다고 여겨 주신다는 것을 미리 알고서, 아브라함에게 "모든 민족이 네 안에서 복을 받을 것이다"라고 복음을 미리 전했습니다.

9   그러므로 믿음에서 난 사람들은 신실한 아브라함과 함께 복을 받습니다.

10   왜냐하면 율법의 행위에서 난 사람들은 모두 저주 아래에 있기 때문입니다. 기록된 바 "율법책에 기록된 모든 것을 계속하여 행하지 않는 사람은 다 저주 아래에 있다" 하였습니다.

11   또 하나님 앞에서 아무도 율법에 의해서 의롭게 될 수 없는 것이 분명합니다. "의인은 믿음으로 살 것이다" 하였기 때문입니다.

12   그러나 율법은 믿음으로 난 것이 아닙니다. 오히려 "율법규정들을 행하는 사람은 그것으로 살 것이다" 하였습니다.

13   그리스도께서 우리를 위하여 저주 자체가 됨으로써 우리를 율법의 저주

에서 속량해 주셨습니다. 기록된 바 "나무에 달린 자는 모두 저주를 받은 자이다" 하였기 때문입니다.

14 그것은, 아브라함의 복을 그리스도 예수 안에서 다른 민족에게 미치게 하시고, 우리로 하여금 믿음을 통하여 약속하신 성령을 받게 하시려는 것입니다.

15 형제자매 여러분, 일상생활의 예를 들어 말해 보겠습니다. 사람의 유언도 확정되고 나면 아무도 그것을 무효로 하거나 거기에 덧붙이지 못합니다.

16 그런데 하나님께서 아브라함과 그 후손에게 약속하셨을 때, 마치 여러 사람을 가리키는 것처럼 "후손들에게"라고 하시지 않고 단 한 사람을 가리키듯이 "너의 후손에게"라고 말씀하셨습니다. 그 한 사람은 곧 그리스도입니다.

17 내가 말하려는 것은 이것입니다. 하나님이 확정해 놓은 언약을 사백삼십 년 뒤에 생긴 율법이 무효로 만들어 그 약속을 폐지하지 못한다는 것입니다.

18 상속을 물려받는 것이 율법을 통해서 온 것이라면, 그것은 절대로 약속을 통해서 온 것이 아닙니다. 그러나 하나님께서는 약속을 통하여 아브라함에게 상속을 은혜로 주셨습니다.

19 그러면 율법은 무엇 때문에 주신 것입니까? 범죄들 때문에 덧붙여진 것입니다. 약속을 받은 그 후손이 오실 때까지 유효한 것으로, 천사들을 통하여 한 중개자의 손을 빌려 제정된 것입니다.

20 그러나 중개자를 필요로 했던 율법은 두 당사자가 있어야 했지만 약속을 하는 데는 하나님 한 분이면 됩니다.

21 그렇다면 율법은 하나님의 약속들에 맞서는 것입니까? 절대로 그럴 수 없습니다. 생명을 얻게 할 수 있는 율법이 주어졌다면, 의는 분명히 율법을 통해 왔을 것입니다.

22 그러나 성경은 모든 것을 죄 아래 가두었습니다. 그 이유는 약속하신 것

을 예수 그리스도의 신실함을 통하여 믿는 사람들에게 주시기 위해 서입니다.

23 믿음이 오기 전에 우리는 율법의 감시를 받으면서 장차 올 믿음이 계시될 때까지 갇혀 있었습니다.

24 그러므로 율법은 그리스도께서 오실 때까지 우리에게 개인교사 역할을 했으며, 그것은 우리를 믿음을 통하여 의롭다함을 받게 하시려는 것입니다.

25 그러나 그 믿음이 이제 왔으므로, 우리는 더 이상 개인교사 아래에 있지 않습니다.

26 여러분은 모두 그 믿음으로 말미암아 그리스도 예수 안에서 하나님의 자녀들입니다.

27 여러분은 모두 세례를 받아 그리스도와 하나가 되고, 그리스도를 옷으로 입은 사람들이기 때문입니다.

28 유대인이나 그리스인이나 종이나 자유인이나 남자나 여자나, 여러분 모두가 그리스도 예수 안에서 하나입니다.

29 그리고 여러분이 그리스도께 속한 사람이면, 여러분은 아브라함의 자손이요 약속을 따라 정해진 상속자들입니다.

4장

1 내가 말하려는 것은 이것입니다. 상속을 받을 사람은 모든 것의 주인이지만, 어릴 때에는 종과 다름이 없고,

2 아버지가 정해 놓은 그때까지는 보호자와 관리인 아래에 있습니다.

3 이와 같이 우리도 어릴 때는 세상의 초보적인 능력 아래에서 종 노릇을 하였습니다.

4 그러나 때가 찼을 때, 하나님께서 자기 아들을 보내시어 여자에게서 나게 하시고, 또한 율법 아래에 놓이게 하셔서

5 율법 아래에 있는 사람들을 속량하시고, 우리로 하여금 자녀의 자격을 얻게 하셨습니다.

6 이제 여러분은 자녀이므로, 하나님께서 그 아들의 영을 우리의 마음속에 보내 주셔서 우리가 하나님을 "아빠, 아버지"라고 부를 수 있게 되었습니다.

7 그러므로 여러분 각 사람은 이제 종이 아니라 자녀입니다. 자녀이면, 하나님께서 세워 주신 상속자이기도 합니다.

8 그러나 전에는 여러분이 하나님을 알지 못해서, 본질상 하나님이 아닌 것들에게 종 노릇을 하였지만,

9 그러나 이제, 여러분이 하나님을 알게 되었습니다. 아니, 하나님이 여러분을 아신 바 되었습니다. 그런데 어찌하여 무력하고 천박한 원리로 되돌아가서 다시 그것들에게 종 노릇 하려고 합니까?

10 여러분이 날과 달과 계절과 해를 지키고 있으니

11 내가 여러분을 위하여 수고한 것이 헛수고가 된 것이 아닐까 두렵습니다.

12 형제자매 여러분, 내가 여러분과 같이 되었으니, 여러분도 나와 같이 되기를 바랍니다. 여러분이 내게 잘못한 일은 없습니다.

13 그리고 여러분이 아시는 바와 같이, 내가 여러분에게 처음으로 복음을 전하게 된 것은 내 육체의 약함이 그 기회가 되었습니다.

14 내 몸에 여러분에게 시험이 될 만한 것이 있었는데도, 여러분은 나를 멸시하지도 않고 외면하지도 않았습니다. 여러분은 나를 하나님의 천사와 같이, 그리스도 예수와 같이 영접해 주었습니다.

15 그런데 여러분의 그 복된 마음이 지금은 어디에 있습니까? 나는 여러분에게 증언합니다. 여러분은 할 수만 있었다면, 여러분의 눈이라도 빼어서 내게 주었을 것입니다.

16 이제 내가 여러분에게 진리를 말하기 때문에 여러분의 원수가 되었습니까?

복음의 진리

17 그들이 여러분에게 열심을 내는 것은 좋은 뜻으로 하는 것이 아니라, 여러분을 내게서 떼어놓아서, 여러분이 자기들을 열심히 따르게 하려고 하는 것입니다.

18 그러나 그들이 좋은 뜻으로 여러분에게 열심을 낸다면, 그것은 내가 여러분과 함께 있을 때뿐만 아니라 언제든지 좋은 일입니다.

19 나의 자녀 여러분, 나는 여러분 속에 그리스도가 형성되기까지 다시 해산의 고통을 겪습니다.

20 이제라도 내가 여러분을 만나 어조를 부드럽게 바꾸어서 말할 수 있으면 좋겠습니다. 나는 여러분의 일을 어떻게 하면 좋을지 당황하고 있습니다.

21 율법 아래에 있기를 바라는 사람들이여, 나에게 말해 보십시오. 여러분은 율법을 듣지 못합니까?

22 아브라함에게 두 아들이 있었는데, 한 사람은 여자 노예에게서 태어나고 한 사람은 자유를 가진 여자에게서 태어났다고 기록되어 있습니다.

23 여자 노예에게서 난 아들은 육신을 따라 태어나고, 자유를 가진 여자에게서 난 아들은 약속을 따라 태어났습니다.

24 이것은 비유로 표현한 것입니다. 그 두 여자는 두 가지 언약을 가리킵니다. 한 사람은 시내 산에서 나서 노예로 살 자식을 낳은 하갈입니다.

25 '하갈'이라 하는 것은 아라비아에 있는 시내 산을 뜻하는데, 지금의 예루살렘에 해당합니다. 그는 자기 자녀들과 함께 노예 노릇을 하고 있습니다.

26 그러나 하늘에 있는 예루살렘은 자유를 가진 여자이며, 우리의 어머니입니다.

27 성경에 기록하기를, "아이를 낳지 못하는 여자여, 즐거워하여라. 해산의 고통을 모르는 여자여, 소리를 높여서 외쳐라. 홀로 사는 여자의 자녀가 남편을 둔 여자의 자녀보다 더 많을 것이다" 하였습니다.

28 형제자매 여러분, 여러분은 이삭과 같이 약속의 자녀들입니다.

29 그러나 그때에 육신을 따라 난 사람이 성령을 따라 난 사람을 박해한 것과 같이, 지금도 그러합니다.

30 그런데 성경은 무엇이라고 말합니까. "여종과 그 아들을 내쫓아라. 여종의 아들은 절대로, 자유를 가진 여자의 아들과 함께 유업을 받지 못할 것이다" 하였습니다.

31 그러므로 형제자매 여러분, 우리는 여종의 자녀가 아니라, 자유를 가진 여자의 자녀입니다.

5장

1 자유를 위하여 그리스도께서 우리를 해방시켜 주셨습니다. 그러므로 굳게 서서, 다시는 종의 멍에를 메지 마십시오.

2 보십시오! 나 바울이 말합니다. 여러분이 할례를 받으면, 그리스도는 여러분에게 아무런 유익이 없습니다.

3 내가 할례를 받는 모든 사람에게 다시 증언합니다. 그런 사람은 율법 전체를 지켜야 할 의무를 지닙니다.

4 율법으로 의롭게 되려고 하는 당신들은 그리스도에게서 끊어지고, 은혜에서 떨어져 나간 사람입니다.

5 왜냐하면 우리는 성령을 힘입어서, 믿음으로 의의 소망을 간절히 기다리고 있기 때문입니다.

6 그리스도 예수 안에서는, 할례를 받거나 안 받는 것이 문제가 되지 않기 때문입니다. 가장 중요한 것은 믿음이고, 그 믿음이 사랑을 통하여 일하는 것입니다.

7 여러분은 지금까지 잘 달려왔습니다. 그런데 누가 여러분을 가로막아서 진리에 순종치 못하게 한 것입니까?

8 그런 꾐은 여러분을 부르신 분에게서 나온 것이 아닙니다.

복음의 진리

9   적은 누룩이 반죽 전체를 부풀게 합니다.

10   나는 여러분이 다른 마음을 품지 않으리라는 것을 주님 안에서 확신합니다. 그러나 여러분을 교란하는 사람은, 누가 되었든지 심판을 받을 것입니다.

11   형제자매 여러분, 내가 아직도 할례를 전한다면, 어찌하여 아직도 박해를 받겠습니까? 그렇다면, 십자가의 걸림돌은 없어졌을 것입니다.

12   할례를 가지고 여러분을 선동하는 사람이라면, 차라리 그 지체를 잘라버리는 것이 좋겠습니다.

13   형제자매 여러분, 하나님께서는 여러분을 자유로 부르셨습니다. 그러나 여러분은 그 자유를 육체의 욕망을 만족시키는 기회로 삼지 말고, 사랑으로 서로 노예가 되어 섬기십시오.

14   모든 율법은 "네 이웃을 네 몸과 같이 사랑하여라" 하신 한마디 말씀 속에서 다 이루어졌습니다.

15   그런데 여러분이 서로 물어뜯고 잡아먹고 하면 피차 멸망하고 말 터이니, 조심하십시오.

16   내가 또 말합니다. 여러분은 성령을 따라 살아가십시오. 그러면 육체의 욕망을 채우려 하지 않을 것입니다.

17   육체의 욕망은 성령을 거스르고, 성령이 바라시는 것은 육체를 거스릅니다. 이 둘이 서로 적대관계에 있으므로, 여러분이 원하는 일을 하지 않게 됩니다.

18   그러나 여러분이 성령을 따라 살아가면, 율법 아래에 있는 것이 아닙니다.

19   육체의 행실은 명백합니다. 곧 음행과 더러움과 방탕과

20   우상숭배와 마술과 원수 맺음과 다툼과 시기와 분냄과 분쟁과 분열과 파당과

21   질투와 술 취함과 흥청망청 먹고 마시는 놀음, 그리고 그와 같은 것들입니다. 내가 전에도 여러분에게 경고하였지만, 이제 또다시 경고합

니다. 이런 짓을 하는 사람들은 하나님의 나라를 상속받지 못할 것입니다.

22 그러나 성령의 열매는 사랑과 기쁨과 화평과 인내와 친절과 선함과 신실과

23 온유와 절제입니다. 이런 것들을 막을 법이 없습니다.

24 그리스도 예수께 속한 사람은 정욕과 욕망과 함께 그 육체를 십자가에 못 박았습니다.

25 우리가 성령으로 생명을 얻었으면, 또한 성령의 인도를 따라 삽시다.

26 헛된 영광을 구하여 서로 노엽게 하거나 질투하지 않도록 합시다.

6장

1 형제자매 여러분, 어떤 사람이 잘못에 빠진 일이 드러나면, 성령에 속한 사람인 여러분은 온유한 마음으로 그 사람을 바로잡아 주고, 자기 스스로 살펴서 유혹에 빠지지 않도록 조심하십시오.

2 여러분은 서로 남의 짐을 져 주십시오. 그렇게 하면 여러분이 그리스도의 법을 성취하실 것입니다.

3 사실 아무것도 아닌 사람이 무엇이나 된 것처럼 생각하면, 그는 자기를 속이는 것입니다.

4 각각 자기 일을 살펴보십시오. 그러면 자기에게는 자랑거리라도 남에게까지 자랑할 일은 없을 것입니다.

5 사람은 각각 자기 몫의 짐을 져야 합니다.

6 말씀을 배우는 사람은 가르치는 사람과 모든 좋은 것을 함께 나누어야 합니다.

7 스스로 속이지 마십시오. 하나님은 조롱을 받으실 분이 아닙니다. 사람은 무엇을 심든지 자기가 심은 것을 그대로 거둘 것입니다.

8 자기 육체에 심는 사람은 육체에서 멸망을 거두고, 성령에 심는 사람은

성령에게서 영생을 거둘 것입니다.

9   낙심하지 말고 꾸준히 선한 일을 계속합시다. 포기하지 아니하면, 때가
    이를 때에 거두게 될 것입니다.

10 그러므로 기회가 있을 때마다 모든 사람에게 선한 일을 합시다. 특히 믿
    음의 식구들에게 더욱 선을 행합시다.

11 보십시오, 내가 여러분에게 직접 이렇게 큰 글자로 적습니다.

12 육체의 겉모양을 꾸미기를 좋아하는 사람은, 여러분에게 할례를 받으라
    고 강요합니다. 그것은 그들이 그리스도의 십자가 때문에 받는 박
    해를 면하고자 하는 것입니다.

13 할례를 받는 사람들 자신조차 율법을 지키지 않으면서 여러분에게 할례
    를 받게 하려는 것은, 여러분의 육체를 이용하여 자랑하려는 것입
    니다.

14 그런데 내게는 우리 주 예수 그리스도의 십자가밖에는, 자랑할 것이 아
    무것도 없습니다. 그리스도로 말미암아, 내 쪽에서 보면 세상이 못
    박혔고, 세상 쪽에서 보면 내가 못 박혔습니다.

15 그러므로 할례나 무할례가 중요한 것이 아니라, 새 창조가 중요합니다.

16 이 잣대를 따라 사는 사람들에게, 즉 하나님의 이스라엘에게 평화와 자
    비가 있기를 빕니다.

17 이제부터는 아무도 나를 괴롭히지 마십시오. 나는 내 몸에 예수의 낙인
    을 지니고 있습니다.

18 형제자매 여러분, 우리 주 예수 그리스도의 은혜가 여러분의 영에 함께
    하기를 빕니다. 아멘.

1

갈라디아서
소개

갈라디아서는 로마서와 더불어 교회 역사에 엄청난 영향을 끼친 바울의 편지입니다. 총 6장 149절밖에 안 되는 분량이지만(1,000절이 넘는 사도행전이나 870절이나 되는 요한복음과 비교해 보십시오), 이 편지의 영향력은 로마서에 비견할 만합니다. 특히 종교개혁 이래로 '이신칭의'(Justification by Faith)를 바울 사상의 중심(mitte)으로 보면서, 갈라디아서는 '율법에서 자유로운 복음'을 가장 분명하게 전하는 문서로 여겨지게 되었습니다. 마르틴 루터의 경우, 본인은 갈라디아서와 결혼했다고 하면서 이 서신을 '카타리나 폰 보라'(마르틴 루터의 아내 이름)라고 불렀습니다. 성경해석자 가운데 많은 이들은, 갈라디아서를 '기독교 자유의 대헌장'(Magna Carta of Christian Liberty)이라고 하면서 이 서신에 드러난 그리스도인의 자유에 대해 역설합니다. 그러나 갈라디아서의 중심 메시지가 정말 '이신칭의'나 '그리스도인의 자유'에 관한 것인지에 대해서 의문을 제기하기도 합니다.[5]

갈라디아서가 교회 역사에 커다란 영향을 끼친 것은 자명한 사

복음의 진리

실이지만, 그렇다고 해서 16세기 종교개혁을 위해 쓰인 편지는 아닙니다. 이 서신은 1세기 중반, 지금은 터키 지역이 된 곳에 살던 소수의 그리스도인(대부분 이방인)이 모여 이루었던 교회에 쓴 편지입니다.

갈라디아서를 읽는 독자들은 이 편지가 긴박한 상황에서 쓰였다는 사실을 금세 눈치챌 것입니다. 다만, 그것이 어떤 상황이었는지에 대해서는 차근차근 질문을 던지며 살펴보겠습니다. 여기서는 먼저 갈라디아인들이 어떤 사람들이었는지에 대해 이야기를 나누어 보겠습니다.

'갈라디아'에 대하여

갈라디아서가 이방인들을 위해 쓰였다는 것은 편지 내용에서 명확히 확인할 수 있습니다(4:8-9, 5:2-3, 6:12-13). 비록 이방인이었지만, 이 사람들은 유대인의 성경(구약)과 성경 해석 방법에 대해 상당한 지식이 있었던 것으로 보입니다. 학자들은 유대인 회당을 출입하며 성경을 공부했던, 그러나 아직은 완전히 유대교로 개종하지 않은 사람들을 가리켜 "하나님을 경외하는 자"(God-fearers)라고 부릅니다.[6] 갈라디아인들이 바울을 처음 만났을 때 그를 "하나님의 천사"같이 영접했던 이유도 그가 가진 성경 지식과 경건함 때문이었을 것입니다(4:14).

---

5   N. T. Wright, *Galatians: Commentaries for Christian Formation* (Grand Rapids: Eerdmans, 2021)가 대표적이다. (《갈라디아서》복있는사람 역간)

6   사도행전 10장 2절은 로마 군대의 장교(백부장, 100명의 병사들을 지휘하는 장교) 고넬료를 "하나님을 두려워하며 … 늘 하나님께 기도하는 사람"이라고 소개한다.

안키라

페시누스 ● ●갈라디아

안디옥
(비시디아)

●이고니온
루스드라●

앗달리아●●버가 ●더베

●다소

지중해

1세기경 '갈라디아'라는 명칭은 '인종적인 지역'(갈라디아인들의 거주 지역,
지도에서 점선 부분)과 '로마 제국의 행정 구역'(주, province)의 의미로 사용되었다.

그렇다면 이 사람들이 살고 있던 곳은 어디였을까요? 바울은 "갈라디아에 있는 여러 교회들"(1:2)에 이 편지를 쓴다고 했는데, 그 지역이 구체적으로 어디인지에 대해서는 학자들 사이에 의견이 갈립니다. 그 이유는 1세기경 '갈라디아'라는 명칭이 두 가지로 사용되고 있었기 때문입니다. 하나는 '인종적인 지역'(갈라디아인들의 거주지)으로, 다른 하나는 로마 제국의 행정 구역을 의미하는 '주'(province)의 이름으로 사용했습니다. 인종적인 명칭으로서의 갈라디아는 중앙 유럽의 켈트족(Celtic tribes)에서 유래한 것으로, 기원전 3세기 중서부 소아시아 지역(지금의 터키)을 침략한 후 거주하게 된 사람들을 일컬었습니다. 그리고 이 지역이 로마 제국의 한 주가 되면서(기원전 25년), 갈라디아는 인종적인 지역과 주의 명칭, 이 두 가지로 사용되었습니다.

그런데 문제는 인종적인 지역과 주 사이에 지역 차이가 상당히 컸다는 것입니다. 그래서 인종적으로는 '북갈라디아' 지역을, 주의 명칭으로는 대체로 '남갈라디아' 지역을 의미하게 되었습니다. 로마 제국에 갈라디아 주를 편성할 때, 훨씬 남쪽 지역들도 포함했기 때문입니다. 사도행전에 나오는, 바울이 첫 번째 선교 여행 때 갔던 '더베, 루스드라, 이고니온'(행 16:1-2) 등은 전부 갈라디아 주 지역, 즉 남갈라디아에 속한 곳들입니다. 또, 사도행전 13-14장에 기록되어 있는 바울의 선교 여행 지역들도 남갈라디아에 속해 있습니다. 바울과 그의 일행이 후에 아시아(로마 제국의 또 다른 주 명칭)에서 말씀을 전하려다가 성령이 막으셔서 "브루기아와 갈라디아"(행 16:6) 지역을 거쳐서 다른 지역으로 갔다고 했는데, 이는 바울이 북갈라디아에도 갔다는 말입니다.

그런데 바울이 "갈라디아에 있는 여러 교회들"(1:2)에 편지를 쓴 다고 했을 때, 그가 의미하는 갈라디아가 '남갈라디아'인지 '북갈라디아'인지 분명하지 않습니다. 다만, 한 가지 분명한 사실은 바울이 로마 제국의 각 지역에 있는 교회들을 부를 때 일관된 습관이 있었다는 것입니다. 예를 들면, 그는 "아시아"(롬 16:5; 고전 16:19; 고후 1:8), "마케도니아"(마게도냐, 롬 15:26; 고전 16:5), "아가야"(롬 15:26; 고전 16:15)에 있는 교회들을 언급하는데, 이로써 바울이 행정 구역에 따라 각 주에 속한 교회들로 구분하는 습관이 있었음을 볼 수 있습니다(마치 우리가 전라도에 있는 교회들, 경상도에 있는 교회들로 구분하여 부르는 것과 같습니다). 오늘날 역사학자들과 고고학자들은 대부분 '남갈라디아설'을 지지합니다.[7] 남갈라디아 지역에는 유대인이 상당히 많이 살고 있었고, 북갈라디아에 비해 잘 발달된 도로 시스템도 있었으며(Via Sebaste), 바울이 복음을 전할 때 사용했던 그리스어를 남갈라디아 지역에서 훨씬 더 많이 사용하고 있었습니다.[8] 이 외에도 여러 가지 이유로 더 많은 학자들이 '남갈라디아설'을 지지하고 있으며, 이 강해도 그런 기반 위에서 서술했습니다.

갈라디아서는 바울의 첫 번째 선교 여행 후, 예루살렘 공의회(행

---

7   물론 '북갈라디아설'을 지지하는 신약학자들도 상당하다. 그러나 그들은 역사적인 증거보다는 다른 이유를 들어 그 입장을 이어 간다. 여기서 말하는 '다른 이유'는 갈라디아서 2장 1-10절에서 바울이 묘사하는 사건이 사도행전 15장의 예루살렘 회의라는 전제에서 유래한다. 그러나 근래의 역사적·고고학적 증거는 '남갈라디아설'을 유력하게 지지할 수 있게끔 한다. 더 자세한 논의를 위해서는 Stephen Mitchell, *Anatolia: Land, Men, and Gods in Asia Minor*(Oxford: Oxford University Press, 1993)를 참조하라.

8   Stephen Mitchell, "Galatia," *Anchor Bible Dictionary* 2:870-872.

15장) 전인 48년 또는 49년에 기록된 것으로, 데살로니가전서와 더불어 바울이 가장 먼저 쓴 편지 중 하나로 보고 있습니다.

갈라디아 교회

갈라디아 교회는 바울이 (지금의 터키 지역인) 소아시아를 여행하다가 전도한 이방인들이 중심이 되어 시작한 교회입니다. 4장의 내용으로 볼 때, 바울이 어떤 병 때문에 의도치 않게 이들을 알게 되어 그리스도를 전함으로써 그들이 복음을 믿게 된 것으로 보입니다 (4:13-14). 바울은 그들에게 '십자가에 못 박히신 그리스도'를 전했습니다(3:1). 바울이 하나님께서 그리스도를 통해 "현재의 이 악한 세대"(this present evil age, 1:4)에서 구해 내어 새로운 삶을 살게 해주신다는 복음을 전하자 그들은 기쁘게 받아들여(4:14-15) 세례를 받고 새로운 공동체를 시작했습니다. 그들의 공동체는 드라마틱한 성령의 역사를 경험했습니다(3:2-5, 4:6). 갈라디아 교회가 시작되고 바울이 얼마나 오랫동안 머물렀는지는 알 수 없지만, 그는 이 교회가 굳건하게 계속 자라갈 것이라고 믿었기에 다른 곳으로 선교를 떠났던 것입니다.

충격적인 소식

그러나 얼마 지나지 않아 바울은 충격적인 소식을 듣게 됩니다. 바울이 떠난 후 어떤 전도자들이 들어와 "다른 복음"을 전하기 시작했는데, 바울이 입을 다물지 못할 만한 내용이었습니다. 그들은 이방인 그리스도인인 갈라디아 교인들에게 할례를 종용했습니다(5:2-4, 6:12-13). 우리가 여기서 기억해야 할 것은, 그 사람들이 누구인지는 확실치 않지만 유대교를 추종해 갈라디아 교인들을 유대교로 개종시키려 한 사람들은 아니었다는 사실입니다. 그들은 분명히 그리스도를 믿는 그리스도인 전도자들이었습니다. 많은 학자들이 이 사람들을 유대주의자(the Judaizer)라고 부르긴 하나, 그들이 이방인 교사였는지 유대인이었는지를 확인하기란 불가능합니다.[9] 하지만 그들이 전했다는 다른 복음을 갈라디아인들이 받아들이고 그들의 가르침을 따라가고 있었다는 사실은 분명합니다. 그들은 그리스도를 믿어 그리스도인이 된 것은 좋은 시작이지만, 언약에 완전히 들어가려면 할례를 꼭 받아야 한다고 가르쳤습니다. 아마도 그들은 바울이 하나님의 율법에 관해 잘 가르치지 못했다고 주장했을 것입니다. 바울의 과거 이야기를 들춰내며 바울이 신뢰할 만한 사도인지에 대해 의심을 불어넣었을 것입니다.

이 소식을 전해 듣고 분개한 바울은 급히 편지를 썼습니다. 그가 분개한 이유는 무엇일까요? 바울이 개인적인 공격을 받았기 때문이 아니라, 그들이 복음을 왜곡하고 변질시켰다고 믿었기 때문입니다(1:7). "다른 복음"을 전하는 이 사람들이 누구인지 정확히 알아내기란 무척 힘든 일입니다. 이미 언급했듯이, 이들이 유대인인지 이방인인지 아는 것조차 불가능합니다. 단지 우리가 알 수 있는 것이라고는 갈라디아서를 거울삼아 볼 수 있는 그들의 모습뿐입니다.

---

9 '유대주의자'라는 명칭 자체가 그들에 대해 잘못된 인상을 줄 수 있기 때문에 근래의 학자들은 '선생들' 또는 '선교사'라고 칭하는 경향을 보인다.

복음의 진리

거짓 교사들의 가르침

바울이 반박하는 내용에 비추어 우리는 이 거짓 전도자들이 가르쳤던 몇 가지 내용을 정리해 볼 수 있습니다.

(1) 그리스도의 십자가와 부활 사건 후일지라도 하나님의 백성이 되기 위해 언약의 관계로 들어가려면, 먼저 할례를 받아야 한다고 가르쳤습니다.

(2) 할례뿐 아니라 유대인들이 지키는 몇몇 절기를 안식일법에 근거해 지켜야 한다고 가르쳤습니다(4:8-11). 더 나아가 그들은 음식법을 비롯한 다른 율법 조항들도 지켜야 생명을 얻을 수 있다고 했습니다(3:12).

(3) 모세의 율법만이 우리가 도덕적인 생활을 할 수 있도록 하나님께서 디자인하신 원칙이며, 육체의 욕망을 제어할 수 있는 능력을 준다고 가르쳤습니다. 그리스도를 믿은 다음에도 율법을 지켜야 하는 이유가 바로 이것이라고 주장했습니다.

(4) 그들의 가르침은 구약에 근거를 두었기 때문에 설득력이 있었을 것입니다. 즉, 하나님의 말씀에 근거한 가르침이라서 갈라디아인들이 거부하기 쉽지 않았겠지요. 그들이 자주 사용한 말씀은 아브라함의 이야기가 담겨 있는 창세기와 신명기, 레위기 등으로 추측해볼 수 있습니다. 그렇다면 이것은 하나님의 말씀의 올바른 해석에 관한 문제로서, 그들의 가르침은 전통적인 유대교 위에 그리스도를 얹어 놓은 형태를 취했을 것입니다. 예수님의 사역을 부정하지는 않았지만, 살짝 뒤튼 다음 다른 요소들을 더한 형태입니다.

바울이 거짓 교사들의 가르침을 반대한 이유

바울은 왜 거짓 교사들의 이러한 가르침을 극단적으로 혐오하며 반대했을까요? 뒤로 가면서 그 이유가 좀 더 분명해지겠지만, 간단히 정리해 보면 이렇습니다.

(1) 이 교사들은 그리스도의 십자가를 통해 온 하나님 은혜의 충분성을 부정하고 율법 지키는 것을 강조함으로써 결과적으로 **십자가의 능력**을 부인했습니다. 즉, 그리스도의 사역이 우리를 구원하는 데에 충분치 못하다고 주장한 것입니다. 그들은 그리스도의 능력을 부정했습니다.

(2) 그들은 성령이 그리스도인 공동체 가운데 육신의 정욕을 이길 수 있는 능력을 준 것을 부정했습니다. 그들은 아직도 모세의 율법만이 육신의 정욕을 제어할 수 있는 도덕적 가이드가 된다고 가르쳤습니다. 즉, **성령의 능력**을 부정했던 것입니다.

(3) 그들은 바울이 표현하는 "복음의 진리"(2:5, 14)를 부정했습니다. 복음의 진리는 그리스도께서 사역하심으로써 더 이상 유대인과 이방인 사이에 차이가 없고 모두 평등하게 하나님의 진정한 백성이 된다는 것입니다. 인종적인 차별이 없어졌기 때문에 이방인이 유대인같이 되려는 노력이 필요 없음에도, 여전히 이방인들에게 할례를 받고 안식일 절기와 음식법을 지키라고 가르쳤습니다. 즉, 그들은 새로운 공동체를 창조하는 **복음의 능력**을 부정한 것입니다.

(4) 그들은 하나님의 아들이 십자가에 못 박히심으로써 하나님께서 이 세상을 종말론적으로 변혁시킨 것을 깨닫지 못하여, 결과적으로 **하나님의 능력**을 부정한 것이 되었습니다. 그들은 하나님께서

십자가에서 정사와 권세를 못 박고, 그들의 강함이 아닌 그리스도의 약함이 승리했다는 사실을 부정했습니다. 하나님의 계획 가운데 언약의 클라이맥스가 왔다는 사실을 이해할 수 있는 지혜가 그들에게는 없었습니다. 그래서 여전히 모세의 율법이나 붙들고 앉아서 율법이 하나님 백성의 정체성을 형성한다고 가르쳤습니다.

(5) 그러나 십자가의 복음만이 세상을 변화시킬 수 있는 능력을 갖고 있습니다. 하지만 그들은 이 십자가의 능력을 부인했습니다. 우리도 이런 오류에 빠지기 쉽습니다. 복음의 능력을 깨닫지 못하면, 율법주의자가 되기 쉽습니다. 그래서 성령의 능력에 의지하기보다 신약성경 역시 율법처럼 적용하려고 합니다. 무엇을 해야 하고 하지 않아야 하는, 억압적인 종교로 만들어 버립니다. 그리고 정죄하려 듭니다. 호전적인 사람이 됩니다. 자기 기준에 맞지 않으면 영적이지 못하다고 정죄하며 구석으로 밀어붙입니다. 열심히 일하는 듯하지만 공동체를 파괴합니다. 그 반대도 마찬가지입니다. '나는 마음이 넓고 모든 것을 다 받아들이는 사람이야' 하는데, 사실 그 안에 자기의에 기반한 무시무시한 교만이 똬리를 틀고 있습니다.

바울은 그들의 가르침을, 그리스도께서 십자가에서 이루신 하나님의 구원을 부정하는, 복음의 중대한 변질이라고 판단했습니다. 만약 그들의 주장이 맞는다면, 그리스도는 십자가에서 헛되이 죽은 것입니다. 만약 그들의 주장이 맞는다면, 그리스도를 아무리 믿는다고 해도 하나님과의 관계가 회복되기란 불가능합니다. 만약 그들의 주장이 맞는다면, 성령은 우리 삶을 변화시킬 수 있는 그 어떤 능력도 주지 못합니다. 만약 그들의 주장이 맞는다면, 새 하늘과 새 땅을 기다리는 사람들은 실망할 수밖에 없습니다. 그들의 주장대로라면,

십자가와 부활이 하나님의 계획 안에서 종말론적으로 아무런 의미가 없기 때문입니다. 또 그들의 주장대로라면, 교회 공동체는 유대인 공동체와 다른 점이 결코 없습니다. 결국 하나님이 그리스도를 통해 시작하신 '유대인과 이방인이 하나 되는 공동체'는 아무 의미도 없고, 그리스도 사건 전의 인종으로 묶인 유대인 회당으로 돌아가야 합니다. 그들의 주장대로라면, 이방인들이 유대인같이 되지 않고서는 하나님의 백성이 될 수 없기 때문입니다.

복음의 핵심

그렇다면 바울이 갈라디아서에서 바로 세우려는 복음의 핵심은 무엇일까요? 이 또한 뒤로 가면서 더욱 분명해지겠지만, 여기서는 공중에서 새가 날면서 또는 드론이 날면서 그려 낸 조감도처럼 위에서 내려다보며 몇 가지로 정리해 보겠습니다.

(1) 바울은 인간이 율법을 지켜서가 아니라 오직 우리를 위해 자기 몸을 주신 그리스도의 신실함을 통해, 그리고 그분을 믿음으로써 하나님과의 관계가 회복된다고 믿었습니다. 이것을 전문 용어로 '칭의' 곧 '의롭게 됨'이라고 합니다. 사람이 의롭다고 인정받는 것은 오직 믿음(Πίστις 피스티스)을 통한 것이지 율법(תּוֹרָה 토라)을 통해 될 수는 없습니다. 다르게 표현하면, 우리는 오직 그리스도의 희생적인 죽음을 통하여 하나님의 자녀로 입양되는 것이지(4:4-7), 우리가 율법을 소유함으로(즉, 유대인이 되어야) 또는 율법을 완벽하게 지켜 공력을 쌓음으로 되는 것이 아니라는 것입니다. 우리가 모세의 율법을 소유하고 유대인같이 되어, 그것을 완벽하게 지키고 도덕적인 생활을 하고

인격을 수련한다고 해서 이룰 수 있는 것이 아닙니다. 바울의 가르침은 분명합니다. 우리는 우리 자신을 구원할 수 없으며 오직 하나님의 은혜로만 구원받을 수 있습니다.

(2) 바울의 선포는 십자가가 우리에게 자유를 준 사건이라는 데에 초점이 맞추어져 있습니다(2:20-21, 3:1, 13-14, 6:14-15). 갈라디아서에서 십자가는 우리의 죄를 용서해 주는 속죄제물의 이미지보다는 구시대를 끝내고 새로운 시대를 여는 종말론적인 이미지에 초점을 맞추고 있습니다. 그래서 바울은 예수께서 우리를 사랑하여 십자가에서 죽으심으로써 구시대의 능력에 노예로 붙잡혀 있던 우리를 해방시켜 새 시대로 옮겨 준 것을 강조하고 있습니다(1:3-4).

(3) 바울은 그리스도께서 십자가에서 죽으심으로써 그리스도 안에 있는 모든 사람에게 성령이 주어졌다고 가르칩니다. 성령은 생명을 주시는 분이며(5:25), 우리가 하나님의 자녀 된 것을 증언하시는 분이며(4:6-7), 공동체 안에 역사하셔서 하나님이 기뻐하시는 열매를 맺게 해주시는 분입니다(5:22-25). 성령만이 육신의 정욕을 제어해 하나님이 기뻐하시는 공동체를 형성케 해주십니다.

(4) 성령은 새로운 공동체를 형성케 하고, 인간끼리 차별하고 적대시하는 것을 극복하도록 능력을 주십니다. "율법의 행위"가 아닌 "그리스도의 신실함"으로써 유대인과 이방인이 아무 차별 없이 하나 된 공동체를 이루도록 하신 하나님의 목적은, 그리스도 안에서 하나 된 새로운 인류를 창조하시려는 것입니다. 율법으로 돌아가면 이 목적이 이루어질 수 없습니다.

(5) 그리스도 안에서 하나님이 주신 구원과 성령의 능력 안에서 사는 사람은 진정한 자유를 경험합니다. 그들은 더 이상 서로 속박하

지도 속박당하지도 않고, 노예로 살지도 않으며, 노예로 만들려고 하면서 분리되어 살지도 않습니다. 그 자유를 경험할 수 있는 곳이 교회 공동체인데, 이를 망각한 채 헤매고 있는 갈라디아 교인들을 향해 바울이 호소합니다.

> 자유를 위하여 그리스도께서 우리를 해방시켜 주셨습니다. 그러므로 굳게 서서, 다시는 종의 멍에를 메지 마십시오. (5:1)

이제 갈라디아서 본문으로 들어가서 바울의 주장을 차근차근 들어 봅시다.

2

하나님의
구출 작전

―――

갈라디아서 1:1-5

1 사람들이 보내서 사도가 된 것도 아니요, 사람의 권위에 의해 사도가
된 것도 아니요, 예수 그리스도, 그리고 그분을 죽은 사람들 가운데서
살리신 하나님 아버지를 통해서 사도가 된 나 바울이, 2 나와 함께 있는
모든 믿음의 식구와 더불어 갈라디아에 있는 여러 교회들에 이 편지를
씁니다. 3 우리 아버지 하나님과 주 예수 그리스도의 은혜와 평화가 여
러분과 함께하기를 빕니다. 4 예수 그리스도께서는 하나님 우리 아버
지의 뜻을 따라 우리를 현재의 이 악한 세대에서 건져 주시려고, 우리
의 죄를 대신하여 자기 자신을 바치셨습니다. 5 하나님께서 영원토록
영광 받으시기를 빕니다. 아멘.

복음의 진리

갈라디아서를 여러 관점에서 볼 수 있겠지만, 이번에는 '복음의

진리'라는 관점으로 읽어 내고자 합니다. 이것은 갈라디아서 2장에 두 번 등장하는 갈라디아서의 핵심 내용입니다(2:5, 14). 이를 통해 성경에서 말하는 복음이 무엇인지, 또 그 복음의 진리를 살아가는 것이 무엇인지 깊이 깨달아 하나님의 복음에 뿌리박는 우리가 되기를 원합니다.

이번에 갈라디아서 1장 1-5절을 묵상하는 동안, 가장 두드러져 보이는 한 단어가 있었습니다. 바로 '하나님'이라는 단어였습니다. 1장 1-5절에는 '하나님'이라는 단어가 네 번 등장합니다(그리스어 원문에는 세 번). 바울을 사도로 보내신 분도 하나님이며, 예수를 죽은 사람들 가운데서 살리신 분도 하나님이십니다. 그리고 예수께서 하신 모든 일이 하나님의 뜻에 의한 것입니다. 그 하나님께 영광을 돌리면서 본문은 끝이 납니다(5절). "하나님! 모든 것이 다 하나님에 의해 이루어졌습니다" 하는 고백이지요. 그렇다면 그러한 고백은 어떻게 이루어졌을까요?

하나님께 직접 받은 복음

(1) 먼저 1절을 보면, 당시 편지에 보통 드러나는 형식으로 되어 있습니다. 발신자로 편지가 시작됩니다. 바울의 편지들은 바울이 자기 자신을 묘사하는 방법을 통해 그 편지의 핵심 내용을 가늠해 볼 수 있습니다. 1절에서 바울은 사람들이 보내서 사도가 된 것도 아니고 어떤 한 사람을 통해서 사도가 된 것도 아니라는 점을 강조합니다. 바울은 '오직 예수 그리스도와 하나님 아버지로 말미암아' 사도가 되었다고 합니다. '사도'는 '보냄을 받은 자'(ἀπόστολος 아포스톨로

스)라는 뜻입니다. 보냄을 받을 때는 전해야 하는 메시지를 위임받습니다. 따라서 바울은 어떤 사람/사람들이 자신을 보낸 것이 아니라 예수와 하나님이 보내셨고, 또 예수와 하나님의 메시지를 받아 사도가 되었음을 강조하고 있습니다. 바울은 사람들에게서 전해 받은 메시지가 아니라 예수 그리스도께 직접 받은 복음을 선포했기 때문입니다.

키르케고르는 천재와 사도의 차이가 무엇인지 묻고는 이렇게 구분했습니다. "천재는 자기 자신의 뛰어남으로 우리를 감동시키지만, 사도는 하나님의 영광으로 우리를 감동시킨다." 바로 이것이 차이입니다. 사도는 자기의 메시지를 전하는 사람이 아닙니다. 하나님과 예수께서 직접 주신 메시지를 전하는 사람입니다. 바울이 전한 복음과는 다른 복음을 전한 사람들도 자기의 복음이 원조라고 주장했을 것입니다. 떡볶이도 원조를 따지는 요즘, 어떤 복음이 원조인지를 가리는 일은 중요합니다. 더구나 그 내용에 차이가 있다면, 원조를 찾고 받아들이는 일은 매우 중요합니다. 바울은 자신이 전한 복음이 사람을 거쳐서가 아니라 그리스도께 직접 받았기 때문에 사람들의 메시지가 섞이지 않았다고 강조합니다. 1장 10절을 보면, 바울이 왜 이 점을 강조하는지 알 수 있습니다.

지금 내가 사람들의 지지를 받으려 하고 있습니까? 아니면, 하나님의 인정을 받으려 하고 있습니까? 아니면, 사람들의 마음을 얻으려 하고 있습니까? 내가 아직도 사람들의 마음을 얻으려 하고 있다면, 나는 그리스도의 종이 아닙니다. (1:10)

바울은 지금, 사람들의 마음을 얻으려는 사람이라는 공격을 받고 있습니다. 바울을 공격하는 이들은 그가 전한 복음이 너무 쉬운 복음이라고 주장합니다. 예수만 믿으면 의롭다함을 받을 수 있고, 율법에서 요구하는 할례 같은 것은 지키지 않아도 된다는 가르침은, 복음을 쉽게 만들어 사람들의 환심을 사려는 시도라는 것입니다. 바울은 갈라디아서 전체에서 그들의 공격이 근거 없는 것임을 증명합니다. 그가 전하는 복음은 예수 그리스도께 직접 받았기 때문입니다.

앞에서 저는 오늘 본문 가운데 '하나님'이라는 단어가 도드라져 보인다고 했는데, 바울은 그 하나님을 세 번이나 '아버지'라고 표현합니다. 유대인들은 그들의 하나님을 당연히 아버지라고 불렀습니다. 그 이유는 그들이 조상으로 생각하는 아브라함을 통해 자신들이 하나님의 자녀가 되었다고 생각했고, 하나님께 받은 언약이 그 중심에 있었기 때문입니다. 창세기 17장을 보면, 그 언약의 표시로 할례를 받아야 한다고 합니다. 하지만 바울은 갈라디아서에서 언약의 표시인 할례를 받지 않아도 아브라함의 자손이 되고, 이방인도 하나님의 자녀가 되어 그 하나님을 아버지라고 부를 수 있다고 강조합니다. 더구나 유대인들이 자기들의 일상어인 아람어로 "아빠, 아버지"[10]라

---

10 한국 교회의 경우, 이에 대한 아람어 발음이 우리말 '아빠'와 비슷하다는 이유로 마치 어린아이가 아버지를 부르는 호칭인 듯이 이해해 왔다. 영어권에서도 아람어 '아빠'를 어린아이들이 친근하게 부르는 'Daddy'로 잘못 해석했던 적이 있다. 하지만 이제는 고전이 된 제임스 바(James Barr)의 논문이 이 오해를 바로잡았다. 그는 유대인들이 어릴 때 '아빠'라는 단어를 사용하는 것은 물론 어른이 되어서도 계속 사용했다는 사실을 포착함으로써, 아버지를 아람어 '아빠'로 부르는 행위는 친근하면서도 존경을 담은 성숙한 모습이라고 밝혔다. "Abbā isn't Daddy," *Journal of Theological Studies* 39 (1988): 28-47.

복음의 진리

고 부르는 것처럼, 예수 그리스도를 통해 이방인들도 같은 방법으로
부를 수 있다고 강조합니다.

> 이제 여러분은 자녀이므로, 하나님께서 그 아들의 영을 우리의 마음
> 속에 보내 주셔서 우리가 하나님을 "아빠, 아버지"라고 부를 수 있게
> 되었습니다. (4:6)

그 아들의 영, 즉 예수의 영을 받은 사람은 할례를 받지 않아도
누구나 하나님의 자녀가 되어 하나님을 "아빠, 아버지"라고 부를 수
있는 것입니다. 편지의 처음부터 바울은 이방인인 갈라디아인들에
게 그 하나님이 '우리' 아버지임을 강조합니다. 그래서 1절의 "하나님
아버지"에 이어 3절에는 "우리 아버지 하나님", 그리고 4절에는 "하
나님 우리 아버지"라고 부릅니다.

(2) 이어서 바울은 갈라디아 지방의 여러 교회들을 수신자로 밝
힙니다. 다른 편지에 자주 등장하는 수식어, 예를 들어 사랑하는 형
제들, 성도들, 아니면 하나님의 교회 등이 여기에는 없습니다. 그렇
게 문제 많던 고린도 교회도 "하나님의 교회"라고 칭했는데, 갈라디
아서에서만은 그냥 "교회들"이라고 칭합니다. 지금은 '교회' 하면
'그리스도인들의 모임'을 떠올리지만, 그 당시에는 '클럽'이나 '모
임', '협회'(association) 정도의 의미였습니다. 왜 그렇게 칭했는지는
차차 드러나게 될 것입니다.

(3) 3절에 있는 바울의 인사는 그의 편지에 항상 쓰이는 내용입
니다. "은혜와 평화"를 아버지 하나님과 주 예수 그리스도께서 그들
에게 주시기를 바라면서 인사를 전합니다. 당시 그리스 문화 가운데

있는 사람들은 "카이레인"(χαίρειν, "안녕하세요?" 정도의 인사) 하며 인사를 나눴는데, 바울은 이를 변형시켜 발음이 비슷한 '카리스'(χάρις, 은혜)를 사용해 인사합니다. 또, 유대인의 인사인 히브리어 "샬롬"(평화)을 그리스어 '에이레네'(εἰρήνη)로 대치함으로써 '카이레인'과 '샬롬' 대신 "카리스 카이 에이레네"(은혜와 평화) 하고 인사합니다. 이것은 바울의 독특한 인사법이 되었습니다.

(4) 4절에는 복음의 요약이라 일컬을 수 있는 내용이 들어 있습니다.

> 예수 그리스도께서는 하나님 우리 아버지의 뜻을 따라 우리를 현재의 이 악한 세대에서 건져 주시려고, 우리의 죄를 대신하여 자기 자신을 바치셨습니다. (1:4)

마르틴 루터는 4절이 갈라디아서 전체의 내용을 담고 있다고 주장했습니다. 그리고 5절에서 바울은 하나님께 영광을 돌리면서 편지의 서두를 엽니다. 그러면 바울이 갈라디아서에서 말하는 복음은 무엇일까요?

복음이란?

(1) 먼저, 복음은 사람이 만든 것이 아닙니다. 복음은 하나님으로부터 왔고, 하나님이 끝까지 다 하신 것입니다. 우리를 구출하시기 위해 하나님이 예수 그리스도를 보내셨습니다. 그래서 복음은 철저히 '하나님의 은혜'라고 할 수밖에 없습니다. 처음부터 끝까지 다 하

복음의 진리

나님의 은혜입니다. 그것은 우리의 상태 때문입니다. 우리는 우리 자신을 구출할 힘이 없습니다. 그래서 건져냄이 필요합니다. 복음이라는 말뜻은 '기쁜 소식'인데, 우리는 복음을 들으면서도 별로 기쁘지 않을 수 있습니다. 듣는 사람이 자기 자신이 어떤 상태에 있는지 깨닫지 못하면 별로 기쁘지 않습니다. 죄 때문에 우리가 죽을 수밖에 없다는 사실을 모르면, 복음은 기쁜 소식이 될 수 없습니다. 자신이 치료 불가능한 중병에 걸려 있다는 사실을 모르는 사람에게 그 병을 없애는 치료약이 발명되었다는 소식은 그저 뉴스일 뿐 기쁜 사건이 아닙니다. 하나님의 복음이 진정 기쁜 소식으로 들리는 사람은 그 은혜를 경험한 사람입니다.

사실 성경에서 말하는 복음은 '구출'(σωτηρία 소테리아, 대체로 '구원'으로 번역)과 관계있기 때문에 일단 선포를 하고, 그런 다음 설명을 합니다. 복음에 대해서 줄줄이 설명을 하고 나서 "납득이 되세요? 그러면 믿으세요"라고 하지 않습니다. 예수님이나 바울의 복음 선포를 이해하는 열쇠가 여기에 있습니다. 물에 빠져 허우적거리는 사람에게는 일단 건져 내는 일이 필요합니다. 이 사람에게 가장 필요한 것은 구출입니다. 그에게 고상한 가르침을 주고 설득하는 일은 그다음입니다. 물에 빠져 허우적거리는 사람에게 수영 매뉴얼을 주고 수영을 어떻게 하는지 가르쳐 줄 여유는 없습니다. "지금부터 수영을 배워서 헤엄쳐 나오세요"라고 할 수 없습니다. 구출이 먼저입니다. 바울이 지금 갈라디아 교회에 꼭 필요하다고 생각한 것이 바로 '구출'입니다. 바울의 표현에서 긴박감이 느껴지는 이유입니다.

(2) 그 하나님의 은혜는 예수께서 십자가에서 자기를 희생한 것에 의해 실현되었습니다. 예수께서 십자가에서의 죽음으로 자신을

희생한 이유는 우리의 죄를 대속하기 위함이었습니다. 바울의 표현을 직역하면, '예수 그리스도께서 우리의 죄를 위하여 자기를 주었다'입니다. '대속'은 자기 자신을 드림으로 값을 대신 치렀다는 의미입니다.

죄가 무엇입니까? 죄는 하나님과 분리된 상태를 표현합니다. 하나님의 임재가 없는 상태가 되어 하나님 아닌 다른 주권에 속하게 된 상태입니다. 하나님께 속하면 생명이 있는데, 죄라는 주권에 속하면 죽음입니다. 죄 때문에 죽을 수밖에 없는 우리를 대신해 죽지 않아도 되는 하나님의 아들 예수께서 죽으신 것입니다. 그런데 바울은 4절에서 이 희생을 통해 예수께서 우리를 "현재의 이 악한 세대에서" 건져 주셨다고 표현합니다. 무슨 의미일까요?

성경은 시대를 두 부분으로 구분합니다. 현시대(the present age)는 악이 장악하고 있는 시대, 하나님의 정의가 세워지지 않은 시대입니다. 그러나 앞으로 새 시대(the new age)가 오는데, 그때는 하나님의 정의가 세워지고 하나님의 생명이 가득 찹니다. 바울은 예수 그리스도의 십자가와 부활로 새 시대가 이미 시작되었다고 선포합니다. 하지만 아직 현시대가 끝난 것은 아니라서 우리는 현시대와 새 시대가 겹치는 시간에 살게 되었습니다.[11] 바울은 예수의 희생으로 말미암아 우리가 이 악한 현시대에서 이미 구출받기 시작했다고 선포하고 있습니다. 요한의 표현대로라면, '사망에서 생명으로 옮긴 것'입니다. 이 악한 시대가 대표하는 것이 바로 죽음입니다. 현시대는 죽음의 문

---

11 겹치는 시대에 대한 설명은 김도현,《바울의 사상을 그리다》(서울: 성서유니온, 2023), 231-232을 보라.

복음의 진리

화가 장악하고 있습니다.

　창세기를 보면, 1-2장에 하나님이 생명을 창조하는 내용이 있는데 3장에 가면 사람이 죽음을 선택합니다. 왜냐하면 하나님과 분리되었기 때문입니다. 그 이래로 역사는 생명을 이어 가려는 하나님의 뜻과 죽음을 향해 가려는 인간의 뜻이 계속 부딪히는 모습을 보여 줍니다. 그 죽음의 문화를 되돌리고 하나님의 생명을 회복시키기 위해 예수께서 자기의 생명을 희생하신 것입니다. 하나님은 죽음에 휩싸여 있는 우리를 구출하시려고 그 아들 예수 그리스도를 보내셨습니다. 그래서 복음은 '하나님의 구출 작전' 이야기입니다. 우리가 우리 자신을 구원할 수 없기 때문에 하나님께서 하신 것입니다.

　그런데 여기서 중요한 점이 하나 있습니다. 우리가 죽음에서 구출받으려면 누군가의 희생이 필요했다는 점입니다. 레위기에서 속죄제로 쓰일 때 요구하는 흠이 없는 제물처럼(레 1:3, 10, 4:3, 5:18 등), 희생할 수 있는 자격이 있으려면 자신에게 죄가 없어야 했습니다. 죄가 있다면 자기 죄 때문에 죽었어야지, 희생제물로는 적합하지 않기 때문입니다. 그래서 죄가 있는 우리는 우리 자신을 구출할 수 없습니다. 성경은 예수를, 죄를 모르는 하나님의 아들이라고 선포합니다(고후 5:21; 벧전 1:19; 히 4:15; 요일 3:5). 그렇기 때문에 오직 그분의 희생만이 우리의 죄를 없애고 구출하는 데 유효한 것입니다.

누구의 주권 아래에 있는가?

　그런데 2천 년 전 바울이 갈라디아서를 썼을 당시, 그가 "현재의 이 악한 세대"라고 한 그 표현이 많은 사람에게 먹혔을지는 의문입

니다. 그 당시 로마 제국에 살던 사람들은 자기들이 최고의 황금시대
(golden age)를 살고 있다는 자부심을 품고, 로마 제국이 마침내 평화
와 번영의 시대를 열어 안정(securitas)을 가져왔다고 믿었습니다. 로
마 제국이 쌓아 온 파워를 근거로 민족 간의 전쟁을 억제하고 있다고
생각하며, 그런 안정을 가져온 황제들을 신으로 숭배하기까지 했습
니다. 그러나 바울이 볼 때, 그가 살고 있는 시대는 분명히 악이 장악
하고 있었고, 하나님의 정의가 세워지지 않았습니다. 바울은 철저히
하나님 나라의 관점에서 현시대를 본 것입니다. 로마 제국이 싫어서
반정부 입장이 된 것이 아닙니다. 하나님의 통치가 이 땅에 이루어져
하나님의 정의와 생명이 가득 찬 시대에 대한 소망이 있었기에, 하나
님의 부르심을 받은 바울은 로마 제국의 통치자들과 다른 관점을 가
질 수밖에 없었습니다.

　복음을 '하나님의 구출 작전'이라 표현할 때는 주의할 점이 있
습니다. '구출받는다'고 해서 어디로 도망간다는 의미가 절대 아닙니
다. 이 악한 세대에서 건져 주시려고 예수께서 자기 몸을 희생했다는
바울의 말은, 이 악한 세대의 권능으로부터 구출받아서 하나님의 권
능 아래로 들어가서 살아간다는 의미입니다. 그것을 로마서 5장 21
절에서는 이렇게 표현합니다.

> 그것은, 죄가 죽음으로 사람을 지배한 것과 같이, 은혜가 의를 통하여
> 사람을 지배하여, 우리 주 예수 그리스도로 말미암아 얻는 영원한 생
> 명에 이르게 하려는 것입니다. (롬 5:21)

　즉, 누구의 주권 아래에 있는가의 문제입니다. 죄의 주권 안에서

죄의 지배를 받다가 이제는 은혜의 주권 아래로 옮겨진 것입니다. 우리가 속해 있는 세상에서 누가 주인 노릇을 합니까? 이 세상의 시스템은 다른 사람들과의 경쟁에서 이겨야 대접받는 시스템입니다. 그래서 그 경쟁에서 이기지 못하면 뒤떨어지고, 뒤떨어지면 불행해지니까 평생 이기려고 노예로 살아갑니다. 어릴 때부터 끊임없이 무한 경쟁의 굴레 속으로 들어갑니다. 그러나 "은혜가 의를 통하여 지배"하는 세상은, 노예가 아닌 자녀로서 영원한 생명을 누리게 합니다. 자녀가 되면 경쟁에서 이기지 않아도 됩니다. 갈라디아서는 "자유 없는 노예로 살 것인가, 자유를 누리며 하나님의 자녀로 살 것인가? 우리는 어떻게 살 것인가?"를 묻습니다. 골로새서 1장 13절은 이렇게 선언합니다.

> 아버지께서 우리를 암흑의 권세에서 건져 내셔서, 자기의 사랑하는 아들의 나라로 옮기셨습니다. (골 1:13)

하나님은 우리를 "암흑의 권세"에서 "사랑하는 아들의 나라"로 옮기셨습니다. 이 악한 세대에서 구출하셔서 세상 밖으로 옮겨 놓는 것이 아니라, 이 세상에 계속 살지만 암흑의 권세가 아닌 예수의 권세로 살아가게 하십니다. 바울에게 이것은 공간적인 옮김이 아닌 시간적인 옮김입니다. 새번역은 4절($\dot{\epsilon}\kappa$ $\tauο\hat{υ}$ $α\dot{ι}\hat{ω}νος$ $\tauο\hat{υ}$ $\dot{\epsilon}νεστ\hat{ω}τος$ $πονηρο\hat{υ}$)을 "이 악한 세대에서"라고 번역했는데, 좀 더 정확히 하면 "현재의 이 악한 세대에서"(from the present evil age)라고 번역할 수 있습니다. 새번역은 '현재'를 의미하는 중요한 단어 '$\dot{\epsilon}νεστ\hat{ω}τος$'(에네스토토스)를 번역하지 않았습니다. 현재의 세대는 죄와 사망이 지배하는 악한 세대입니다. 그러나 예수 그리스도의 죽음과 부활로 이미 도착한 새 세대, 새 시대는 진리와 생명이 지배하는 해방의 때입니다. 하나님이 우리를 구출해 하나님의 시간 안으로 옮겨 놓았기 때문에 그리스도인은 장차 올 세대에 이미 속해 있습니다.

그렇다면 하나님은 왜 우리를 구출해 내셨을까요?

그것은, 아브라함의 복을 그리스도 예수 안에서 다른 민족에게 미치게 하시고, 우리로 하여금 믿음을 통하여 약속하신 성령을 받게 하시려는 것입니다. (3:14)

하나님이 우리를 구출하신 이유는 그분이 주시기 원하는 기쁨과 소망과 평안을 누리지 못한 채 우울과 절망과 불안 가운데 사는 우리를 현재의 이 악한 세대에서 구출해 내어, 하나님을 아직 모르는 사람들에게 하나님의 정의와 생명을 전하게 하시기 위해서입니다. 하나님의 구출 작전은 우리를 건져 내어 다른 공간으로 옮겨 탈출시키는 것이 목적이 아니라, 여전히 같은 공간(땅!)에 살지만 인간의 시간이 아닌 하나님의 시간(카이로스!)으로 살게 하시려는 것입니다. 바울은 그 구출 작전이 이미 시작되었고 아직도 진행 중이라고 선포합니다. 하나님은 갈라디아서를 읽어 나가는 우리를 그 작전에 참여하도록 부르십니다. 우리 모두 그 부르심에 순종하여 하나님의 구출 작전에 참여함으로써 아브라함의 복을 모든 민족에게 퍼뜨리고 믿음을 통하여 약속하신 성령을 받을 수 있기를 바랍니다.

3

은혜의
복음

갈라디아서 1:6-10

6 나는 정말 놀라지 않을 수 없습니다. 여러분을 그리스도의 은혜 안에서 불러 주신 분을 그렇게도 빨리 버리고 다른 복음을 따라가고 있다니요! 7 사실 다른 복음이 있는 것은 아닙니다. 다만 어떤 사람들이 여러분을 혼란하게 하고 그리스도의 복음을 변질시키기 원하는 것뿐입니다. 8 그러나 우리는 말할 것도 없고, 하늘에서 온 천사일지라도, 우리가 여러분에게 전한 것과 다른 복음을 전한다면, 마땅히 저주를 받아야 합니다. 9 우리가 전에도 말했지만, 이제 다시 말합니다. 여러분이 이미 받은 것과 다른 복음을 여러분에게 전하는 사람이 있다면, 그가 누구든지 저주를 받아야 마땅합니다. 10 지금 내가 사람들의 지지를 받으려 하고 있습니까? 아니면, 하나님의 인정을 받으려 하고 있습니까? 아니면, 사람들의 마음을 얻으려 하고 있습니까? 내가 아직도 사람들의 마음을 얻으려 하고 있다면, 나는 그리스도의 종이 아닙니다.

갈라디아서에는 생략된 감사 기도

바울이 쓴 13개의 편지를 보면, 대체로 편지 첫 부분의 인사가 끝난 다음에는 편지를 받는 회중으로 인해 하나님께 감사를 드리는 기도가 나옵니다.

나는 여러분을 생각할 때마다, 나의 하나님께 감사를 드립니다. (빌 1:3)

나는 먼저 여러분 모두의 일로, 예수 그리스도를 통하여 나의 하나님께 감사를 드립니다. (롬 1:8)

그리고 그토록 문제가 많았던 고린도 교회에 쓴 고린도전서 1장 4절에서도 "나는 여러분이 그리스도 예수 안에서 받은 하나님의 은혜를 생각하고, 여러분의 일로 언제나 하나님께 감사를 드립니다"라고 고백합니다.

대부분의 바울 서신에는 이런 감사 기도가 들어 있지만, 갈라디아서에는 없습니다. 그것은 갈라디아의 상황이 심각했던 것 이상으로, 바울이 지금 상당히 격분하고 있음을 드러냅니다. 갈라디아서 1장 6-10절에서 바울이 사용하는 언어를 보면, 상당히 불편한 감이 있습니다. '놀랐다', '혼돈', '변질', '마음을 얻으려 한다' 등입니다. 특히 그중에서도 클라이맥스는 '저주'입니다! 저주!

바울의 이런 표현은 조심해서 해석해야 합니다. 성경해석학을 20년 넘게 거의 매 학기 가르쳐 오면서 발견한 한 가지는, 저마다 들고 싶은 것만 듣고 보고 싶은 것만 본다는 사실입니다. 이런 현상은 성경을 읽을 때 더욱 심각하게 드러납니다. 하나님의 말씀을 읽는 중에도 본인이 보고 싶은 것만 보고 듣고 싶은 것만 듣습니다. 특히 오늘 본문은 배타적인 사람을 더욱 배타적이게 만들 가능성이 있기 때문에 유념해서 읽어야 합니다. 무슨 말입니까? 자기중심적이고 말도 안 되는 도덕적 우월감을 가지고 사는 사람이 이 본문을 읽으면 '맞아. 내가 믿는 게 맞아! 다 틀렸어! 틀리게 믿는 사람들은 저주받아싸!' 이렇게 생각하기 쉽다는 것입니다. 여기서 우리가 잘 관찰해야 하는 것은 바울이 왜 이렇게 흥분해서 책망하는 문구를 썼는가 하는 그 근본적인 이유입니다. 또, 바울이 하나님께 받아서 전한 복음이 원래 어떤 복음이었는지, 바울이 복음을 전하고 가르칠 때 원래 어떤 태도를 취했는지 잘 살펴야 합니다.

그리스도의 은혜 안에서 불러 주신 분을 버렸다!

먼저 바울이 놀라움을 표시하는 이유는 갈라디아인들이 그들을 "그리스도의 은혜 안에서 불러 주신 분"(1:6), 즉 '하나님'을 그렇게 빨리 버렸기 때문입니다. 바울이 이 상황을 보는 견해는 단순히 신학적 또는 해석학적인 차이 때문에 의견이 달라졌다는 정도가 아닙니다. 이 상황을 아주 간단히 표현하면, '그들이' 하나님을 버린 것입니다. 왜 이렇게 보는 걸까요? 갈라디아인들이 은혜의 복음을 버렸기 때문입니다. 그들은 은혜가 왕 노릇 하고 은혜에 의해 의롭게 되는 영역에서 떠나, 세상의 시스템이 왕 노릇 하는 영역으로 가고 말았습니다. 오직 그리스도의 은혜와 희생에 의해 하나님께 부르심을 받고 하나님의 백성이 되었던 사람들이 이제는 세상의 시스템을 따라 자기 힘으로 하나님의 백성이 되겠다고 마음을 바꾼 것입니다.

어쩌면 그것이 더 고상해 보일지도 모릅니다. 바울이 10절에서 고백하는 것처럼, 바울이 전했던 복음은 사람들의 마음을 기쁘게 하고 그들의 마음을 얻으려 하는 싸구려 복음으로 오해될 요소가 있었습니다. 왜냐하면 자기 노력으로 성취해야 하는 지위와 자격이 구원을 위해 필요 없다고 가르치는 복음이었기 때문입니다. 바울이 전했던 복음은 은혜의 복음이었습니다. 은혜의 복음은 인종적으로 유대인같이 되어야 한다고 주장하지 않고, 이방인들도 그리스도 안에서 정당한 하나님의 백성이 될 수 있다고 선포합니다. 바울은 유대인의 율법을 지켜서 인간이 쌓을 수 있는 의로움을 갖추어야 하나님과 우리의 관계를 회복시킬 수 있다고 주장하지 않습니다. 은혜의 복음은 파격적인 복음입니다. 이방인들의 입장에서 보면 그야말로 기쁜 소식입니다. 유대인처럼 할례법, 음식법, 안식일법과 같은 율법 조항을 지키지 않아도 합법적인 하나님의 백성이 될 수 있다는 것은 바리새인이었던 바울의 입장에서 보면 혁명적인 생각입니다. 진정한 복음은 하나님의 아들이 자신의 모든 것을 희생하고 죽음으로써 이룬 구원을 선포합니다. 그래서 그리스도의 복음은 철저히 은혜의 복음입니다. 선물입니다. 우리가 노력해서 얻을 수 있는 것이 아닙니다. 갈라디아인들은 분명히 이 복음을 기쁨으로 받아들였습니다. 그런데 지금 와서 마음을 바꾼 것입니다.

바울은 그들이 하나님을 '버리고'(μετατίθημι 메타티떼미) 다른 복음을 따라가고 있다고 표현합니다. 철학에서 '메타티떼미'는 원래 받아들였던 입장을 바꾸어 다른 학파로 갔을 때 쓰던 동사입니다. 예를

　　　　　　　　　　　　　　　　복음의 진리

들면, 스토아 철학을 믿던 사람이 에피쿠로스 철학으로 넘어갈 때 씁니다. 그런데 바울은 이 동사를 어떤 철학적인 입장을 단순히 바꾸는 의미가 아닌 배교 용어로 사용합니다. 유대 전통에서는 하나님을 예배하지 않고 우상을 예배하는 행동을 묘사하는 동사로 사용해 왔기 때문입니다(마카비2서 7:24). 바울이 볼 때 그들은 그리스도의 은혜 안으로 불러 주신 하나님을 버리고 다른 존재에게 갔습니다. 그렇기에 바울이 더욱 격분하고 있는 것입니다.

> 나는 하나님의 은혜를 헛되게 하지 않습니다. 의롭다고 하여 주시는 것이 율법을 통하여 이루어진다면 그리스도께서는 헛되이 죽으신 것입니다. (2:21)

바울이 보기에 그들의 행동은 하나님의 은혜를 헛되이 하고 그리스도의 죽음을 헛되게 만들었습니다. 또, 그리스도에게서 끊어지고 은혜에서 떨어져 나가는 행동이었습니다!

> 율법으로 의롭게 되려고 하는 당신들은 그리스도에게서 끊어지고, 은혜에서 떨어져 나간 사람입니다. (5:4)

율법의 행위로 의롭게 되려는 시도가 이렇게 무서운 결과를 낳기 때문에 바울이 놀라서 편지를 쓴 것입니다. "여러분을 그리스도의 은혜 안에서 불러 주신 분을 그렇게도 빨리 버리고 다른 복음을 따라갔다"(1:6)는 말씀은 출애굽기 32장 8절을 연상시킵니다.

그들은, 내가 그들에게 명한 길을 이렇게 빨리 벗어나서, 그들 스스로 수송아지 모양을 만들어 놓고서 절하고, 제사를 드리며…. (출 32:8)

모세가 하나님을 만나러 간 사이 이스라엘 백성이 금송아지를 만들어 놓고 그 앞에 절하는 장면입니다. 이런 상황을 생각해 보면 바울이 왜 그렇게 격분했는지 이해가 되지 않습니까?

바울은 그들이 "다른 복음"으로 넘어갔다고 했지만, 사실 바울에게 다른 복음이란 없습니다. 어떤 자들이 갈라디아인들을 교란해, 즉 혼란스럽게 해서 복음을 변질(pervert)시킨 것인데, 복음을 변질시키면 더 이상 복음이 아닙니다. 우리가 구원받는 방법이 '오직 그리스도'가 아니라 '그리스도 + 알파'가 되면 그것은 복음이라고 부를 수 없습니다.

복음과 복음들

바울이 전한 복음은 하나밖에 없습니다. 오직 그리스도를 통한 구원! 그것뿐입니다. 흥미롭게도 당시 로마 황제와 연결 지어 사용되었던 복음, 즉 로마의 복음은 항상 '복수'로 쓰였습니다. 예를 들면, 지금의 터키 서부 지방인 프리에네에서 발견된 기원전 9년경의 비석에 쓰여 있는 '아우구스투스에게 바쳐진 칭송'에 그것이 드러나 있습니다. 이 비석에서 아우구스투스는 '주님'이라 불릴 뿐만 아니라, 전쟁이 그치지 않았던 혼란스러운 세상에 질서와 평화를 가져온 '구원자'로도 일컬어집니다. 심지어 '신'(θεός 떼오스)으로까지 불립니다. 그리고 그의 탄생이 다른 "복음들"의 시작이므로, 그의 생일을 새 캘

린더의 시작으로 만들라고 주장합니다. 여기 쓰인 단어가 '유앙겔리온'(εὐαγγέλιον, 복음)의 복수인 '유앙겔리아'(εὐαγγέλια, 복음들)입니다. 이렇게 복수를 쓴 이유는 황제와 관련된 복음이 여럿 있었기 때문입니다. 황제가 전쟁에 나가 승리했다던가, 황제의 명예로운 업적을 발표할 때 '복음'이라는 단어를 썼습니다. 프리에네의 비문은 아우구스투스의 탄생이 그 모든 '복음들'의 시작이라고 선언하는 것입니다.

그에 비해 바울은 '복음'이라는 단어를 복수로 사용한 적이 한 번도 없습니다. 바울의 복음은 오직 하나였기 때문입니다. 바울에게는 예수 그리스도께서 사랑으로 자기 몸을 십자가에서 버리신 희생에 근거한 '은혜의 복음' 하나밖에는 없었습니다. 거기에 무엇을 더할 수도 뺄 수도 없습니다. 또한 바울이 말하는 복음은 갑자기 나타난 복음이 아니라, 구약에서 계속 예언되었던 복음입니다.

> 좋은 소식을 전하며
> 평화를 공포하며
> 복된 좋은 소식을 가져오며
> 구원을 공포하며
> 시온을 향하여 이르기를
> 네 하나님이 통치하신다 하는 자의 산을 넘는 발이
> 어찌 그리 아름다운가. (사 52:7, 개역개정)

이 구절에서 "좋은 소식을 전하며", "평화를 공포하며", "복된 좋은 소식을 가져오며", "구원을 공포하며"라고 번역되어 있는 구절들은, 전부 그리스어 동사 '유앙겔리조마이'(εὐαγγελίζομαι, 복음을 의미하는 '유앙겔리온'의 동사형)가 사용된 문구들입니다. 바울은 이사야가 예언했던 그 복음이 예수 그리스도를 통해 나타났다고 믿었습니다. 그런데 아주 흥미로운 사실은 이사야가 예언한 복음도 왕과 그의 통치에 관련되어 있었다는 점입니다. 그러니까 로마의 왕, 즉 황제와 관련되어 주장되었던 로마의 복음들과 정확히 대칭점에 있는 것이 바로 하나님의 복음입니다. 로마의 복음은 경쟁을 통해 '명예와 힘'(honor and strength)[12]을 쌓아 올려서 선 자만이 구원받는 시스템에 근거하고 있습니다. 하나님의 복음과는 정반대입니다! 로마 황제가 주님과 구원자가 되어 질서와 평화를 가져오는 그런 복음은, 로마 제국이 이룩한 엄청난 권력과 부에 근거해 그렇게 살아야 행복해질 수 있고 만족할 수 있다는 사상에 근거한 것입니다.

한편, 하나님의 복음은 하나님께서 주님과 구원자가 되어 평화를 가져오며, 그 하나님의 은혜에 의해 통치받는 것에 근거하고 있습니다. 바울은 그 하나님의 통치, 즉 하나님의 나라가 오직 예수를 통해 왔다고 믿었고 선포했습니다. 그러므로 복음은 하나밖에 없습니다. 그 하나밖에 없는 복음은 세상에서 통용되는 힘과 명예, 지위와 경쟁에 근거한 복음이 아니라, 오직 하나님의 은혜에 근거해서 통치하는 그런 복음입니다. 바울은 그 누구라도 다른 복음을 전하면 마땅히 저주를 받아야 한다고 선언합니다. 바울은 그 대상에 자신도 포함시킵니다. 누가 되었든 하나밖에 없는 복음, 그 복음만 전해야 합니다.

---

12   로마 군인들의 구호로서 우리나라 군인들이 경례할 때 "충성"이라고 외치는 것과 비슷하다.

복음의 진리

복음을 전하는 방법

그러면 바울이 하나밖에 없는 이 복음을 전할 때 그는 어떤 태도를 취했을까요? 다음의 구절에서 알 수 있듯이 그는 복음을 배타적이고 독선적으로 전하지 않았습니다.

그것은, 내가 복음을 전할 때에 값없이 전하고, 복음을 전하는 데에 따르는 나의 권리를 이용하지 않는다는 그 사실입니다. 나는 어느 누구에게도 얽매이지 않은 자유로운 몸이지만, 많은 사람을 얻으려고, 스스로 모든 사람의 종이 되었습니다. 유대 사람들에게는, 유대 사람을 얻으려고 유대 사람같이 되었습니다. 율법 아래 있는 사람들에게는, 내가 율법 아래 있지 않으면서도, 율법 아래에 있는 사람을 얻으려고 율법 아래 있는 사람같이 되었습니다. 율법이 없이 사는 사람들에게는, 내가 하나님의 율법이 없이 사는 사람이 아니라 그리스도의 율법 안에서 사는 사람이지만, 율법 없이 사는 사람들을 얻으려고 율법 없이 사는 사람같이 되었습니다. 믿음이 약한 사람들에게는, 약한 사람들을 얻으려고 약한 사람이 되었습니다. 나는 모든 종류의 사람에게 모든 것이 다 되었습니다. 그것은, 내가 어떻게 해서든지, 그들 가운데서 몇 사람이라도 구원하려는 것입니다. 나는 복음을 위하여 이 모든 일을 하고 있습니다. 그것은 내가 복음의 복에 동참하기 위함입니다. (고전 9:18b-23)

놀라운 말씀입니다. 바울은 자기의 독선적인 노선과 권리를 주장하지 않았습니다. 바울을 공격하는 사람들은 그가 사람들을 기쁘게 하여 그들의 마음을 얻으려고 이렇게 카멜레온같이 행동한다고 비난했을지도 모릅니다. 그러나 바울의 접근은 철저히 기독론적(Christological)입니다. 그는 예수의 방식을 그대로 따랐습니다. 예수님의 삶을 보면, 절대 배타적인 삶이 아니었습니다. 하나님 나라에서는 사람들을 배제하거나 소외시키지 않고 포용하고 끌어안기 때문입니다. 그 본을 따라 바울은, 은혜의 복음이라는 본질(bottom line)이 훼손되지 않는 한 복음을 전하기 위해 그 어떤 것도 기꺼이 행한 사람입니다. 그러나 은혜의 복음이 본질적인 면에서 위협받을 때 바울은 단호합니다. 그것을 타협할 때는 저주받아 마땅하다고 선언합니다. 여기서 '저주받는다'는 의미는 하나님의 심판대 앞에 드려져 하나님의 정죄를 받는 것을 의미합니다. 따라서 우리도 그 예를 따라 복음을 전할 때 유연해져야(flexible) 합니다. 복음의 본질을 침해하지 않는다면 양보하고 포용해야 합니다.

사람인가, 하나님인가?

바울은 오직 하나뿐인 은혜의 복음을 전하는 이유를 1장 10절에서 밝힙니다. 그는 사람들을 기쁘게 하고 그들의 마음을 얻으려고 그렇게 한 것이 아니라고 고백합니다. 오히려 그가 전한 은혜의 복음은 커다란 걸림돌을 포함하고 있었습니다.

내가 아직도 할례를 전한다면, 어찌하여 아직도 박해를 받겠습니까? 그렇다면, 십자가의 걸림돌[σκάνδαλον 스칸달론]은 없어졌을 것입니다. (5:11)

하나님의 아들이 우리 죄를 위해 대신 십자가에 못 박혀 죽어서 구원을 얻는 복음은 유대인들에게는 거리낌이고 걸림돌이 되어 받아들이기 힘든 것이었습니다. 바리새인이었던 바울이 '할례를 받아서 유대인이 되어 의롭다함을 얻는 구원'을 전했더라면 박해를 받지 않았겠지요. 하지만 그는 사람들이 듣기 좋아하는 복음을 전하지 않았습니다.

> 육체의 겉모양을 꾸미기를 좋아하는 사람은, 여러분에게 할례를 받으라고 강요합니다. 그것은 그들이 그리스도의 십자가 때문에 받는 박해를 면하고자 하는 것입니다. (6:12)

바울은 율법에 근거한 의의 성취, 지위와 경쟁을 통한 의로움을 전하는 것이 사람의 마음을 기쁘게 하고 환심을 사는 것이라고 말합니다. 1장 10절에서 우리가 주목해야 할 단어는 "아직도"입니다. 이것이 무슨 뜻일까요? 이 한 단어에 바울의 과거가 담겨 있습니다. 앞으로 더 자세히 드러나겠지만, 바울은 이 단어를 통해 그리스도를 만나기 전 그의 삶이 오히려 사람의 마음을 기쁘게 하고 환심을 사려 했던 삶이었음을 고백합니다. 율법을 지키고 이방인들을 유대인으로 만들어 버려야 구원이 있다고 믿고 전했던 이전의 삶을 고백하는 것입니다. 바울은 죄인으로 태어난 이방인들을 율법의 행위를 통해 유대인으로 만들지 않으면 그들이 의롭게 될 수 없다고 믿고 전했던 사람입니다. 그러나 지금 바울은, 율법을 철저히 지켜서 구원을 받겠다는 태도와 노력이 더 영적이며 하나님을 기쁘게 하려는 것으로 보일 수 있지만, 사실은 그 반대였다고 고백합니다. 예수 그리스도의 은혜의 복음에는 그런 억압이 없습니다. 은혜의 복음에는 자유가 있습니다. 그는 자신을 그리스도의 종(δοῦλος 둘로스)이라고 부릅니다. 더 이상 지위와 자격, 인간적인 성취를 따지는 것이 없는 은혜의 복음이 그를 구원했고, 그는 그 복음을 전하기 때문입니다.

오직 은혜로

우리가 믿는 복음은 은혜의 복음입니다. 하나님께서 우리를 그리스도의 은혜 안에서 불러 주셨습니다. 하나님이 불러 주신 것 자체가 은혜입니다! 우리가 저절로 예수 믿게 된 것이 아닙니다. 내가 원해서? 많은 옵션 가운데서 내가 생각해 보고 골라서 예수 믿었다고 생각하십니까? 아닙니다! 하나님께서 불러 주셨기에 가능합니다. 내가 도덕적으로 훌륭해서, 인격적으로 훌륭해서 불러 주셨을까요? 어림없는 일입니다. 나에게는 구원받을 만한 것이 털끝만큼도 없습니다. 구원의 복음이 나에게 전해진 것은 전적으로 은혜입니다.

누군가가 나에게 복음을 전해 준 것, 우연일까요? 나 스스로 찾아 들었습니까? 우리 같은 완악한 사람이 누군가 복음을 전해 준다고 해서 믿을까요? 그러니 내가 복음을 받아들여 믿은 것은 은혜입니다. 아무리 복음을 전해 주고 설명해도 마음문을 닫고 거부하는 사람이 많습니다. 마음문을 여는 것, 내 마음대로 되나요? 불가능합니다. 은혜의 복음에는 우리의 공헌이 필요치 않습니다. 온전히 '은혜'일 뿐입니다. 은혜가 아니고는 믿음이 생길 수 없습니다. 그런데 은혜가 아니고는 진리를 찾을 수 없습니다. 우리가 이 은혜의 복음을 받아들여 믿고 나서 오히려 내가 가진 지위와 힘을 거기에 더하려고 들면, 은혜 안으로 불러 주신 분을 떠나는 것입니다.

　　오래전에 들은 이야기입니다. 한국에서 한 선교사님이 뚜껑 없는 지프차를 몰고 시골에 전도하러 가고 있는데, 아주머니 한 분이 큰 보따리를 머리에 이고 힘겹게 걷고 있더랍니다. 무더운 여름날에 고생이다 싶어 차를 세우고 태워 드렸습니다. 아주머니가 "아유, 됐시유" 하다가 올라탔다고 합니다. 한참을 가는데 뭔가 이상합니다. 뒤돌아보니 아주머니가 아직도 보따리를 머리에 인 채 땀을 뻘뻘 흘리고 있었습니다. 선교사님이 어이가 없어 물었습니다. "아주머니, 그 보따리를 왜 여태 이고 계십니까? 내려놓지 않고…." 그랬더니 아주머니의 대답이 걸작입니다. "아이고, 무슨 말씀을요. 나 한 몸 차 얻어 탄 것도 미안한데 보따리까지 차를 타서야 쓰겠습니까?" 그렇습니다. 예수께서 다 해주셨기 때문에 우리는 죄의 짐을 내려놓아야 합니다. 우리의 힘과 지위는 보태 봐야 헛수고입니다.

　　오직 그리스도의 공로로만 의롭게 되고 구원받을 수 있는 그 복음에 진정한 자유가 있습니다. 이 자유를 경험하는 사람들이 모여 그리스도의 공동체를 형성할 때 그곳에도 자유가 있습니다. 나의 업적과 공로, 지위와 자격을 내세우는 공동체는 자유롭게 서로를 있는 그대로 받아들이기보다는 비교하고 경쟁하고 올라서고 내리밟히는 관계가 형성됩니다. 하나님이 원하시는 공동체를 형성해 서로를 자기보다 낮게 여기고 겸손하게 생활할 때 하나님이 기뻐하십니다. 은혜의 복음이 우리를 지배해 아무것도 내세우지 않는 은혜의 공동체를 만들어 가고, 진정 그런 공동체가 되어 참 자유를 누리게 되기를 주님의 이름으로 축원합니다.

4　은혜의
　　　능력

갈라디아서 1:11-24

11 왜냐하면 형제자매 여러분, 내가 분명히 밝히기 원하는 것은 내가 전한 복음은 사람에게서 비롯되지 않았다는 사실입니다. 12 왜냐하면 이 복음은 내가 사람에게서 받은 것도 아니고 배운 것도 아니며 예수 그리스도의 계시로 받은 것이기 때문입니다. 13 내가 전에 유대교에 있을 때에 어떻게 행동했는지를, 여러분이 이미 들은 줄 압니다. 나는 하나님의 교회를 폭력을 사용하여 박해하였고, 또 아주 없애 버리려고 하였습니다. 14 나는 내 동족 가운데서, 나와 같은 또래의 그 어떤 사람보다 유대교 신앙에 앞서 있었으며, 내 조상들의 전통을 지키는 일에도 훨씬 더 열심이 있었습니다. 15 그러나 나를 태어나기도 전에 따로 세우시고 은혜로 불러 주신 분께서, 16 그 아들을 이방인에게 전하게 하시려고, 그를 나에게 계시해 주시는 것을 기뻐하셨습니다. 그때에 나는 어떤 사람과 의논하지 않았고, 17 또 나보다 먼저 사도가 된 사람들을 만나려고 예루살렘으로 올라가지도 않았습니다. 나는 곧바로 아라

비아로 갔다가, 다마스쿠스로 되돌아갔습니다. 18 그리고 삼 년 뒤에 나는 게바를 만나려고 예루살렘으로 올라가서 그와 함께 보름 동안을 지냈습니다. 19 그러나 그때 나는 주님의 동생 야고보밖에는, 사도들 가운데 아무도 만나지 않았습니다. 20 내가 여러분에게 쓰는 이 말은 하나님 앞에 맹세코 거짓말이 아닙니다! 21 그 뒤에 나는 시리아와 길리기아 지방으로 갔습니다. 22 그래서 나는 유대 지방에 있는 그리스도의 교회들에는 얼굴이 알려져 있지 않았습니다. 23 그들은 다만 "전에 우리를 박해하던 그 사람이, 지금은 그가 전에 없애 버리려고 하던 그 믿음을 전한다" 하는 소문을 들을 따름이었습니다. 24 그래서 그들은 나로 말미암아 하나님께 줄곧 영광을 돌렸습니다.

바울의 간증

갈라디아서 1장 11-24절에는 바울의 간증이 들어 있습니다. 여기서는 지난 장에서 우리가 살펴본 은혜의 복음이 그의 삶에서 어떻게 역사했는지를 드러냅니다. '은혜의 복음'에는 사람을 완전히 바꿀 수 있는 능력이 있습니다. 그 복음을 받아들인 갈라디아인도 바울 자신처럼 삶이 변화되어야 하는데, 그 변화가 일어나기도 전에 이상한 복음이 들어와 그들의 공동체를 무너뜨리고 있었습니다. 그래서 바울은 그 은혜의 복음을 다시 전해 그들의 마음을 돌려놓으려고 합니다. 다른 복음을 전한 사람들은 바울의 복음이 원조 복음이 아닌 바울이 생각해 낸 것이고, 그런 복음은 하나님을 기쁘게 하기보다 사람을 기쁘게 하려는 복음이라고 공격했을 것입니다. 이에 바울은 자기의 간증을 통해 분명히 못 박아 둘 필요를 느꼈을 것입니다.

그래서 바울은 11-12절에서 자기가 전한 복음이 사람에게서 비롯된 것이 아님을 다시 밝힙니다. 1장 1절에서 그는 자신이 사도로 부르심을 받은 것이 사람들이 시켜서 된 것도, 사람이 맡겨서 된 것도 아님을 이미 강조했습니다. 그런데 여기서 다시 반복합니다. 그가 사도로 부름을 받았을 때 복음도 맡겨졌습니다. 원문을 보면, 11절과 12절은 모두 "왜냐하면"(γὰρ 가르)이라는 접속사로 시작됩니다. 우리 말로 번역할 때 '왜냐하면'을 두 번 넣으면 문장이 매끄럽지 않고 어색하기 때문에 우리말 성경들은 대부분 '왜냐하면'을 생략하고 있습니다. 그래서 마치 바울이 앞의 구절들과 상관없이 새로운 문장을 시작하는 듯 보입니다. 하지만 바울은 사람들의 마음을 얻기 위해서가 아니라 하나님을 기쁘게 하려고 복음을 전한다는 사실을 반복해서 말합니다. 그렇게 한 이유는 그 아들을 자기에게 계시하는 것을 하나님께서 기쁘게 여기셨기 때문입니다. 바울의 입장에서는, 자기에게 복음을 계시해 주지도 않은 '사람들을' 기쁘게 할 이유가 없었던 것입니다. 12절을 보십시오.

왜냐하면 이 복음은 내가 사람에게서 받은 것도 아니고 배운 것도 아니며 **예수 그리스도의 계시**로 받은 것이기 때문입니다. (1:12)

"계시"라는 단어는 상당히 익숙할 것입니다. '요한계시록'이라고 할 때의 그 계시(ἀποκάλυψις 아포칼립시스)입니다. 계시는 우리가 깨달아서 아는 것이 아니고 오직 하나님께서 위로부터 보여 주셔야 됩니다. 하나님께서 바울에게 예수 그리스도를 직접 보여 주신 것입니다. 예수 그리스도를 만났을 때 바울에게는 엄청난 변화가 일어났습

복음의 진리

니다. 13절부터 바울은 그 이야기를 시작합니다.

바울의 열심

바울은 가장 먼저, 자신이 그리스도를 만나기 전에 어떤 사람이었는지를 설명합니다. 그는 교회의 박해자였습니다. 그는 폭력 쓰기도 주저하지 않았고, 교회를 아예 없애 버리려고 했다고 고백합니다. 그가 왜 하나님의 교회를 박해했는지는 자세히 밝히고 있지 않습니다. 어쩌면 그는 이미 갈라디아인들에게 자세한 이야기를 했을지 모릅니다. 여기서는 간추려 말하고 있는데, 그 요약에서 우리는 귀중한 힌트를 얻을 수 있습니다. 먼저 바울은 자기 또래의 사람들보다 유대교 신앙에 앞서 있었다고 고백합니다. 그것이 구체적으로 어떤 의미인지에 대해서는 14절에 귀중한 힌트가 들어 있습니다. 바로 "열심"이라는 단어입니다. 이 단어는 그리스어로 '젤로테스'(ζηλωτής)인데, 영어로는 보통 'zeal'로 번역됩니다. 이것은 유대교(특히 제2성전 유대교)에서 유대인의 종교적이고 인종적인 순결성을 지키는 폭력을 포함하여, 그 어떤 수단을 동원해서라도 자신들을 보존하려는 사람들이 하는 행동을 묘사하는 단어였습니다.[13] 예수님의 제자 중에도 열심당원이 있었습니다. 그들은 하나님의 뜻을 이루기 위해 폭력이 필요하면 사용해도 된다고 믿었습니다. 이러한 '열심'을 보여 준 가장 좋은 예가 민수기에 나오는 비느하스의 이야기입니다.

---

13 Martin Hengel, *The Zealots: Investigation into the Jewish Freedom Movements in the Period from Herod until 70 A.D.* (Edinburgh: T&T Clark, 1989).

이스라엘 자손이 회막 어귀에서 통곡하고 있을 때에, 이스라엘 자손 가운데서 한 남자가, 모세와 이스라엘 자손 온 회중이 보는 앞에서 한 미디안 여자를 데리고 집으로 들어갔다. 아론의 손자이자 엘르아살의 아들인 제사장 비느하스가 이것을 보고 회중 가운데서 나와, 창을 들고, 그 두 남녀를 따라 장막 안으로 들어가, 이스라엘 남자와 미디안 여자의 배를 꿰뚫으니, 염병이 이스라엘 자손 사이에서 그쳤다. (민 25:6-8)

매우 살벌한 이야기입니다. 하나님은 이 행동에 대해 어떻게 생각하셨을까요?

주님께서 모세에게 말씀하셨다. "아론의 손자이자 엘르아살의 아들인 제사장 비느하스가 한 일[열심]을 보아서, 내가 더 이상 이스라엘 자손에게 화를 내지 않겠다. 그는, 이스라엘 자손이 나 밖의 다른 신을 섬기는 것을 결코 용납하지 않았다. 그러므로 나는, 이스라엘 자손을 홧김에 멸하는 일은 삼갔다. (민 25:10-11)

11절에서 "비느하스가 한 일"을 문자적으로 번역하면 "비느하스의 열심(젤로테스)"입니다. 비느하스는 일약 영웅이 됩니다. 비느하스의 열심은 구약과 신약 중간에 쓰인 문학에서 계속 반복되며, 외세에 점령되어 살고 있던 유대인들이 따라야 할 본보기로 가르쳐집니다. 바울이 "내 조상의 전통에 대하여 더욱 **열심**이 있었다"(1:4, 개역개정)고 고백할 때, 이 열심은 비느하스와 같은 열심을 의미합니다. 하나님을 더 잘 섬기기 위해 사람을 죽이는 것도 서슴지 않는 열심입

복음의 진리

니다. 때로는 종교적인 열심이 무시무시한 폭력으로 나타납니다. 정말 조심해야 합니다. 바울은 그리스도를 만나기 전부터 대단히 종교적인 사람이었습니다. 하지만 종교가 사람을 구원하지 않습니다. 오직 그리스도께서 구원하십니다. 그리스도를 알기 전에 바울은 민족 중심적(ethnocentrism)으로 규칙을 잘 지켜 자기 의를 세우는 데 열심을 냈습니다. 그리고 자기와는 다른 이방인들, 자기와 다르게 생각하는 사람들을 용납하지 않는 독선이 있었습니다. 바울은 그런 사람이었습니다.

나에서 하나님으로

그런데 15절부터 주어가 바뀝니다. 바울, 즉 '나'에서 '하나님'으로 말입니다. 바울은 '하나님'이라는 이름을 직접 부르지 않고, 자기를 "태어나기도 전에 따로 세우시고 은혜로 불러 주신 분"으로 표현합니다. 우리가 어거스틴의 《고백록》을 읽을 때도 같은 현상을 보게 되는데, 어거스틴은 '나'라는 주어를 사용해 그의 삶을 묘사하다가 어느 순간부터 그 주어가 '하나님'으로 바뀝니다. 우리 삶의 주어는 무엇입니까? 나입니까? 하나님입니까? 사람들을 만나다 보면, 자기가 자신 안에 가득 차 있는 것을 종종 목격합니다. 그렇게 이야기하지요. "Man, he is full of himself!" 다른 사람의 삶에 별 관심이 없습니다. '나'로 시작해 '나'로 대화가 끝납니다. 우리의 삶의 주어는 무엇입니까? 나입니까, 하나님입니까?

바울은 자신이 태어나기도 전에 하나님이 자신을 따로 세우시고 은혜로 불러 주셨다고 표현합니다. 그런 다음 16절에서 그분의 아들을 바울에게 '계시'하셨다고 고백했는데, 12절에서 살펴본 계시 (아포칼립시스)라는 단어를 여기서 다시 쓰고 있습니다. 특히 새번역은 "기꺼이"(1:16) 나타내 보이셨다고 했는데, 그 의미는 '그렇게 하시기를 기뻐하셨다'는 것입니다. 하나님은 바울에게 그 아들 예수 그리스도를 계시하시기를 기뻐하셨습니다. 바울은 이 모든 고백을 예레미야 1장과 이사야 49장의 언어로 표현하고 있습니다.

> 내가 너를 모태에서 짓기도 전에 너를 선택하고, 네가 태어나기도 전에 너를 거룩하게 구별해서, 뭇 민족에게 보낼 예언자로 세웠다. (렘 1:5)

> 주님께서 이미 모태에서부터 나를 부르셨고, 내 어머니의 태 속에서부터 내 이름을 기억하셨다. … 내가 태어나기도 전부터 주님께서는 나를 그의 종으로 삼으셨다. 야곱을 주님께로 돌아오게 하시고 흩어진 이스라엘을 다시 불러모으시려고, 나를 택하셨다. 그래서 나는 주님의 귀한 종이 되었고, 주님은 내 힘이 되셨다. 주님께서 내게 말씀하신다. "…땅끝까지 나의 구원이 미치게 하려고, 내가 너를 '뭇 민족의 빛'으로 삼았다." (사 49:1b, 5-6)

이 구절들에서 공통으로 나타나고 있는 것은 하나님이 선지자들을 부르실 때, (1) 갑자기 부른 것이 아니라 그들이 태어나기도 전에 선택하고 구별했으며, (2) 그들을 이방인을 향해 보낼 선지자로 불렀다는 것입니다. 그 현상은 바울에게도 똑같이 일어났습니다. 하나님께서 그를 부르신 이유는 이방인에게 복음을 전하게 하기 위함이며, 그가 태어나기도 전에 선택하고 구별하셨습니다.

16절에는 주목해야 할 표현이 하나 있는데, 곧 "나에게"입니다. 이것은 문자적으로 "나의 안에"(ἐν ἐμοί 엔 에모이)라고 번역할 수 있습니다.[14] 바울을 변화시킨 은혜의 복음은 바울 안에 비추인 하나님의 빛입니다. 하나님은 어둠에 있던 바울에게 예수 그리스도를 통해 빛을 비추셨습니다. 그 빛이 그를 내면에서부터 변화시키기 시작합니다. 그리고 그리스도는 그의 '안에' 사시게 됩니다. 2장 20절에서 바울은 그리스도와 함께 십자가에 못 박혔기 때문에 자기가 사는 것이 아니라고 고백합니다. 그리스도께서 그 안에 살고 계십니다. 여기에 하나님께서 그를 부르신 목적이 드러나 있습니다. 그를 통해 그 아들을 이방인에게 전하게 하시기 위함입니다. 바울을 통한다는 의미는 그의 말과 삶을 통해 그 아들을 전한다는 뜻입니다. 그의 변화된 삶을 통해 아들을 전하시려는 하나님의 의도가 드러난 것입니다.

하나님의 '은혜'

바울이 이 모든 과정을 표현해 내는 한 단어가 있습니다. 그것은

---

14   개역개정은 하나님께서 "그를 내 속에 나타내시기를 기뻐하셨다"라고 번역했다. 원문에는 '엔 에모이'(ἐν ἐμοί)라고 되어 있는데, 전치사 '엔'이 '계시하다'와 함께 사용될 때는 바울 '속' 또는 '안'에 계시했다는 의미로 이해할 수도 있다. 한편, 전치사 '엔'은 '~에게'(to)라는 의미도 있다. 바울이 부활하신 그리스도를 다마스쿠스(다메섹) 도상에서 만난 것을 그리고 있다고 생각하여 새번역은 "나에게"로 번역했다. 그러나 바울이 의미하는 바를 한 가지로 좁게 규정하는 것은 지혜롭지 않다. '내 속'으로 이해할 만한 조건 또한 충분하다. 더 자세한 논의를 위해서는 David deSilva, *The Letter to the Galatians* (NICNT) (Grand Rapids: Eerdmans, 2018), 145-146을 참고하라. (《NICNT 갈라디아서》 부흥과개혁사 역간)

"은혜"(15절)입니다. 바울이 삶을 돌아보니, 하나님의 은혜로밖에는 이 모든 것이 설명되지 않았던 것입니다. 그가 하나님의 교회를 박해하고 완전히 없애려고 했을 때도 하나님은 그를 포기하지 않으셨습니다. 그가 태어나기도 전에 이미 그를 선택하고 구별해 놓으셨기 때문입니다. 그는 종교적인 열심으로 그리스도를 핍박하고 하나님을 거부했을 때조차도 하나님의 은혜가 자신과 함께했음을 깨닫게 된 것입니다. 고린도전서 15장 10절에서 그는 이렇게 고백합니다.

> 그러나 나는 하나님의 은혜로 오늘의 내가 되었습니다. 나에게 베풀어 주신 하나님의 은혜는 헛되지 않았습니다. (고전 15:10)

창세기의 요셉 이야기에도 이러한 이해가 드러납니다. 자기를 팔아먹었던 형들을 향해 요셉이 말합니다.

> 형님들은 나를 해치려고 하였지만, 하나님은 오히려 그것을 선하게 바꾸셔서, 오늘과 같이 수많은 사람의 생명을 구원하셨습니다. (창 50:20)

바울은 하나님의 교회를 박해하고 해치려고 했지만, 하나님은 오히려 그것을 선하게 바꾸셔서 바울을 수많은 사람의 생명을 구하는 복음 전하는 자로 세우셨던 것입니다.

그런데 바울의 간증을 읽다가 오해할 수 있습니다. 특히 저처럼 장로교에서 자란 사람들이 흔히 하는 오해입니다. 그것은 '우리가 어떻게 살던 하나님의 은혜 안에서 결국엔 하나님이 다 좋게 해주실 것

복음의 진리

이다. 그러니까 (이렇게 말은 하지 않지만) 신경 쓰지 말고 살자'라는 태도입니다. 예정론을 잘못 적용한 사례입니다. '하나님이 다 정해 놓고 프로그램해 놓았으니까, 우리가 할 수 있는 일은 없고 책임도 없다'라고 생각합니다. 자신을 하나님의 조종에 따라 움직이는 로봇이라고 여깁니다. 이것은 하나님의 거룩한 예정론을 모독하는 행위입니다. 바울은 그리스도를 만나고 나서 뒤돌아보니 도저히 다른 어떤 개념으로도 설명이 되지 않자, 이것을 '은혜'라는 개념으로 설명한 것입니다. 앞에서 언급했듯이 그가 사용하는 '모태로부터 부르심을 받았고 선택을 받았다'는 언어는 선지자들이 이방인을 향해 보내졌을 때 사용한 언어입니다. 자기가 교회를 핍박하고 그리스도를 대적한 것을 정당화하려고 쓴 언어가 아닙니다. 나의 관점에서 보면 한없이 후회스러운 삶이지만, 하나님의 관점에서 보면 전지전능하신 하나님께서 계획하시고 예정하신 놀라운 일, 그것을 설명할 길은 '은혜'밖에 없었던 것입니다.

성경에서 '선택'의 주제가 나올 때, 그것은 근본적으로 '하나님의 선교'(missio Dei)와 관련이 있습니다. 하나님이 한 사람을 선택해서 나머지 사람들에게 복을 주시려고 했던 의도가 아브라함의 선택에서, 이스라엘의 선택에서 드러납니다. 선택(election)의 교리와 밀접한 관련이 있는 예정론(predestination) 교리도 마찬가지입니다. 이스라엘이 선택되었으니까, 다른 민족들은 다 지옥으로 보내기로 작정하신 것일까요? 한 사람을 구원하기로 예정했으니 그 외의 사람들은 모두 지옥에 보내기로 하셨다는 의미가 아니라, 선택하기로 예정한 사람을 통해서 다른 사람들을 구원하기 원하시는 하나님의 목적이 드러나는 것입니다. 선교적으로 바라보지 않으면 이해할 수 없는 것이 선택의 교리, 예정론의 교리이며, 이것은 곧 예레미야, 이사야, 바울의 삶이 증명해 줍니다. 그들을 선택하고 부르신 이유는 그들만을 구원하기 위해서가 아니라, 오히려 그들을 통해 이스라엘과 '뭇 민족' 즉 이방인에게 보내 그들에게 하나님의 구원을 전하려는 것이었습니다.

예루살렘, 아라비아, 다마스쿠스

하나님으로부터 예수 그리스도의 계시를 직접 받은 바울은, 그 후에 누구와도 의논하지 않았고, 또 예수의 직접적인 제자들이 모여 있는 예루살렘으로 올라가지도 않았다고 증언합니다. 바울이 이런 사실을 분명히 밝히는 이유는 그가 전하는 복음이 다른 사람들의 손을 거쳐 간접적으로 그에게 전달되었다고 해서, 예루살렘의 사도들의 가르침보다 바울의 복음이 정확하지 않을지 모른다는 오해를 받았기 때문입니다. 갈라디아 교회에 들어와 바울이 가르친 복음과 다른 내용을 가르쳤던 사람들의 주장이었을 것입니다. 바울은 담대하게 자기가 직접 계시를 받은 후에도 다른 사도들의 가르침을 받지 않고 그들과 "의논"하지 않았다고 밝힙니다. 바울은 '프로사나티떼미'(προσανατίθημι, 의논하다, 더하다)라는 동사를 그의 편지에 단 두 번 사용하는데, 오직 갈라디아서에서만 나옵니다(1:16, 2:6). 특히 2장 6절에서는 예루살렘의 사도들이 그가 전하는 복음의 내용에 아무것도 "더하지 않았다"라는 의미로 사용합니다. 예수 그리스도의 직접적인 계시로 받은 복음은 그러므로 예수의 열두 사도들이 배운 내용과 차이가 없다는 것입니다. 그는 예루살렘에 가서 먼저 사도가 된 사람을 만나지 않고 바로 아라비아로 갔다가 다마스쿠스로 돌아갔다고 증언합니다.

바울이 언급한 '아라비아'는 고대의 광대한 지역을 일컫는 명칭으로, 시내 산 근처의 아라비아(4:25)일 수도 있으나, 학자들은 대부분 다마스쿠스 남동쪽에 위치한 나바테아 왕국의 아라비아를 의미한다고 보고 있습니다. 지리적으로 생각해 볼 때, 바울이 다마스쿠스로 돌아가기 전에 갔던 곳은 나바테아 왕국 지역의 아라비아일 것입니다. 당시의 여행 속도로 보아 400마일(약 600킬로미터)이 넘는 거리를 가려면 적어도 한 달 넘게 걸리겠지만 나바테아 아라비아는 그리 멀지 않았기 때문입니다.[15] 또한 고린도후서 11장 32-33절에서 바울이 말하는 다마스쿠스 사건은 그가 나바테아 아라비아에서 무언가 그곳의 관리들을 신경 쓰이게 했던 일을 가리킵니다.[16] 그것은 다름 아닌 예수 그리스도의 복음을 전파했던 일일 것입니다. 그곳에서 3년을 지낸 바울은 예루살렘으로 다시 올라가 베드로와 15일을 같이 지내고, 주님의 동생 야고보 외에는 사도들 가운데 아무도 만나지 않은 채 다시 시리아와 길리기아 지방으로 갔다고 밝힙니다.

하나님의 능력

내용을 마무리하겠습니다. 갈라디아서에서 바울이 싸우고 있는 복음은 변질된 복음이었습니다. 그것은 힘과 능력, 지위와 권력, 특

---

15   E. P. Sanders, *Paul: the Apostle's Life, Letters, and Thought* (Minneapolis: Fortress, 2015), 90.

16   Craig Keener, *Galatians: Cambridge Bible Commentary* (Cambridge: Cambridge University Press, 2018), 56-57.

권을 차지하기 위해 경쟁하는 '자기중심적 복음'입니다. 그러나 바울이 전하고자 하는 복음은 '은혜의 복음'입니다. 오직 그 복음만이 하나님의 능력을 드러냅니다. 세상 사람들은 세상에서 가르치는 가치로 사람을 평가합니다. 돈, 신분, 재능, 외모, 학력, 능력, 업적, 자격 등으로 사람을 가늠합니다. 이런 것들을 소유하지 못한 사람을 낮춰보고, 막 다루어도 되는 세상을 만들어 버렸습니다. 그러나 하나님이 보시는 사람의 가치는 그 사람의 인종, 지위, 업적과 성취에 따라 좌우되지 않습니다. 우리가 믿는 은혜의 복음은 사람의 가치를 그런 것들이 정하지 않고 하나님께서 정하신다고 선언합니다. 하나님께서 정하신 그 사람의 목적과 뜻이 그의 순종을 통해 나타날 때 하나님이 영광 받으시고 사람도 존귀하게 됩니다. 그런데 하나님은 이 모든 일을 사랑 안에서 은혜로 하십니다. 그래서 우리가 실패할 때 실망하시고 그것밖에 못 하느냐고 얼굴을 돌리시는 것이 아니라, 참고 기다리시며 다시 일으켜 세우십니다. 우리가 불순종으로 하나님을 대적할 때도 우리를 용납하고 사랑으로 감싸십니다. 바울이 자신의 삶을 뒤돌아보면서 그 하나님의 은혜를 깨닫게 된 것입니다.

다시 한 번 강조하는 바, 이 은혜에 대해 오해하면 안 됩니다. 은혜를 선물로 받았으니 대충 살자는 식으로 결론 낼 수 없습니다. 오히려 은혜의 복음을 깨달은 사람은 더 열심히 최선을 다합니다. 존 바클레이는《바울과 선물》에서 은혜의 본질을 파고듭니다. 하나님의 은혜는 받을 수 없는 자격을 가진 사람에게 조건을 따지지 않고 주어지지만(unconditioned), 받은 사람은 그 은혜를 무조건적으로 (unconditional) 받아들일 수 없습니다.[17] 은혜는 믿음의 순종을 요구합니다. 은혜는 값없이 받는 것이지만, 은혜와 함께 다시 갚아야 하

복음의 진리

는 의무가 따라옵니다. 바울은 그것을 '빚진다'라고 표현합니다. 그는 하나님의 은혜를 받고 그 능력으로 변화됨을 체험하면서, 다른 사람들에게 빚진 자가 된 것을 깨달았습니다. 하나님께서 주신 선물("은혜")을 그분께 대갚음하지 말고 다른 사람들에게 갚으라고 말씀하셨음을 깨닫게 되었습니다. 그 관점으로 바울은 이방인에게 빚진 자가 되어 그들에게 간 것입니다. 은혜의 능력을 경험한 사람들은 넉넉해집니다. 삭막하지 않습니다. "그럴 수도 있지" 하고 관용합니다. 은혜의 복음을 깨달으면 겸손해질 수밖에 없습니다. 교양 있게 보이려고 겉으로만 하는 그런 겸손이 아닙니다. 나에게 주어진 은혜가 부조화적으로(incongruous) 조건을 따지지 않고 주어진 것임을 안다면, 다른 사람을 대하는 태도가 달라집니다. 하나님께서 주신 그 은혜 안에 들어 있는 순종의 의미를 깨달으면, 다른 사람들과의 관계를 혁명적으로 바꾸게 될 것입니다.

우리 자녀들을 대할 때도 몰아치면 안 됩니다. 아이들을 숨 쉬지 못하게 몰아치면서 어릴 때부터 은혜의 복음이 아닌 지위와 자격을 얻기 위한 경쟁의 복음을 가르치면, 교회에 매 주일 데리고 나와도 하나님의 은혜가 아닌 세상의 원리만 배웁니다. 은혜의 복음을 깊이 체험해야 변화되는 능력을 경험할 수 있습니다.

오직 하나님의 은혜만이 살길입니다. 은혜의 복음 안에 우리가 변화될 수 있는 능력이 있습니다. 박해자였던 바울을 변화시켜 전도자로 만든 은혜의 복음에 능력이 있습니다. 하나님은 우리 삶의 구체

---

17   John M. G. Barclay, *Paul and the Gift* (Grand Rapids: Eerdmans, 2015). (《바울과 선물》 새물결플러스 역간)

적인 자리에서 우리를 부르십니다. 은혜로 우리를 부르셔서 우리가 설명할 수 없이 관대히 대해 주시고, 우리에게 일을 맡기십니다.

오늘 본문에 있는 바울의 간증은 그가 용서받지 못할 죄인이었지만 은혜의 능력으로 변화되어 은혜의 복음을 전하는 사람이 되었다는 내용입니다. 그는 로마서 5장 20절에서 "죄가 많은 곳에, 은혜가 더욱 넘치게 되었습니다"라고 썼습니다. 저는 이것이 단지 신학적이고 이론적인 바울의 서술이라고 보지 않습니다. 바울의 메시지들은 복음의 객관적인 진리를 설명함과 동시에 자기의 간증과 고백을 담고 있습니다. 죄가 많은 곳에 은혜가 더욱 넘치게 된 사건이 자기 삶에도 일어난 것을 바울은 체험했습니다. 그래서 바울은 그 복음을 위해 살고 복음을 위해 죽을 것이다, 복음이 나의 생명이며 내 존재의 목적이요 삶의 의미라고 고백합니다. 바울은 이 은혜의 능력이 있는 은혜의 복음으로 갈라디아인들이 돌아오기를 간절히 원하고 있습니다. 그래야만 파괴되어 가고 있던 공동체가 회복될 수 있기 때문입니다. 우리도 그 메시지를 마음 깊이 들으면 좋겠습니다. 그래서 그 은혜의 복음의 능력으로 변화되어 하나님께서 원하시는 공동체를 세우는 모두가 되기를 주님의 이름으로 축원합니다.

복음의 진리

5 자유의 복음

갈라디아서 2:1-10

¹ 그리고 십사 년 후에, 나는 바나바와 함께 디도를 데리고, 다시 예루살렘으로 올라갔습니다. ² 내가 거기에 올라간 것은 계시를 받았기 때문입니다. 나는 이방 사람들에게 전하는 복음을 그들에게 설명하면서 인정받는 지도자들에게는 따로 설명하였습니다. 그것은, 내가 달려가고 있는 일이나 지금까지 달려온 일이 헛되지 않게 하려고 한 것입니다. ³ 그러나 나와 동행한 디도는 그리스 사람이지만, 할례를 강요받지 않았습니다. ⁴ 그러나 몰래 들어온 거짓 형제들 때문에 할례를 강요받는 일이 있었던 것입니다. 그들은 우리를 노예로 만들고자 하여, 그리스도 예수 안에서 누리는 우리의 자유를 엿보려고 몰래 끼어든 자들입니다. ⁵ 우리는 그들에게 잠시도 굴복하지 않았습니다. 그것은 복음의 진리가 언제나 여러분 가운데 보존되게 하려고 한 것입니다. ⁶ 그리고 그 인정받는 지도자들은(그들이 어떤 사람들이든지, 나에게는 아무 상관이 없습니다. 하나님께서는 사람을 겉모양으로 판단하지 않으십니

다.) [나의 복음에] 아무것도 더하지 않았습니다. [7] 도리어 그들은, 베드로가 할례받은 사람에게 복음을 전하는 일을 맡은 것과 같이, 내가 할례받지 않은 사람에게 복음을 전하는 일을 맡은 것을 알게 되었습니다. [8] 왜냐하면 그들은, 베드로에게 역사하여 할례자에게 복음을 전하게 하시려고 사도직을 주신 분이, 나에게도 역사하여 이방인에게 복음을 전하게 하시려고 사도직을 주셨다는 사실을 깨달았기 때문입니다. [9] 그래서 기둥으로 인정받는 야고보와 게바와 요한은 하나님이 나에게 주신 은혜를 인정하고, 나와 바나바에게 친교의 오른손을 내밀었습니다. 그렇게 하여 우리는 이방 사람에게로 가고, 그들은 할례받은 사람에게로 가기로 하였습니다. [10] 다만 그들이 우리에게 바란 것은 가난한 사람을 기억해 달라고 한 것인데, 그것은 바로 내가 마음을 다하여 해 오던 일이었습니다.

바울의 이야기

갈라디아서 2장 1-10절에는 지난 장에서 시작된 바울의 자전적인 이야기가 계속됩니다. 얼핏 보면 우리의 실제 삶과 별 관련이 없는 이야기가 이어지고 있는 듯합니다. 그런데 이보다 더 우리의 신앙생활과 밀접한 말씀이 있을까요? 그 이유는 이것이 복음의 진리에 관한 말씀이기 때문입니다. 그 복음의 진리의 중심에 자유가 있습니다. 갈라디아서가 '자유의 복음'을 전하는 서신이라 불리는 이유를 조금씩 알게 될 것입니다.

먼저 본문 내용을 간략히 요약한 뒤 우리가 적용해야 할 문제들을 다루어 보겠습니다.

복음의 진리

(1) 바울은 처음 그리스도를 만나 변화되고 3년 뒤 예루살렘에 간 다음, 14년 만에 예루살렘을 다시 방문하게 됩니다. 사도행전에 의하면, 이 시기는 바울이 바나바와 함께 안디옥 교회를 섬기던 때입니다. 바울이 회의를 하기 위해 예루살렘에 가게 된 이야기는 사도행전 11장 30절과 12장 25절에 기록되어 있습니다. 바울은 바나바와 디도와 함께 갑니다. 그런데 이 조합이 아주 흥미롭습니다. 바울은 디아스포라 유대인, 즉 이스라엘 바깥에서 태어나서 그리스어를 원어로 사용하던 유대인이었습니다. 바나바는 레위인이며 초기 예루살렘 교회의 존경받는 지도자였습니다. 나중에는 예루살렘 교회의 파송을 받아 안디옥 교회에서 바울과 함께 섬겼습니다. 바울이 처음 복음을 믿게 되었을 때 과거 문제로 어려움을 겪게 되었는데, 바나바가 예루살렘 교회에 그를 소개해 주고 후원을 했습니다. 그는 '격려의 아들'(Son of Encouragement, 우리말 성경들은 '위로의 아들'이라 번역했습니다.)이라는 별명을 얻을 정도로 다른 사람을 세워 주는 데 은사가 있었습니다. 디도는 이방인입니다(디도서의 그 디도입니다). 이방인 그리스도인으로서 디도는 할례받지 않고 교회의 멤버가 되었습니다. 이 세 사람은 서로 배경이 다르지만, 율법을 지키지 않아도 그리스도 안에서 다 적법한 그리스도인임을 보여 주는 상징적인 조합입니다.

(2) 바울이 예루살렘에 올라간 것은 '계시'에 따른 것입니다. 다시 한번 이 중요한 단어가 등장합니다. 이 단어는 바울이 그곳에 간 이유가 하나님의 직접적인 계시 때문임을 보여 줍니다. 그 계시는 사도행전 11장 28절에 기록된 아가보의 예언이었습니다.

(3) 그런데 그곳에서 이방인 그리스도인인 디도는 유대인 그리스도인들이 할례를 강제했지만 받지 않았습니다. 할례를 받으라는

압박을 견뎌 냈습니다. 바울과 바나바와 디도는 굴복하지 않고 견뎌 낸 것입니다. 예루살렘에는 바울이 거짓 형제들이라 부르는 유대인 그리스도인들이 있었고, 그들은 "이방인은 그리스도를 받아들임과 동시에 할례로 대표되는 율법 조항을 지켜야 한다"고 요구했습니다. 바울은 이 상황을 군사용어를 사용해 설명합니다(2:4-5). '강요받는다', '엿보려고 끼어들었다'는 군사적으로 스파이짓을 가리키는 표현입니다. 우리말로는 '세작'(細作)이라고 하지요. 그런데 그들에게 잠시도 '굴복하지' 않았습니다(역시 군사용어입니다). 그렇게 한 모든 이유는 복음의 진리를 지키기 위해서였습니다. 만약 복음의 진리를 지켜 내지 못하면 자유를 빼앗기고 노예가 되기 때문입니다.

(4) 그런데 그 예루살렘 회의에서 바울은 자기가 전하고 있었던 복음이 올바른 복음이며 하나도 더할 것이 없다는 것을 확인받았습니다. 바울은 예루살렘 교회의 세 기둥이라 불리던 '야고보, 요한, 베드로'와 서로의 복음을 확인하게 됩니다. 그들은 바울에게 주어진 하나님의 은혜를 인정하고, 바울과 바나바에게 "친교의 오른손"(2:9)을 내밀었습니다. 이 표현은 그들이 동역자이며 같은 복음을 전하고 있다는 확인이었습니다. 만약 그들의 의견이 엇갈렸다면 오른손은커녕 왼손도 내밀지 않았을 것입니다. 한 가지 더 확인된 것은 베드로는 유대인에게 보내진 사도로, 바울은 이방인에게 보내진 사도로, 서로를 인정했다는 점입니다. 그렇다고 해서 구역을 정해 놓고 선교했다는 뜻이 아니라, 서로 선교의 주대상을 확인했다는 말입니다.

(5) 마지막으로 그들은 가난한 사람을 기억해 달라고 부탁하는데, 그 사항에 대해 바울은 전적으로 동의하며 이미 그렇게 힘을 쓰고 있다는 것을 확인시킵니다. 사도행전 11장 28절을 보면, 아가보가

온 세계에 큰 기근이 있을 것이라고 예언했는데, 이런 상황에서 가난한 사람들이 가장 취약한 상태에 놓일 것은 뻔한 일이었습니다. 바울과 예루살렘 교회의 지도자들은 이런 상황에서 그들을 돌보는 사역을 함께하기로 했습니다.

이것이 바울이 오늘 본문에서 말하고 있는 내용입니다. 할례 같은 일이 우리에게 생소하게 느껴질지 모르지만, 당시 할례가 복음의 진리와 자유를 위협했던 이유를 생각해 보면 우리의 상황과 밀접한 관련이 있음을 확인할 수 있습니다. 만약 이방인이 그리스도인이 될 때 할례를 받아야 한다면, 그것은 복음에 인종적이며 문화적인 요구를 더하는 일입니다. 할례법과 음식법, 안식일법은 유대인들의 종교적이며 문화적인 특징이자 그들의 정체성을 규정하는 조항들이었기 때문입니다. 할례에 대한 요구는 이방인에게 유대인이 되라고 하는 것과 마찬가지입니다. 예를 들어, 한국인 선교사가 아프리카에 가서 아프리카인들에게 선교하면서 당신들이 복음을 받아들여 진정한 그리스도인이 되려면 한국인이 되어야 한다고 주장하는 것과 같은 이치입니다. 그런데 충격적이게도 그동안의 우리나라 선교에 이런 면이 자주 보였습니다.

러시아에서 선교한다는 분이 러시아 학생들을 데리고 LA에 와서 간증을 한다고 해서 제가 그곳에 갔다가 충격을 받은 적이 있습니다. 러시아 학생들에게 전부 한복을 입히고 한국어 찬양뿐 아니라 한국 가곡을 한국말로 부르게 하는 것은 물론, 한 러시아 자매는 암기한 한국말로 간증을 하기도 했습니다. 아프리카, 필리핀 같은 곳에서 한국형 복음을 전한다는 분들의 이야기를 심심찮게 듣기도 합니다. 복음도 한류를 따라가는 것도 아닐 테고….

복음과 자유

그리스도의 복음 위에 어떤 무엇이라도 더하면 복음이 주는 자유를 빼앗는 행위입니다. 진정한 복음은 자유를 주지만 가짜 복음은 자유를 빼앗고 노예로 만들어 버립니다. 그렇다면 어떻게 복음이 자유를 줄까요?

(1) 복음은 우리에게 문화적인 자유를 줍니다. 가짜 복음에는 어떤 규칙이나 통제가 들어 있습니다. 아주 상세한 것들이 들어 있습니다. 그리고 그것들을 지키지 않으면 구원받지 못할 것이라 위협합니다. 아주 상세한 규칙을 제시한 다음 통제하려 합니다. 예를 들면, '이웃을 네 몸같이 사랑하라!' 이런 것은 당장 효과가 없으니, '영화와 드라마 보지 마라! 담배 피우지 마라! 술 마시지 마라! 타투하지 마라! 귀 뚫지 마라! 이런 옷은 입지 마라! 이런 음악은 듣지 마라!' 등 상세한 내용을 제시합니다. 저 역시 젊었을 때 그런 분위기에서 생활해 보았는데, 문화적인 규칙과 통제를 영적인 덕목으로 승격시킬 때 복음의 자유는 사라집니다.

(2) 복음은 우리에게 감정적인 자유를 줍니다. 만약 우리와 하나님과의 관계를 율법적이고 도덕적인 생활을 하는 데에 의존하게 되면 우리는 끊임없는 죄책감과 불안에 시달리게 됩니다. 한편 바울은 그의 편지에서 새롭게 믿는 이방인 그리스도인들에게 십계명에서 제시하는 도덕적인 생활을 할 것을 강력히 요구합니다. 거짓말하거나 훔치거나 음행하는 것이 금지되어 있습니다. 그러나 이 계명들을 지켜야 구원받아서가 아니라, 하나님의 은혜를 체험한 사람들이 하나님의 관계에 기반한 자발적인 생활 방식으로 지키는 것입니다. 믿

음에 행위를 더하기 위해서가 아니라 이방인으로 살던 때와는 달리 라이프스타일이 달라져야 하기 때문에, 하나님의 백성으로서 당연히 지켜야 할 덕목으로 지키는 것입니다. 우리가 말씀에 순종하는 이유는 구원을 못 받을까 봐 두렵고 불안해서가 아닙니다. 그리스도 안에서 이미 구원받은 사람으로서 자유와 안심 속에서 기쁘게 지키는 것입니다. 우리의 순종은 자유로운 감사 속에서 하는 것입니다. 따라서 이를 지키지 못하는 지체를 보면 정죄하는 마음보다 너그러운 마음속에서 기도하게 됩니다.

자유를 지키는 방법

이 자유를 지키는 데에 우리가 범할 수 있는 두 극단에 대해 살펴보겠습니다. 어떤 교회나 교인들은 이 자유를 깨닫고 나서 자기가 경험한 억압에 대해 정반대로 심하게 반응합니다. 이미 말씀드렸듯이 저는 율법주의가 상당히 강한 곳에서 신앙생활을 했습니다. 평생 교회를 다녔지만, 고1 어느 수련회에서야 복음이 주는 강렬한 경험을 했습니다. 강사 목사님이 항상 복음을 전해야 한다고 도전하셔서 수련회에서 돌아오는 버스 안에서 승객들에게 예수 믿어야 한다고 소리치다가 어떤 아저씨에게 맞을 뻔해서 내렸습니다. 그 후 매주 한 번씩 집 근처 4·19탑 공원에서 전도지 돌리는 일을 이민 오기 전까지 했습니다. 학교에 가면 도착하자마자 성경을 펴놓고 큐티를 하고 기도로 하루를 시작했습니다. (그래서인지 제 고등학교 동창들은 제가 나중에 목사 될 줄 알았다고 합니다.) 미국에 와서도 한 주에 한 번은 캠퍼스에서 전도하는 일을 중단하지 않았습니다.

그런데 그 생활이 점점 율법주의가 되어 가고 있다는 것을 나중에 깨달았습니다. 당연히 술담배는 전혀 입에 대지도 않았고, 영화를 좋아했지만 미성년자 관람불가 영화를 봐도 될까 하는 신앙적 고민이 있었습니다. 그런데 저보다 더 심하게 율법주의적인 친구의 모습을 보면서 제 율법주의에 균열이 일기 시작했습니다. 그 친구는 모든 영화, TV 시청 자체가 죄였습니다. 그뿐만 아니라, 금요일 대학부 성경공부에 안 가는 것도 죄고, 꽉 끼는 옷을 입는 것도 죄고, 데이트하는 것도 죄였습니다. 이 친구한테 걸리면 모두 죄인입니다. 다 지옥에 갑니다. 여름방학 끝나고 나서 "뭐하고 지냈니?" 하고 물어보니, "말씀 보고 기도하며 지냈지. 넌 그렇게 안 했니?" 하더군요. 그런데 놀라지 마십시오. 그 친구가 언젠가부터 하나님을 믿지 않겠다고 선언하고 교회에 나가지 않습니다. 그런 친구가 몇 명 있습니다. (이 문제에 대해서는 바울이 5장에서 더 자세히 다룹니다.)

다른 극단은 복음을 문화 아래 놓는 것입니다. 복음을 상황화(contextualization)해야 전해질 수 있다고 믿어 다 상대화해 버립니다. 복음을 들어야 하는 사람에게 전부 맞춥니다. 성경에 나오는 기적 이야기가 걸림돌이 되면 제거합니다. 부활이 말이 안 된다고 생각하면 없애 버립니다. 그러다 보니 복음 자체가 사라져 버립니다. 19세기 말에서 20세기 초의 독일 교회의 자유주의 상황이 그랬습니다. 아돌프 하르낙(Adolf von Harnack)은 그의 유명한 책 《기독교는 무엇인가?》(Das Wesen des Christentums?)에서 "기독교의 핵심은 하나님과 이웃을 사랑하는 것이며 다른 모든 요소는 이차적"이라고 주장합니다. 그래서 십자가에서 흘린 그리스도의 피가 청중에게 불쾌하게 들린다면 언급하지 말라고 합니다. 부활이 과학적으로 설명되지 않으면 포기하

복음의 진리

라고 말합니다. 즉, '사랑이 증거될 수 있다면 모든 종교적인 언어를 없애 버리라!'는 것이죠. 아기를 목욕시킨 물을 버리려다가 아기까지 버리게 된 상황입니다. 복음까지 아예 없어져 버렸습니다.

그런데 요즘 청년들과 대화하다 보면, 이 자유가 그들의 상황 속에서 다르게 위협받고 있다는 사실을 발견합니다. 제가 자랄 때 경험했던 자유의 위협은 이제 다른 모습으로 청년들을 옭아매고 있습니다. 청년들이 경험하는 세상은 모든 사람을 자격, 조건, 공로, 성취, 성별로 구별하고 차별합니다. 그래서 외적인 여러 조건, 성취, 신분, 재능, 학벌, 부, 외모를 가지고 평가하는 세상에 눌려 있습니다. 그런데 그 평가의 기준이 상상을 초월하게 높게 설정되어 있습니다. 한 치의 실수도 용납되지 않습니다. 수능에서 단지 한 문제를 더 틀리면 자기가 원하는 기준에 맞추지 못하게 되는 압박이 있습니다. 실수하지 않으려다 보니 잔뜩 움츠려 있습니다. 뭔가 조건과 자격을 구비하는 것이 인생살이의 전부인 듯 살아가는 분들을 아주 많이 봅니다. 그런 무한경쟁에서 공정, 공정을 따집니다. 조금일지라도 공정한 경쟁이 아니라고 생각되면 무섭게 반응합니다. 그래서 자기가 원하는 삶에 도움이 되는 차원에서만 믿지 그 이상은 예수를 믿지 않습니다. 예수 믿는 것이 별 도움이 안 된다고 생각하는 순간 가차 없이 잘라 냅니다. 시간 낭비는 절대 안 되니까요.

그런 세상 속으로 하나님의 나라가 왔습니다. 하나님 나라는 은혜가 왕으로 통치하는 세상입니다. 조건과 자격과 지위가 지배하는 이 세상에, 예수의 공로로 값없이 은혜로 복을 받는 새로운 세상이 열린 것입니다. 그 하나님 나라를 받아들일 때 우리가 진정한 자유를 누리게 됩니다. 우리의 욕망은 사실 다른 사람들보다 앞서고 잘나가는 것입니다. "내가 젤 잘 나가!"라고 외치기 원합니다. 그 욕망이 우리를 노예로 만듭니다. 다른 사람의 기대와 평판에 목매어 종으로 살아갑니다. 그러나 은혜의 복음을 받아들일 때 우리의 조건과 자격과 상관없이 우리를 있는 그대로 받아 주시는 하나님을 만나게 됩니다. 다른 사람들의 평판의 족쇄를 우리 목에서 풀어 버립니다. 그래서 우리가 믿는 복음은 자유의 복음입니다. 하나님은 우리가 도저히 도달할 수 없는 기준으로 우리를 끊임없이 옭아매는 분이 아니라, 우리를 먼저 받아 주시고 변화되기를 원하시는 분입니다. 그런데 우리가 자유를 누리는 변화를 받는 것은 금세 일어나지 않습니다. 사실 우리가 기대하는 것보다 훨씬 천천히 일어납니다.

변화의 시작

우리가 변화하려면, 다른 문화를 받아들이고 "친교의 오른손"을 내밀어 손을 붙잡아야 합니다. 나의 것을 지키겠다고 주먹을 꽉 쥐고 있으면 변화되지 않습니다. 악수하려면 손을 펼 수밖에 없습니다. 1907년 8월, 한 백인 자매가 시애틀에서 배를 타고 당시 조선으로 떠났습니다. 루비 켄드릭(Ruby Rachel Kendrick)은 20대 초반이었고, 남감리교 선교사로 파송받았습니다. 지금의 개성에 도착한 그녀는 언어를 배우고 노인들과 아이들을 돌보며 집안일을 하는 것이 일과였습니다. 조선인들에게 인기가 많아 사람들은 그녀를 '예쁜 부인'이라고 불렀습니다. 조선으로 떠나기 일주일 전 루비는 한 모임에서 "집을 떠나는 것은 어려운 일이지만 모든 것을 아시는 주님께서 내가 사랑하는 사람들을 지켜 주실 것입니다. 돌아올 집이 있고 돌아올 수 있다는 확신을 가지고 떠난다면 내가 치러야 할 대가로서 십자가는 없는 것이겠지요"라고 말했습니다. 그녀는 당시의 선교사들이 생각했던 것처럼, 조선으로 한 번 가면 고향으로 다시 돌아오기 어렵다는 사실을 잘 알고 있었습니다. 유진 피터슨 목사님은 요한복음 1장 14절을 이렇게 번역했습니다. "그 말씀이 살과 피가 되어 우리가 사는 동네로 [이사] 오셨다!"(He moved into our neighborhood!) 사랑은 자기가 사랑하는 곳으로 가서 같이 사는 것입니다. 하늘의 문화가 아닌 땅의 문화가 있는 곳으로 그분이 이사를 오신 것입니다. 루비 겐드릭은 조선에 도착하면서 가장 어린 고아 소녀를 맡게 되었는데, 그 소녀가 폐렴에 걸려 사경을 헤매자 밤잠도 자지 않고 혼신을 다해 돌보았습니다. 소녀는 무사히 위기를 넘겼지만 오히려 루비의 건강이 급속도로 나빠졌습니다. 맹장염에 걸려 세브란스 병원으로 옮겨져 수술을 받았으나 호전되지 않아 결국 1908년 6월 20일, 25세의 짧은 생을 마치고 주님의 품에 안겼습니다. 그녀의 이야기는 많이 남아 있지 않지만, 조선에서 쓴 몇 통의 편지가 전해지고 있습니다. 죽기 한 달전 텍사스의 한 교회 청년부에 보낸 편지에는 이렇게 적혀 있습니다.

선교사의 삶을 누리는 기쁨이 이렇게 큰데 그것을 어떤 단어로 설명해야 할지 모르겠습니다. 주님께서 있으라고 한 곳에 있는 것과 비교할 만한 더 기쁜 삶은 없을 거예요. 누군가가 이렇게 말하지요. "치러야 할 희생은요?" 맞아요. 저도 그것에 대해 생각해 보았습니다. 우리가 주님을 따르면서 겪는 희생은 너무 많고 크지요. 하지만 그것은 지금 어디에 있나요? 주님이 주시는 보상에 비하면 그것들은 너무나 작고 사소하답니다. … 청년 여러분, 만약 주님께서 당신을 추수의 현장으로 부르신다면 "내가 여기 있습니다, 나를 보내소서"라고 빨리, 기쁘게, 그리고 온 마음으로 응답하세요. 한국에는 추수할 것은 많고 일꾼들은 너무 적습니다. 여러분이 열 명씩, 스무 명씩 이곳으로 와주실 것을 부탁합니다. 나에게 천 개의 생명이 있다면 한국을 위해 모두 바칠 것입니다(If I had a thousand lives to give, Korea should have them all)."
_1908년 5월 11일 개성에서

루비 켄드릭이 당시 조선으로 떠나기 전, 선교회에서는 그녀에게 5년간 거주할 짐을 챙기라고 요청했습니다. 그러자 그녀는 "그곳에 가면 무슨 옷을 입을지, 어떤 머리 모양을 해야 할지 걱정할 필요가 없을 거예요. 조선 사람들은 500년 동안이나 같은 옷을 입고, 같은 머리 모양을 하고 있다고 들었거든요"라고 했답니다. 그녀는 이런 조선을 무시하지 않았습니다. 그녀는 한국어에 능숙하지 못했지만 가깝게 지냈던 한 노인이 이런 말을 남겼습니다. "우리는 그녀에게서 사랑을 느낍니다. 사랑은 통역이 필요 없는 언어입니다." 짧은 삶을 살다간 루비 켄드릭은 예수님의 복음 안에 들어 있는 사랑을 안 분이었습니다. "나에게 천 개의 생명이 있다면 한국을 위해 모두 바칠 것입니다"라며 조선인들을 사랑했습니다. 문화와 언어를 뛰어넘는 사랑으로 사랑했습니다. 자유의 복음 안에 있는 사랑 없이는 그 어떤 일도 되지 않습니다. 그 어떤 변화도 일어나지 않습니다![18]

---

18   김재우, 《기꺼이 불편한 예배: 환대와 우정을 나누는 예배 공동체》(서울: 이레서원, 2021).

6 안디옥 사건

갈라디아서 2:11-14

11 그러나 게바가 안디옥에 왔을 때에 책망받을 일을 하였기 때문에, 나는 그의 얼굴에 대고 그와 맞섰습니다. 12 그것은 게바가, 야고보에게서 몇몇 사람이 오기 전에는 이방인들과 함께 음식을 먹고 있었는데, 그들이 도착하니 할례자들을 두려워하여 슬그머니 그 자리를 떠난 일입니다. 13 그리고 나머지 유대인들도 그와 함께 위선을 하였고, 마침내는 바나바까지도 그들의 위선에 끌려가게 되었습니다. 14 그러나 나는 그들이 복음의 진리를 따라 똑바로 걷지 않는 것을 보고, 모든 사람 앞에서 게바에게 이렇게 말하였습니다. "당신은 유대인인데도 유대인처럼 살지 않고 이방인처럼 살면서, 어찌하여 이방인더러 유대인같이 살라고 강요합니까?"

위선

갈라디아서 2장 11-14절에도 바울의 자전적인 이야기가 계속됩니다. 그가 예루살렘에 올라갔다가 안디옥에 다시 돌아왔을 때, 베드로가 방문한 적이 있습니다. 오늘 본문은 그곳에서 베드로가 한 행동 때문에 바울이 그를 책망했던 이야기입니다. 바울이 개인적으로 기분 나쁜 일이 있어서 베드로를 책망한 것이 아니라, 베드로가 복음의 진리를 따라 똑바로 걷지 않아서 책망했습니다. 바울은 베드로의 행동을 "위선"(2:13, 개역개정에는 "외식"으로 번역)이라고 합니다. 사전을 찾아보니 '위선'은 "겉으로만 착한 체함. 또는 그런 짓이나 일"이라고 정의되어 있습니다. 또 '위선'으로 번역하는 'hypocrisy'도 "갖고 있지도 않은 높은 도덕성을 가진 체하는 것"이라고 정의되어 있습니다. 그런데 성경 원문의 그리스어 단어 ὑπόκρισις(휘포크리시스)는 약간 다른 의미를 가지고 있습니다. 이 단어는 원래 연극의 한 종류를 일컫는 말로, 특히 가면을 쓰고 다른 사람의 캐릭터를 연기하는 것을 가리켰습니다. 그리고 그 연극을 하는 사람을 ὑποκριτής(휘포크리테스)라고 불렀는데, 영어로 'hypocrite' 우리말로 '위선자'는 원래 배우를 일컫는 단어입니다. 이런 맥락에서 '위선'은 자신이 생각하는 것이나 느끼는 것을 숨기고 다른 캐릭터를 연기하는 행위입니다. 오늘 본문의 상황에 적용해 보면, 베드로가 복음에 대해 믿고 있는 바를 숨기고 다른 캐릭터를 연기했기 때문에 바울이 그것을 위선이라 한 것입니다.

이 사건은 '안디옥'에서 일어났습니다. 이 사건이 안디옥에서 일어났다는 것을 꼭 기억해야 합니다! 당시 안디옥은 로마 제국에

복음의 진리

서 세 번째로 큰 도시였습니다. 안디옥은 로마와 에베소같이 '메트로폴리스'("mother city", 주요도시)라고 불렸는데, 시리아 주의 가장 중요한 도시였습니다. 그 인구를 50만 명으로 추산하는 학자들도 있습니다. 또한 안디옥에는 2-4만 명 정도의 거대한 디아스포라 유대인 공동체가 형성되어 있었고, 예수 믿는 사람들이 처음으로 안디옥에서 "그리스도인"(Χριστιανός 크리스티아노스)이라고 불리게 되었으며(행 11:26), 유대인과 이방인이 함께하는 교회가 안디옥에서 시작되었습니다. 로마 제국의 중요한 도시답게 이곳에는 세계 각지에서 모여든 다양한 사람이 거주했고, 이들 중 예수 믿는 사람들이 생기면서 교회는 다인종 교회가 되어 유대인과 이방인이 그리스도 안에서 하나가 되는 역사를 경험하기도 했습니다. 그러니까 안디옥 교회는 초기 기독교 역사에서 다른 어떤 교회보다 모델 교회, 교회가 어떤 모습을 띠어야 하는지 보여 주는 공동체였습니다. 바울이 말하는 복음의 진리는 추상적인 것이 아닙니다. 그 복음의 진리가 무엇인지 가장 잘 보여 주는 것은 바로 유대인과 이방인이 하나가 되어 문화와 언어를 뛰어넘어 새 인류(new humanity)로 함께 살아가는 모습입니다. 안디옥 교회에서는 그 복음의 진리가 극적으로 드러나고 있었습니다.

복음의 진리에 따라 이방인과 함께 식사하는 것을 베드로는 꺼리지 않았습니다. (베드로가 이방인들도 정당한 하나님의 백성으로 인정하게 되고 그들과 거리낌 없이 음식을 나누게 된 이야기는 사도행전 10장에 상세히 기록되어 있습니다.) 그래서 바울이 안디옥 교회를 방문했을 때 베드로는 이방인 형제자매들과 함께 음식을 자유롭게 나누고 있었습니다. 그런데 야고보가 파견한 어떤 사람들이 안디옥에 도착하자 베드로는 행동을 바꾸었습니다. 그리스도인으로서 따라야 하는 어떤 대본이 있었는데, 베드로가 그 대본을 따르지 않는 다른 사람의 캐릭터를 연기한 것입니다. 베드로의 캐릭터는 복음의 진리에 따라 사는 캐릭터가 아니었습니다. 자기 십자가를 지고 예수를 따르는 캐릭터가 아니었지요. 베드로만 그런 태도를 보일까요? 우리는 어떻습니까? 복음을 믿지만 우리 역시 상황에 따라 불신자처럼 행동할 때가 있습니다. 어떤 상황에서 그렇게 됩니까?

위선과 두려움

2장 12절에 보면, 베드로가 왜 위선에 빠져들었는지가 명시되어 있습니다. 그것은 '두려움' 때문이었습니다. 우리를 위선에 빠뜨리는 첫 번째 요인은 두려움입니다. 그는 예루살렘에서 온 보수적인 유대인 그리스도인들, 나중에 바울이 '할례당'이라 부르는 사람들을 두려워했습니다. 본문에 보면, 야고보에게서 몇몇 사람이 왔다고 하는데, 참 이상한 점이 보입니다. 지난 장에서 살펴보았듯이 예루살렘 교회의 세 기둥, 야고보·베드로·요한은 복음의 진리에 대해 모두 동의했는데, 야고보에게서 온 사람들 때문에 베드로가 두려워했다니요? 사도행전 15장 24절을 보면 흥미로운 구절이 있습니다.

> 그런데 우리 가운데 몇몇 사람이 [여러분에게로 가서], 우리가 시키지 않은 여러 가지 말로 여러분을 혼란에 빠뜨리고, 여러분의 마음을 어지럽게 하였다는 소식을 들었습니다. (행 15:24)

아마도 이 사람들은 야고보에게서 왔다고 하면서 그가 시키지

복음의 진리

도 않은 말들로 사람들을 헷갈리게 했던 듯합니다. 그들은 베드로가 자유롭게 이방인들과 음식을 나누는 모습, 즉 음식법을 어기는 모습을 보았을 때 베드로를 정죄했을 것입니다. 베드로는 그들이 문제를 제기하고 정죄하는 것이 두려웠을 테고요. 잘은 몰라도 그들은 예수님의 수제자 베드로의 삶을 상당히 힘들게 할 만한 파워가 있는 사람들이었을 것입니다. 또, 지금이나 그때나 지도층에 있는 사람이 두려워하는 것이 스캔들입니다. 사실이 아니더라도 어떤 추문에 휩싸이고, 그래서 명성에 흠이 가는 것을 사람들은 참 많이 두려워합니다. 또한 베드로의 행동은 바울이 1장 10절에서 언급한 '사람을 기쁘게 하고 싶은 동기'에서 비롯되었을 것입니다. 그리스도도 믿고, 율법도 지키고! 더구나 바울은 베드로가 이미 유대인에게 보내진 사도라는 것에 동의했다고 말했습니다. 하지만 베드로는 '이방인들과 음식을 나눌 상황도 별로 없을 텐데! 예루살렘에서 온 사람들이 있을 동안에만 좀 빠져 있다가 다시 먹으면 되지?'라고 생각했던 것 같습니다. 사람을 기쁘게 하기 위해 사는 사람은 위선자가 되기 쉽습니다. 기쁘게 할 대상이 나의 부모님이나 배우자라 할지라도, 하나님보다 더 기쁘게 해주고 싶은 사람이 생길 때 우리는 위선을 저지를 위험에 빠집니다. 그런데 우리가 믿는 자유의 복음은 우리를 사람들의 평가와 기준에서 자유롭게 해줍니다. 더 이상 우리 삶의 목표를 다른 사람의 기준에 놓고 살아가지 않게 합니다. 우리가 궁극적으로 기쁘게 해드리고 싶은 분은 하나님 한 분뿐입니다.

위선은 가면을 쓰고 연기하는 행동입니다. 우리가 그렇게 압력을 받을 때가 분명히 있습니다. 내가 믿지도 않고 동의도 하지 않음에도, 두려움 때문에, 다른 사람들의 시선 때문에 가면을 쓰게 됩니다. 그러나 가면을 쓰고 연기를 함으로써 그 상황을 벗어났다 할지라도 해까지 막지는 못합니다. 먼저 자기 자신에게 해가 됩니다. 우리가 위선을 저지르는 대표적 상황이 불의를 보고도 침묵을 지킬 때입니다. 말을 하는 순간 불이익을 당할 수 있기 때문에 많은 사람들이 침묵을 택합니다. 마틴 루터 킹 주니어 목사님은 흑인인권운동을 할 때, 말도 안 되는 논리를 가지고 자기를 반대하는 인종차별주의자들보다 옳은 것이 무엇인지 알면서도 침묵을 지키는 대다수가 자신을 더 힘들게 했다고 고백했습니다. 그리고 지옥의 가장 뜨거운 곳은 그 상황에서 중립을 지킨 사람들을 위해 예약되어 있다고 일갈했습니다. 그는 이렇게 말했습니다. "우리의 삶은 우리가 중요한 일들에 대해 침묵한 날부터 끝나기 시작합니다"(Our lives begin to end the day we become silent about things that matter). 이렇게 되면 사는 것이 사는 게 아닙니다. 위선은 사람의 영을 죽이기 시작합니다. 우리는 위선에서 벗어나야 합니다.

또한 위선은 다른 사람들에게 영향을 끼칩니다. 당연히 안 좋은 영향입니다. 다른 사람의 위선을 경험한 적이 있을 것입니다. 그 때 어떤 기분이었나요? 저 역시 다른 사람들의 위선에 의해 상처받은 적이 있습니다. 어떤 분은 위선을 바이러스에 비교합니다. 위선은 사람들의 접촉에 의해 생존하고 자랍니다. 그리고 적합한 환경이 되면 통제가 안 될 정도로 퍼져 버립니다. 오늘 본문을 보면, 그렇게 이 위선이 퍼졌습니다. 베드로의 위선이 나머지 유대인들에게로 퍼졌습니다. 심지어는 바울이 형님같이 모시던 든든한 동역자 바나바마저도 그 위선에 끌려가게 되었습니다. 위선이 퍼지는 것을 잘 관찰해 보십시오. 먼저 베드로로 시작해 나머지 유대인들, 그리고 바나바,

복음의 진리

이어서 그곳에 있던 이방인들까지 그 위선에 휩쓸려 들어갈 위험에 처했습니다. 그 상황에서 바울은 베드로를 책망할 수밖에 없었습니다. 14절에서부터 그 책망이 시작됩니다.

> 당신은 유대인인데도 유대인처럼 살지 않고 이방인처럼 살면서, 어찌 하여 이방인더러 유대인같이 살라고 강요합니까? (2:14)

이방인들한테 유대인이 되어 그들과 같이 살라고 강요하는 것! 그것이 문제의 핵심입니다. 베드로는 유대인이면서 이방인들하고 음식을 자유롭게 나누며 이방인처럼 살고 있었는데, 그의 위선적인 행동은 이방인들에게 유대인같이 되어야 한다는 강요로 전해진 것입니다. 위선은 파워풀합니다. 나뿐만 아니라 다른 사람들의 삶에도 큰 영향을 끼칩니다. 단순히 안 좋은 예를 보여 주는 데서 끝나지 않습니다. 바이러스 같아서 다른 사람까지 전염시킵니다. 특히 부모들은 가정에서 자녀들에게 가장 큰 영향을 줄 수 있는 존재입니다. 혹시 집에서 위선을 행하고 있지는 않은지 더욱 살피고 조심해야 합니다. 그리스도인으로서 우리는 그리스도를 대표합니다. 우리의 삶이 위선적이면 사람들은 그리스도가 위선자라고 오해할 수 있습니다.

똑바로 걷기

바울은 "나는 그들이 복음의 진리를 따라 똑바로 걷지 않는 것을 보았다"(2:14)라고 했습니다. '똑바로 걷는 것'(walking straight)은 그리스어로 'ὀρθοποδέω'(오르또포데오)입니다. 정형외과를 의미하는

'orthopedic'의 어원입니다. 복음의 진리라는 선(line)이 있는데, 그 선에 따라 걷는 것을 그림 언어로 표현한 것입니다. 베드로, 바나바와 다른 유대인들이 이방인들과 음식을 자유롭게 나누는 자유를 포기하고 위선적인 행동을 한 것은 그들은 복음의 진리를 부정하고 그 진리대로 살지 않은 모습입니다. 그래서 바울이 베드로를 책망한 것입니다.

우리가 어떻게 복음의 진리에 따라 계속 똑바로 걸을 수 있을지 생각해 보면 좋겠습니다. 머릿속 스크린을 켜고 체조 경기장으로 함께 가봅시다. 그리고 거기에 '복음의 진리'라는 평균대(balance beam)를 그려 봅시다. 우리는 그 평균대에서 경기를 하는 선수들입니다. 어떻게 하면 우리가 그 평균대 위에서 균형을 잃지 않고 똑바로 걸을 수 있을까요? 제가 체조에 대해 잘 몰라서 자료를 찾아 정리해 보았습니다.

(1) 아래를 보지 말고 똑바로 앞만 봐야 합니다. 아래를 보면 떨어집니다. 떨어질 것을 두려워하면 결국 흔들려서 떨어집니다. 프리클라이밍(free climbing)은 아무 장비 없이 암벽 등반을 하는 운동입니다. 프리클라이밍 분야에서 세계 최고 기록을 보유한 이를 다룬 다큐멘터리를 본 적이 있는데, 평정을 유지하는 것이 떨어지지 않는 비결이라고 했습니다. 어떤 순간에도 버틸 수 있다고 생각한다고 합니다. 그렇지 않으면 심장이 순간적으로 갑자기 빨리 뛰어 호흡이 거칠어지고 손에 땀이 나면서 버틸 수 없게 된다는 것입니다. 마찬가지입니다. 위선에 빠질까 봐 두려워하지 말고 우리의 시선을 그리스도께 고정해야 합니다. 실패하지 않을까, 누가 날 보고 있나 두리번거리는 것이 아니라, 앞에 계신 그리스도만 똑바로 보아야 합니다. 나를 보

복음의 진리

고 있는 사람들이 내 행동을 좋아하는지, 얼굴을 찌푸리고 있는지 자꾸 살피지 말고 그리스도만 응시해야 합니다. 오직 그리스도만 기쁘게 하는 것이 나의 목표가 됩니다.

(2) 두 팔을 펴는 것입니다. 그렇게 해야 균형을 잡을 수 있습니다. 그러나 복음의 진리를 지키기 위해 우리가 두 팔을 펴는 것은 균형만을 위해서가 아니라 도움이 필요하기 때문입니다. 밸런스빔에서 처음 훈련하는 모습을 보면, 코치들이 양팔을 붙잡고 평형 잡는 것을 도와줍니다. 우리에게도 그런 동료가 필요합니다. 우리의 삶을 책임질 수 있게(accountable) 다른 형제자매들이 잡아 주고 도와줍니다. 우리는 서로가 필요합니다. 우리의 동료들, 다른 형제자매들이 우리에게 사랑을 진실하게 이야기해 주는 것이 필요합니다. 그런데 여기서 질문이 생깁니다. '우리가 속한 공동체에 서로가 서로에게 사랑으로 솔직하게 말해 줄 동료들이 있는가, 그처럼 안전한 공동체인가? 투명하고 솔직한 공동체인가? 내가 그런 공동체에 속해 있는가?'

(3) 계속 그 밸런스빔 위에 있을 것이라는 확신을 품는 것입니다. 그것이 믿음이며 신실함입니다. 이 빔이 얼마나 좁은지에만 신경을 쓰면 경기가 끝날 때까지 그 위에 있기란 불가능합니다. 뒤에 있는 것은 잊어버리고 앞에 놓여 있는 부르심의 상을 향해 달려가는 믿음이 있어야 합니다. 왜냐하면 우리의 힘이 아니라 '하나님의 은혜'로 하는 것이기 때문입니다.[19]

---

19   Todd Wilson, *Galatians: Gospel-Rooted Living* (Wheaton: Crossway, 2013), 70.

회복의 비결

그런데 균형이 흐트러져 떨어진다면? 복음의 진리에서 벗어나 위선으로 떨어진다면? 우리는 어떻게 해야 할까요? 다시 빨리 밸런스빔으로 올라가야 합니다. 저는 오늘 본문의 주인공이 바울이 아닌 베드로인 것이 참 감사합니다. 우리는 베드로의 삶을 알고 있습니다. 그는 예수님을 세 번이나 부인했습니다. 그러나 예수님은 그를 회복시키셨습니다. 갈릴리 호숫가에서 생선구이로 아침 식사를 하던 주님은 다른 것은 질문하지 않고 "나를 사랑하느냐"라고 세 번 물으셨습니다. 저는 거기에 '아직'이라는 말이 내재되어 있다고 믿습니다. "나를 세 번 부인한 것은 내가 안다. 그러나 '아직' 나를 사랑하느냐?" 예수님은 베드로에게 아직도 주님을 사랑한다고 고백할 수 있는 기회를 주신 것입니다. 그리고 베드로는 그 사랑을 고백합니다. 주님은 그렇다면 "내 양을 치라"라고 세 번 부탁하십니다. 베드로를 회복시키고 그에게 사역을 맡기신 것입니다. 베드로의 이야기는 우리에게 회복의 소망을 줍니다. 그래서 위로가 됩니다.

성경에는 성공 이야기보다 실패 이야기가 훨씬 더 많습니다. 사사기에 나오는 삼손도 실패했습니다. 위대한 왕 다윗도 실패했고, 욥과 예레미야는 자기가 태어난 날을 저주했습니다. 엘리야와 요나도 너무 힘들어서 죽는 것이 낫겠다 하며 하나님께 죽여 달라고 기도합니다.[20] 이런 이야기들은 실패하여 낙심하는 사람들에게는 위로이며

---

20 Martin Luther, "Lectures on Galatians," 1535, *Luther's Works*, vol. 26, trans. and ed. Jaroslav Pelikan (St. Louis: Concordia, 1963), 109.

교만한 자들에게는 경고가 됩니다. 교만한 이들은 언제든 떨어질 가능성이 있기 때문입니다. 우리가 넘어질지라도 주님은 우리를 일으켜 세우십니다. 베드로가 위선에 빠진 것처럼 우리도 빠질 수 있습니다. 베드로가 다시 일어섰다면, 우리도 다시 일어설 수 있습니다. 우리의 힘이 아닌 그리스도의 힘으로 다시 일어설 수 있습니다. 위선은 그리 멀리 있지 않습니다. 누구라도 빠질 수 있습니다. 그러나 우리는 오늘도 하나님의 은혜로 살아갑니다.

7

그리스도의 신실함과
우리의 믿음

갈라디아서 2:15-16

15 우리는 본래 유대인이요, 이방 죄인이 아닙니다. 16 그러나 우리는 사람이 율법의 행위가 아닌 오직 예수 그리스도의 신실함으로 의롭게 되는 것을 알기 때문에 그리스도 예수를 믿은 것입니다. 그것은 우리가 율법의 행위로가 아니라 그리스도의 신실함으로 의롭게 되기 위함입니다. 그 이유는 율법의 행위로는 아무도 의롭게 될 수 없기 때문입니다.

기억해야 할 것들

갈라디아서 2장 15-16절은 500여 년 전 일어난 종교개혁의 중심 구절로 간주되는 중요한 내용을 담고 있습니다. 사실 이 두 절은 그리스어 원문에서는 한 문장입니다. 복음의 진리를 핵심적으로 한 문장에 요약하고 있습니다. 그런데 이 문장이 매우 압축적이어서 해

복음의 진리

석하기가 그리 쉽지 않습니다. 집중해서 조심스럽게 살펴보아야 합니다. 이 문장을 제대로 해석하려면 몇 가지 기억해야 할 것이 있습니다.

문맥

(1) 이 문장이 나온 문맥(context)을 기억해야 합니다. 바울은 14절 후반부에서 시작한 베드로에 대한 책망을 계속하고 있습니다. 유대인과 이방인이 차별 없이 밥상을 같이 마주하고 음식을 나누던 교제를 위선적으로 깨트린 데 대한 책망입니다. 따라서 15-16절의 "우리"는 바울이나 베드로 같은 유대인 그리스도인들을 가리킵니다. 그렇습니다. 바울이나 베드로는 태어날 때부터 유대인이었고, 같이 식사를 하던 다른 이방인들하고는 출신이 달랐습니다. 유대인들의 선민사상 또는 특권의식으로 본다면, 이방인들은 죄인들입니다. 바울은 이 대목에서 그리스도를 알기 전의 유대인으로서 가졌던 잘못된 인식을 상기시키고 있습니다. 바울이 주장하는 핵심은 그런 생각이 모두 뒤집혔다는 것입니다. 그리스도를 알고 나서 진리를 깨달았는데(바로 '복음의 진리'입니다), 그것은 그리스도 안에서 유대인과 이방인이 차별 없는 하나님의 백성이라는 사실입니다.

'의'와 '믿음' 없이 하나님의 백성이 되기란 불가능합니다. 바울은 의와 믿음이 하나님 백성의 공동체를 규정지으며, 오직 예수 그리스도를 통하여 의와 믿음이 우리에게 현실이 되는 것을 말하고 있습니다. 그러므로 우리가 기억해야 하는 문맥은 이 구절이 "어떻게 죽은 다음에 천국에 갈 것인가?"라는 질문이 아닌, "누가, 또 어떻게 하나님의 백성이 되는가?"라는 질문에 답하고 있다는 사실입니다.[21] 신학적으로 말씀드리면 구원론에 관한 것이기도 하지만, 교회론에 좀 더 분명한 초점이 맞춰져 있습니다. 즉 한 개인이 어떻게 의롭게 되어 구원받을 수 있는지보다 사람들이 어떻게 의롭게 되어 공동체를 형성할 수 있는지에 초점이 있다는 것입니다.

의롭게 된다?

(2) 그렇다면 '의롭게 된다'는 말의 의미는 무엇입니까? 이 말은 사람이 하나님과 올바른 관계를 갖는다는 의미로 사용된 것입니다. 하나님과의 관계가 올바르지 못하면 하나님의 백성이 될 수 없습니다. 바울이 15절에서 던지는 질문은 이것입니다. '우리가 단지 유대인으로 태어났기 때문에 하나님과 올바른 관계에 있는 사람들인가? 이방인들은 단지 그들이 이방인으로 태어났기 때문에 죄인이며 하나님과 올바른 관계를 가질 희망이 없는 건가?' 이어지는 바울의 증명은 그리스도 없이는 유대인이나 이방인이나 모두 다 죄인이라는 것입니다. 유대인으로서 어떤 특권을 주장할 수 없으며, 심지어 거룩한 율법을 가졌고 그것을 안다고 하더라도 도움이 되지 않는다는 것이지요. 의롭게 되는 방법은 오직 한 가지밖에 없으며, 그것을 알았기 때문에 베드로도 바울도 그리스도를 믿은 것입니다.

율법의 행위

(3) 그렇다면 "율법의 행위"(2:16)가 무엇을 의미합니까? '율법의 행위'는 그리스어로 '에르가 노무'(ἔργα νόμου), 영어로는 'the works

---

21   이러한 질문을 가장 많이 던진 학자는 톰 라이트이다.

of the Law'입니다. 그러니까 그것을 새번역처럼 "율법을 행하는 행위"로 번역하면, 번역자의 해석이 심하게 들어가 있는 표현입니다. 20세기에 발견된 사해문서(4QMMT, "ma'aseh ha-torah")[22]에 같은 표현이 쓰여 있는 것을 통해, 우리는 이 표현이 유대인의 정체성을 규정짓는 의미로 사용되었음을 알게 되었습니다. 그것은 할례법, 안식일법, 음식법같이 독특한 유대인 율법을 통해 다른 민족과 그들을 구별할 때 쓰였습니다. 즉, 유대인은 하나님이 선택한 민족인데, 그 선택을 확인하기 위해 태어난 지 8일 만에 할례를 받고, 이방인과 음식을 나누지 않고, 6일 일하고 7일째는 안식을 취하는 독특한 율법적 생활 규범을 정했다는 것입니다. 이 세 가지 규범 수행이 그들의 정체성을 규정했습니다. 유대인들은 이 세 가지를 율법의 핵심으로 보았고, 이 세 가지를 지킴으로써 자기들이 하나님의 언약의 테두리 안에 머물러 있을 수 있다고 믿었습니다. 따라서 이 세 가지를 지키지 않는다면, 어떤 사람이나 민족도 의롭지 않다, 하나님과 올바른 관계에 있지 않다고 믿었습니다. 이런 상황에서 바울이 말하고자 하는 바는, 단지 유대인이라는 이유와 이 율법 조항들을 라이프스타일로 삼아 살아간다고 한들 하나님 앞에서 의롭지 않다, 즉 하나님과 올바른 관계에 있지 않다는 사실입니다. 정리하면, '율법의 행위'는 유대인의 정체성을 요약한 표현으로, '율법의 행위'를 통해 의롭게 되지는 않는다는 데에 바울과 베드로 모두 동의했다는 것입니다.

---

22   N. T. Wright, "4QMMT and Paul: Justification, 'Works' and Eschatology," in *History and Exegesis: New Testament Essays in Honor of Dr E. Earle Ellis for his 80th Birthday* (ed. Sang-Won [Aaron] Son; London: T&T Clark International, 2006), 104-132.

그렇다면 '율법의 행위'라는 표현은 우리에게 어떻게 적용할 수 있을까요? 우리 중 아무도 유대인으로 태어난 사람이 없는데 말입니다. 마르틴 루터는 이 표현을 '인간의 업적'으로 이해했습니다. 즉, 율법을 잘 지키는 도덕적인 생활, 즉 업적을 쌓고 성취하고 어떤 자격을 갖추었다고 해서 하나님과의 관계를 정상화할 수 없다고 보았습니다. 그는 당시(16세기) 로마 가톨릭교회의 잘못된 신학과 싸우고 있었는데, 그들이 가르쳤던 것이 바로 인간의 업적입니다. 즉, 그들은 인간이 구원받기 위해서는 행위를 통한 의(works righteousness)를 쌓아야 한다고 가르쳤고, 루터는 이 구절을 통해 그것을 반박했습니다. 루터의 해석에는 우리가 숙고해야 할 점이 있습니다. '율법의 행위', '인간의 업적'이 우리를 구원한다는 생각이 유대인뿐 아니라 우리 같은 이방인에게도 있기 때문입니다. 우리가 어떤 업적이나 성취, 자격을 쌓고 나서 하나님 앞에 나아가 받아들여지기를 원한다면 낭패를 보고 말 것입니다. 또한 혈통이나 민족적인 특권을 통하여 하나님과의 관계가 올바르게 된다고 믿는다면, 이는 잘못된 것입니다. '율법의 행위'는, 그것이 업적이든 성취든 공로든 자격이든, 혈통과 민족적인 특권이든, 우리 편에서의 그 어떤 방법으로도 하나님과의 관계를 올바르게 해줄 수 없습니다.

사회학자들은 1980년대 후반에서 90년대에 태어난 사람들을 보통 '밀레니얼 세대'(millenials)라고 합니다. 베이비붐 세대, X세대, Y세대를 거쳐 밀레니얼 세대가 왔고, 그다음 MZ세대가 왔습니다. 사회학자들은 밀레니얼 세대를 규정짓는 몇 가지 특징이 있다고 합니다. 사실 이것은 제가 대학에서 학생들을 가르치며 오랫동안 매일 겪은 일이라 이론이 아닌 경험적으로 분명히 말할 수 있는 부분입니다.

그 특징은 '인타이틀먼트'(entitlement)입니다. 우리말로 번역하면 "받을 자격이 있는 것" 또는 "가질 권리가 있는 것" 정도로 풀이할 수 있는데, 설명하면 이렇습니다.

학생들의 머릿속에는 자기들은 당연히 뭔가를 받을 수 있는 권리와 자격이 있다는 생각이 깊이 새겨져 있습니다. 태어날 때부터 그런 권리와 자격을 갖고 태어났다고 믿습니다. 예를 들면, 자기가 공부를 열심히 하든지 안 하든지 자신은 그 강의에 등록했으니까 학점을 잘 받을 권리와 자격이 있다고 생각합니다. 어떤 때는 도대체 애들이 왜 이러지, 머리를 긁게 되기도 합니다. 한 학기 동안 수업에 반도 나오지 않아 F를 주면 항의하러 찾아옵니다. 그래도 반은 오지 않았느냐 하면서요. 그래서 세 번 이상 빠지면 제적(out)이라고 실라버스(syllabus)에 꼭 적어 넣습니다. 그런데 자녀를 키워 보니 미국 시스템이 아이들을 그렇게 만든다는 것을 목격하게 됩니다. 저희 아들 둘이 어릴 때 백인이 운영하는 태권도장을 다녔는데, 시합이 정말 몇 개월에 한 번씩 있었습니다. 시합에 나갈 때마다 엄청난 참가비를 내야 했습니다. 그리고 참가하면 이기든지 지든지 트로피를 받아 왔습니다. 꼴찌를 해도 받습니다. 바로 '참가상'입니다. 그러니 수업을 신청하고 노력을 하지 않아도 뭔가 보상을 원하는 것입니다.

그러고 보니 하나님과의 관계에서 우리 역시 이런 모습을 자주 보이지 않나요? '내가 하나님을 믿었으니 나는 하나님께 그냥 받아들여질 자격이 있다'는 것입니다. 매우 오랫동안 베스트셀러 리스트에서 사라지지 않았던 책의 제목이 "I'm OK-You're OK"입니다. 1967년에 출간되어 지금도 팔리고 있습니다. 그래서인지 사람들은 이렇게 생각합니다. 'I'm OK, you're OK, we are all OK!' 사람들 사이에서는 이것이 통할지 모르겠으나 하나님 앞에서는 통하지 않습니다. 성경은 우리가 OK가 아니라고 선언합니다. "I'm not OK, you're not OK, we are not OK at all!" 율법의 행위로는 의롭다함을 결코 받을 수 없습니다.

그리스도의 신실함

(4) "그리스도의 신실함"(2:16)의 의미를 기억해야 합니다. 새번역과 개역성경에는 "그리스도를 믿는 믿음" 또는 "그리스도를 믿음"이라고 번역했는데, 문법적으로 가능한 번역입니다. 그러나 제가 "그리스도의 신실함"으로 번역한 이유는 바울은 이 표현을 통해 예수 그리스도의 이야기를 압축해서 전하고 있기 때문입니다. 우리의 이야기가 아닌 그리스도의 이야기가 여기 담겨 있습니다. 그것은 예수 그리스도께서 우리의 죄 때문에 십자가에서 신실하게 죽으신 그 이야기입니다. 자기의 죄 때문이 아닌 우리의 죄 때문에 십자가에서 처참한 죽음을 당하신 이야기입니다. 우리가 하나님과 올바른 관계를 갖기 위해서는 유대인이 가졌던 특권이나 자격을 내세울 수 없습니다. 우리가 쌓은 업적이나 자격과 권리 또한 내세울 만한 것이 없습니다. 우리가 하나님 앞에서 의롭다함을 받을 수 있는 유일한 이유는, 예수 그리스도께서 우리의 죄를 위하여 희생하셨기 때문입니다. 우리의 죄를 씻겨 줄 수 있는 것은 우리의 혈통이나 지위, 또는 도덕성이나 업적과 성취가 아닌 오직 예수의 피뿐입니다. "나의 죄를 씻는 것은 예수의 피밖엔 없네. 나를 온전케 할 이, 오직 예수, 예수의 피밖엔 없네."[23] 바울은 율법에 관하여는 흠이 없다고 자부했던 사람이지만, 그리스도를 만난 이후에는 율법을 통해서는 의롭게 될 수 있는 사람

이 아무도 없음을 깨달았습니다. 히브리서 10장 4절은 선언합니다.

> 황소와 염소의 피가 죄를 없애 줄 수는 없습니다. (히 10:4)

율법을 지키는 것으로는 죄의 근본 문제를 해결할 수 없습니다. 인간의 어떤 도덕성도, 어떤 업적도, 어떤 성취도 죄의 근본 문제를 해결해 줄 수 없습니다. 오직 그리스도께서 해결해 주실 수 있습니다. 병에 걸리면 누구나 좋은 의사에게 가기를 원합니다. 그렇다면 좋은 의사와 나쁜 의사의 차이가 무엇일까요? 좋은 의사는 병의 근본 원인을 치료하려고 하지만 나쁜 의사는 겉으로 드러난 증상만 고치려고 합니다. 영적인 부분도 마찬가지입니다. 인간의 모든 시도는 근본 문제를 해결하지 못하고 상처만 감싸 주는 밴드와 같은 것들입니다. 나병에 걸렸는데 밴드를 붙인다고 해서 피부 속에서 썩는 것을 막을 수 없습니다. 병의 근본 원인을 해결해야 합니다. 그런데 우리에게는 능력이 없습니다. 오직 그리스도에게만 그 능력이 있습니다.

그리스도를 믿는다

(5) 또, 기억해야 할 것은 '그리스도를 믿는다'는 의미가 무엇인가 하는 문제입니다. 바울은 결론적으로 말합니다. 율법의 행위로는 아무도 의롭게 될 수 없고 오직 그리스도의 신실함을 통해서만 의롭게 될 수 있음을 깨닫고 그리스도를 믿게 되었다고 말입니다. 그리스

---

23   "What can wash away my sin? Nothing but the blood of Jesus. What can make me whole again? Nothing but the blood of Jesus."

도를 믿을 때 우리는 그리스도의 신실함을 통해 의롭게 될 수 있습니다. 그렇다면 그리스도를 믿는다는 것이 무엇일까요? 믿는다는 것의 사전적 의미는 첫째 "어떤 사실이나 말을 꼭 그렇게 될 것이라고 생각하거나 그렇다고 여기다", 둘째 "어떤 사람이나 대상에 의지하며 그것이 기대를 저버리지 않을 것이라고 여기다", 셋째 "절대자나 종교적 이념 따위를 받들고 따르다"입니다.

이 세 가지 정의 중에 세 번째는 바울이 의미하는 '믿음'에서 가장 멀리 떨어져 있습니다. 우리가 믿는다고 할 때는 어떤 종교적인 이념 따위를 받들고 따른다는 의미가 아닙니다. 또한 어떤 사실이나 말에 대해 꼭 그렇게 되리라고 생각하고 그렇다고 여기는 것도 아닙니다. 두 번째 정의도 뭔가 좀 그렇습니다. "당신을 믿어요"라고 이야기할 때, 그 사람이 변하지 않고 계속 그 길을 갈 것을 믿는다는 식으로 사용될 수 있습니다.

오늘 본문에서 바울이 주장하는 것은, 십자가에서 보여진 그리스도의 신실함이 하나님과 우리의 관계를 올바르게 해줄 수 있는 유일한 방법이므로 예수 그리스도께 내 삶을 맡긴다는 의미입니다. 그러니까 머리로 어떤 이론을 받아들이는 것이 아니라, 삶 전체를 드리는 것입니다. 우리말로는 "그리스도 예수를 믿었다"라고 표현할 수밖에 없지만, 그리스어 원문을 영어로 직역하면 "We believed into Christ Jesus"(그리스도 예수 '안으로' 믿었다)입니다. 바울은 우리가 믿는다고 할 때, 그리스도 예수 '안에' 들어가 연합하는 것을 강조합니다. 그리스도의 신실함과 우리의 믿음이 합쳐질 때 우리는 하나님과 올바른 관계를 맺고 그 관계 안에서 살아갈 수 있게 됩니다.

그래서 믿는 것은 일회성(one time deal)이 아닙니다. 믿음은 시작

복음의 진리

이 중요하지만, 시작과 함께 '여정'(journey)으로 들어갑니다. 그리스도와 연합하여 계속 살아가는 것이 믿음으로 의롭게 된 사람의 삶입니다. 다음에 살펴볼 2장 20절이 그것을 그려 냅니다.

이제는 내가 사는 것이 아니라 그리스도께서 내 안에 살고 계십니다. (2:20)

내가 지금 육신 가운데 살고 있는 삶은 나를 사랑하사 나를 위하여 자기 몸을 내어 주신 하나님의 아들의 신실함으로 살아가는 것입니다. 그리스도의 신실함이 내가 가져야 할 믿음이 무엇인지 규정합니다. 그리스도께서 참고 또 참으며 고난의 길로 십자가의 길로 가신 것처럼, 나도 신실하게 그 길로 가는 것입니다. 이론적으로 머리로 받아들이고 동의하는 데서 끝나지 않고, 내 삶에 실제로 계속 역사하는 그리스도를 향한 사랑, 열정으로 살아가는 것입니다.

옥스퍼드 대학 고전문학 교수 테레사 모건(Teresa Morgan) 박사는 그리스와 로마 시대에 믿음(pistis/fides)이 어떻게 사용되었는지를 연구해 기념비적인 대작을 썼습니다. 모건 교수는 고대의 믿음이라는 개념은 항상 두 방향의 관계(two way relationship)를 형성한다는 것을 발견했습니다. 예를 들면, 어떤 장교가 신실해서 믿을 만하고 자기를 따르는 부하에게 헌신이 되어 있다면, 그의 신실함이 부하들에게 전염되어 같은 신실함을 보여 줄 수 있게 된다는 것입니다(물론 모든 부하가 그렇지는 않지만요).

우리가 그리스도 예수를 믿게 된 것은 그가 먼저 우리에게 신실하셨기 때문입니다. 우리가 먼저 믿은 것이 아니라 그리스도께서 먼저 십자가를 지고 고난의 길로 십자가의 길로 가셔서 신실함을 보여 주셨고, 우리는 그리스도를 믿음으로 그의 고난과 죽음에 참여하게 되었습니다. 그리고 그 신실함과 믿음은 다른 형제자매들과 새로운 공동체를 형성하게 하는 힘을 가지고 있습니다. 믿음은 새로운 관계를 형성하고 능력을 전달하는 특성이 있기 때문입니다(*pistis*: relationship-forming and power-mediating). 그리스도를 믿고 따르는 사람들이 그리스도에게 보이는 충성심과 신실함은 그의 신실함이 전염된 것이고, 그 신실함으로 다른 사람들과 공동체를 형성한 것입니다. 이제 유대인과 이방인은 믿음으로 하나 되어 세상이 상상도 할 수 없는 새로운 공동체인 그리스도의 몸을 형성하게 되었습니다.[24]

올바른 관계

말씀을 정리합니다. 복음의 진리가 전하는 바는 우리 자신의 출신이나 힘, 지위, 자격, 공로, 성취, 그 어떤 것으로도 하나님과 올바른 관계를 이룰 수 없다는 것입니다. 선택되어 특권을 가지고 태어났다고 믿었던 유대인도 자기의 출신을 근거로 의로움을 주장할 수 없었습니다(율법의 행위). 아무리 훌륭한 사람이라고 할지라도 하나님의 기준에는 미치지 못합니다. 인간적으로 보면 '참 좋은 사람이다'라고 생각되는 분들이 있습니다. 완벽한 사람이 없다고 하지만, 어떤 분들은 정말 착하고 성품이 좋습니다. 그런데 성경은 그 어떤 육체도 다

---

24 Teresa Morgan, *Roman Faith and Christian Faith* (Oxford: Oxford University Press, 2015), 260-261.

죄의 능력 아래 있고 하나님 앞에서 의롭다함을 받을 자격이 없다고 선언합니다. 아무리 성품이 좋아도 스스로 하나님과 올바른 관계를 맺을 수 없습니다. 하나님과의 관계를 올바르게 할 수 있는 단 한 가지 방법은 십자가에서 드러난 예수 그리스도의 신실함을 근거로 그를 우리의 주님으로 받아들이고 믿는 것입니다. 더 이상 나 자신의 지위, 업적과 자격, 성취에 의지하지 않고 오직 예수 그리스도의 신실함에서 보여진 그 삶의 방식으로 나의 삶을 살아가는 것입니다. 나의 삶의 방식을 그리스도의 삶의 방식에 정렬하고, 그가 가신 길을 나도 가는 것입니다. 그 길이 힘들어 보일 수 있지만 가장 행복하고 평안한 길입니다.

사람은 하나님 앞에서 의롭다함을 얻기 전까지 안식이 없습니다. 그리스도 안에서 나 자신을 발견하기 전까지 우리는 우리가 누구인지 알 수 없습니다. 해답은 없고 질문만 가득 찬 삶을 살아갑니다. 그리스도가 해답입니다. 하나님의 인정을 받기 전에는 아무리 많은 사람의 인정을 받아도 우리에게 만족이 없습니다. 안식이 없습니다. 수많은 돈, 명예, 지위와 업적을 쌓아도 하나님이 인정해 주시기 전에는 다른 사람들의 평가에 매달려 그들의 인정을 갈망하는 종으로 종살이하며 살아가게 될 것입니다. 오직 그리스도 안에만 참된 자유가 있습니다.

그런데 그리스도의 신실함에 전염된 우리의 믿음은 또한 다른 사람들과의 관계를 변화시키는 능력이 있습니다. 전에는 서로 원수로 지냈던 유대인과 이방인이 그 믿음을 통해 연결되어 새로운 공동체를 형성하게 됩니다. 하나님 앞에서 의롭다함을 받는 데에 유대인이든 이방인이든 차별이 없습니다. 이제 믿음으로 의롭게 된 사람들이 한 밥상에 앉아 새로운 공동체를 형성해 나갑니다. 그리스도의 신실함이 우리의 신실함이 되고 우리의 믿음이 될 때 새로운 공동체가 탄생합니다. 그것이 복음의 진리이며 교회의 역사입니다. 이 복음의 진리를 잃어버리면 공동체는 파괴됩니다. 그러나 이 복음의 진리가 우리 안에 깊이 뿌리박히면 그리스도 안에서 세워져 나가는 공동체를 경험하게 됩니다. 언어와 문화와 세대를 뛰어넘어 하나가 되는 공동체 안에 그리스도의 신실함이 우리의 믿음이 되고 신실함이 되는 놀라운 역사가 일어납니다. 이 모든 것을 가능케 하신 분이 바로 예수 그리스도이십니다.

복음의 진리

8 하나님의 아들의
신실함

갈라디아서 2:17-21

17 우리가 그리스도 안에서 의롭다고 하심을 받으려고 하다가 죄인으로 드러난다면 그리스도가 죄의 종이라는 말입니까? 그럴 수 없습니다. 18 내가 전에 헐어 버린 것을 다시 세운다면, 나 스스로 범법자가 되는 것입니다. 19 나는 율법을 통하여 율법에 대해 죽었습니다. 그것은 내가 하나님에 대하여 살려고 하는 것입니다. 20 나는 그리스도와 함께 십자가에 못 박혔습니다. 그런즉 이제는 내가 사는 것이 아니라 그리스도께서 내 안에 살고 계십니다. 내가 지금 육신 안에서 살고 있는 삶은, 나를 사랑하셔서 나를 위하여 자기 자신을 버리신 하나님의 아들의 신실함 안에서 살아가는 것입니다. 21 나는 하나님의 은혜를 헛되게 하지 않습니다. 의롭다고 하여 주시는 것이 율법을 통하여 이루어진다면 그리스도께서는 헛되이 죽으신 것입니다.

실제적인 의미

바울이 갈라디아서 2장 15-16절에서는 그리스도의 신실함을 통해 하나님과의 관계가 올바르게 되는 것에 대해 말했다면, 2장 17-21절에서는 그에 대한 실제적인 의미를 다룹니다. 즉, 우리 삶의 현장에서 그것이 어떤 의미가 있는지를 말하고 있습니다. 우리는 그리스도의 신실함을 통하여 의롭게 된다는 사실을 앎으로써 그리스도를 믿는다고 고백합니다. 그런데 그 고백이 우리의 실제 삶에서 어떤 의미가 있습니까? 고백은 말로 하는 것입니다. 혀로 하는 것입니다. 또 마음으로 하는 것입니다. 사실 여기까지는 쉽습니다. 하지만 그 고백을 우리 삶에서 살아내기란 어떤가요? 그 고백이 우리 삶에서 어떻게 드러나야 할까요? 바로 그 질문에 바울이 답을 합니다.

죄의 종이신 그리스도?

17절을 먼저 봅니다.

우리가 그리스도 안에서 의롭다고 하심을 받으려고 하다가 죄인으로 드러난다면… (2:17)

무슨 뜻일까요? 그리스도 안에서 의롭다고 하심을 받으려고 했다는 의미는 그리스도와 연합하여 그를 통해 의롭게 됨을 의미합니다. 2장 16절에서 바울은 그리스도를 믿을 때 그리스도 '안으로'(into) 믿었다고 했습니다. 3장 27절에서는 우리가 세례를 받을 때 그리스도 '안으로'(into) 받는다고 표현합니다("baptized into Christ"). 우리말로는 "세례를 받아 그리스도와 하나가 되고"라고 풀어서 해석했습니다. 3장 29에서는 "그리스도께 속한 사람"이라고 표현합니다. 이 모든 것은 우리가 그리스도와 연합된 것을 의미합니다. 유대인이든 이방인이든 그리스도와 하나 되어야 의롭다함을 받을 수 있습니다. 그런데 여기서 의롭다함을 받는다는 것은 단지 하나님과의 관계 회복만이 아니라, 그것에 기반해 다른 사람들과의 관계가 회복되는 것을 의미합니다. 그래서 이제 그리스도 안에서 경건한 유대인들인 바울과 베드로는 이방인들과 거리낌 없이 음식을 나누게 된 것입니다. 그런데 그 과정에서 '죄인으로 드러난다면' 어떨까요?

안디옥에서 베드로와 바나바와 다른 유대인들이 한 행동은 이방인들과 음식을 나누는 것이 죄짓는 행위라는 주장을 한 것이 되었습니다. (마음으로는 그렇지 않다고 믿었지만 행동은 반대로 나타났습니다. 그래서 바울은 그것을 "위선"이라 불렀습니다.) 즉 "우리가"(바울과 베드로가) 유대인으로서 이제 그리스도 안에서 같은 하나님의 백성이 된 이방인들과 함께 식사를 하다가 죄인으로 드러나게 되는 것을 의미합니다. 바울의 복음을 반대하는 자들은 유대인으로서 이방인들과 자유롭게 식사를 하고 율법에서 자유로운 행동을 하는 것을 보고 죄인이 되는 행동이라 정죄했습니다. 정말 그럴까요? 바울이 묻습니다. "그런 행동을 하게 한 그리스도는 죄를 짓게 하시는 분인가?" 새번역이나 개역개정은 이 부분을 너무 점잖게 번역해서 바울의 과격한 수사학이 드러나지 않습니다. 직역하면 "그리스도가 죄의 종입니까?"입니다. '종'으로 번역할 수 있는 그리스어 '디아코노스'(διάκονος)는 당시 주인이 식사할 때 서브하던 종을 일컫던 단어입니다. 그러니까 테이블

웨이터(table waiter)라는 뜻입니다. "만약 유대인 그리스도인들이 이방인과 식사를 나누는 행동을 통해 죄인이 된다고 주장하면, 그것은 그리스도를 죄라는 주인 밑에서 사람들을 죄인으로 만드는 일을 하는 종으로 만들어 버리는 것이다! 그러니 절대 그럴 수 없다!"라고 바울이 외치고 있는 것입니다.

우리에서 '나'로

이제 18절을 살펴보겠습니다. 여기서 주목해야 할 것은 17절까지는 "우리"라고 했는데 18절부터 21절까지는 전부 "나"라는 1인칭 단수를 썼다는 점입니다. "나"는 바울 자신을 의미하지만, 더욱 중요한 내용은 경건한 유대인의 관점에서 객관적으로 말하기 위해 사용했다는 점입니다. 바울은 율법을 사랑해 목숨을 걸고 율법을 지키고 의지했던 유대인의 관점에서 '나'를 대입해 쓰고 있습니다.

18절의 "헐어 버린 것"은 유대인과 이방인 사이에 가로막고 서 있던 담을 말합니다. 예루살렘 성전에서 이방인의 뜰과 유대인들만 들어갈 수 있는 성전 내부 사이에 세워진 담을 일컫습니다. 그 담을 그리스도께서 죽음으로써 헐어 버리셨습니다. 그러나 율법 때문에 다시 유대인과 이방인이 같이 식사를 할 수 없게 된다면, 그 담을 또다시 세우는 것입니다. 그것이야말로 하나님의 뜻을 어기는 범법 행위입니다. 바울이 여기서는 담에 대해 간단히 언급하고 넘어가지만, 에베소서 2장 14-15절에서는 자세히 설명합니다.

그리스도는 우리의 평화이십니다. 그리스도께서는 유대 사람과 이방 사람이 양쪽으로 갈라져 있는 것을 하나로 만드신 분이십니다. 그분은 유대 사람과 이방 사람 사이를 가르는 담을 자기 몸으로 허무셔서, 원수 된 것을 없애시고, 여러 가지 조문으로 된 계명의 율법을 폐하셨습니다. 그분은 이 둘을 자기 안에서 하나의 새사람으로 만들어서 평화를 이루시고, (엡 2:14-15)

그리스도는 유대인과 이방인 사이를 가로막고 있던 담을 친히 자기 몸으로 허무셨습니다. 자기를 희생하심으로 허문 것입니다. 그리스도의 죽음의 의미는 단지 그 피로 우리의 죄를 씻는 것에 국한되지 않고(수직적인 의미), 유대인과 이방인을 하나의 "새사람"으로 만들어 평화(shalom)를 이루는 것(수평적 의미)을 포함합니다. 그런데 다시 유대인과 이방인 사이에 담을 세우겠다는 태도는 그리스도의 죽음을 헛되게 하여 그리스도를 죄의 종으로, 자기 자신을 범법자로 만드는 행위입니다. 결코 그렇게 해서는 안 됩니다!

율법을 통하여

이제 19절을 보겠습니다. 바울은 "율법을 통하여 율법에 대해 죽었다"라고 고백합니다. 그러나 "율법을 통하여"가 무슨 뜻인지 헤아리기란 쉽지 않습니다. 영어로는 'through the Law'입니다. "율법을 통하여 율법에 대해 죽었다"는 것이 어떤 의미인지 알기 위해서는 3장 13절을 보아야 합니다.

그리스도께서 우리를 위하여 저주 자체가 됨으로써 우리를 율법의 저주에서 속량해 주셨습니다. 기록된 바 "나무에 달린 자는 모두 저주를 받은 자이다" 하였기 때문입니다. (3:13)

이 구절은 그리스도께서 우리를 위하여 저주가 되셨다고 선언합니다. 바울이 인용하고 있는 신명기 21장 23절은 율법의 일부입니다. 그러므로 성경은 "율법을 통하여" 예수께서 하나님의 저주받은 자가 되어 죽었음을 증명하고 있습니다. 그리고 2장 20절에서 바울은 자신이 그리스도와 함께 십자가에 못 박혔다고 고백합니다. 그리스도를 죽인 율법이 자기도 죽였다는 것입니다. 바울은 그리스도의 죽음과 부활의 이야기를 자기의 이야기로 고백합니다. 그리고 또 이렇게 말합니다.

그런데 내게는 우리 주 예수 그리스도의 십자가밖에는, 자랑할 것이 아무것도 없습니다. 그리스도로 말미암아, 내 쪽에서 보면 세상이 못 박혔고, 세상 쪽에서 보면 내가 못 박혔습니다. (6:14)

바울은 율법을 통하여 그리스도와 함께 죽었습니다. 그러므로 그는 이제 율법에 대해 죽은 자입니다. 그러나 그 죽음은 새로운 가능성을 열었습니다. 하나님에 대하여는 살게 된 것입니다!(I died to the Law, so that I might live to God.) 율법을 통하여 율법에 대해 나는 죽었습니다. 이는 하나님께 대하여는 살기 위함입니다. 이제 율법은 그의 삶을 주장하는 삶의 패러다임이 되지 못합니다. 율법에 대해 죽었기 때문에 율법이 더는 그에게 책임을 묻지 못합니다. 오직 하나님께 대하여 살게 된 것입니다. 로마서 6장 4-6절에 이 점이 매우 분명히 드러납니다.

그러므로 우리는 세례를 통하여 그의 죽으심과 연합함으로써 그와 함께 묻혔던 것입니다. 그것은, 그리스도께서 아버지의 영광으로 말미암아 죽은 사람들 가운데서 살아나신 것과 같이, 우리도 또한 새 생명 안에서 살아가기 위함입니다. 우리가 그의 죽으심과 같은 죽음을 죽어서 그와 연합하는 사람이 되었으면, 우리는 부활에 있어서도 또한 그와 연합하는 사람이 될 것입니다. 우리의 옛사람이 그리스도와 함께 십자가에 달려 죽은 것은, 죄의 몸을 멸하여서, 우리가 다시는 죄의 노예가 되지 않게 하려는 것임을 우리는 압니다. (롬 6:4-6)

우리가 그리스도와 함께 죽은 것은 그와 함께 새 생명 안에서 살아가기 위함입니다. 우리의 옛사람이 그리스도와 함께 십자가에 달려 죽었기 때문에, 이제 율법에 대해 죽은 것입니다. 죄가 율법을 통하여 우리를 노예로 만들려고 하지만 우리는 죄의 노예가 될 수 없습니다. 율법에 대해 죽었기 때문입니다. 그리스도의 죽음은 우리를 율법의 저주에서 풀어 주셨습니다. 오직 하나님에 대하여 새로운 생명, 즉 부활의 생명을 가지고 새로운 차원의 삶을 살아가게 됩니다.

그리스도와 함께 못 박혔습니다

그래서 바울은 고백합니다. "나는 그리스도와 함께 십자가에 못 박혔습니다. 이제 살고 있는 나는 내가 아닙니다. 그리스도가 내 안에 살고 있습니다. 새로운 차원의 삶입니다. 삶의 근원과 방향이 바꿔었습니다. 지금 육신 안에 살고 있는 나의 삶은 나를 사랑하셔서 나를 위하여 자기 자신을 버리신 하나님의 아들의 신실함으로 살아가는 것입니다." 이제 이 장을 시작할 때 던졌던 질문으로 돌아갑니다. 우리가 그리스도를 믿는다고 고백할 때 그 의미가 무엇입니까? 우리의 실제 삶에서 그것은 어떤 모양을 띠고 있습니까? 저는 그리스도를 믿는 것은 '여정'(journey)이라는 표현을 자주 씁니다. 그 여정은 어떤 모습을 띨까요? 어떤 방향으로 우리의 삶을 이끌어 갈까요?

우리가 믿는 복음은 자유의 복음이라 말씀드렸습니다. 그 자유는 경쟁을 통해 성취하고 공로를 쌓고 자격을 얻어 더 높은 지위를 갖는 삶에서 의미를 찾으려고 시도하는 것으로부터의 자유입니다. 그 자유는 다른 사람의 기대에 맞춰 주기 위해 살아가는 노예 같은 삶으로부터의 자유입니다. 남의 시선에 의해 좌우되는 삶으로부터의 자유입니다. 그런데 자유의 복음에는 이처럼 수동적인 자유만 있는 것이 아닙니다. 거기에는 능동적인 자유가 있습니다. '무엇으로부터 자유로운…'(freedom from...)과 같은 수동적인 자유가 아니라, '무엇을 위하여 살 것인가'와 같은 '능동적인 자유'(freedom for...)입니다. '내가 그리스도와 함께 십자가에 못 박혀서 이제는 내가 사는 것이 아니라 내 안에 살아 계신 그리스도께서 살아가신다'는 의미는 '나를 사랑하사 나를 위하여 자기 몸을 버리신 그분의 신실함에 의해 살아간다'는 의미입니다. 예수 그리스도께서 살았던 방식으로 살아가는 것입니다. 율법의 행위가 나타내는 삶의 패러다임은 민족적인 배타성과 지위와 공로와 업적에 근거합니다. 그 패러다임은 결국 자기중심적입니다. 다른 사람들하고 선을 긋고 모든 것을 자기를 위하여 노력하는 삶입니다. 그것에 대하여 바울은 자기는 죽었다고 선언합니다. 더는 그렇게 살지 않겠다는 선언입니다.

이제 그의 삶의 방향은 180도 바뀌었습니다. '더 이상 나를 위해 살지 않겠다! 다른 사람을 사랑해서 자기 몸을 버리신 하나님의 아들의 신실함으로 살아가겠다'는 선언입니다. "나를 사랑하셔서 나를 위하여 자기 자신을 버리신 하나님의 아들"(2:20)이라는 바울의 고백에 우리 자신을 적용해 봅시다. "○○(이)를 사랑하사 ○○(이)를 위하여 자기 자신을 버리신 하나님의 아들"의 신실함으로, 나도 다른 사람을 위하여 살겠다는 선언입니다. 내가 십자가에서 그리스도와 함께 못 박혔기 때문입니다. '예전의 나'는 그리스도와 함께 죽었습니다. 이제 내가 사는 삶은 나의 것이 아니라 내 안에 살고 계신 그리스도의 것입니다. 더 이상 나를 위해 이기적으로 살 수 없습니다. 고린도후서 5장 15절은 이렇게 선언합니다.

> 그런데 그리스도께서 모든 사람을 위하여 죽으신 것은, 이제부터는, 살아 있는 사람들이 자기 자신들을 위하여 살아가도록 하려는 것이 아니라, 자기들을 위하여서 죽으셨다가 살아나신 그분을 위하여 살아가도록 하려는 것입니다. (고후 5:15)

그리스도께서 모든 사람을 위하여 죽으신 이유는, 살아 있는 사람들이 "자기 자신들을 위하여" 살아가도록 하려는 것이 아니라 '그리스도를 위하여' 살아가도록 하려는 것입니다. 그리스도를 위하여 살아간다는 의미는 무엇입니까? 그리스도께서 사셨던 대로 사는 것입니다. 다른 사람을 사랑하고 그들을 위해 사는 것입니다.

그런데 그렇게 살기가 결코 쉽지 않습니다. 그리스도께서 자기 몸을 버리신 것같이 우리가 다른 사람들을 위해 살려면 희생이 따릅니다. 그리스도께서 우리를 위하여 희생하려고 했을 때 그는 하나님의 저주받은 자가 되었어야 합니다. 우리는 그리스도께서 십자가에서 절규하신 것을 기억합니다. "하나님, 하나님, 왜 나를 버리셨나이까?" 그리스도는 하나님께 철저히 버림받음으로써 우리를 위해 자기 몸을 희생하셨습니다. 바울도 같은 상황을 고백합니다. 바울이 율법에서 자유로운 복음을 전했을 때 사람들이 "와~ 당신 참 멋진 생각을 했군요! 대단해요. 혁명적인 생각이에요. 멋있어요. 팬클럽 할게요"라고 했을까요? 그는 수고했고, 감옥살이를 했고, 매를 맞고, 죽을 뻔도 했습니다.

> 유대 사람들에게서 마흔에서 하나를 뺀 매를 맞은 것이 다섯 번이요, 채찍으로 맞은 것이 세 번이요, 돌로 맞은 것이 한 번이요, 밤낮 꼬박 하루를 망망한 바다를 떠다녔습니다. (고후 11:24-25)

"유대 사람들에게서 마흔에서 하나를 뺀 매"를 '다섯 번'이나 맞았다고 했는데, 왜 맞았을까요? 디아스포라 유대인 사회에서는 율법을 심하게 어긴 사람들을 처벌할 수 있는 권한이 회당장에게 있었습니다. 마흔에서 하나 뺀(율법은 40대 이상은 때리지 못하게 하고 있습니다.) 이 형벌은 가장 극악한 죄인에게 주는 최고형입니다. 율법을 어기고 이방인들하고 쓸데없이 교류한 사람들에게 가하는 형벌이었습니다. 율법에서 자유로운 복음을 전하기란 결코 쉬운 일이 아니었습니다. 우리가 이런 상황을 알고 나면, 보수적인 유대인들이 나타났을 때 베드로와 바나바가 "두려워서" 식탁에서 슬쩍 빠져 버린 일도 이해가

복음의 진리

됩니다. 이전에 바리새인이었던 바울이 이방인들에게 율법에서 자유로운 복음을 전하려면 목숨을 걸어야 했습니다. 그들에 대한 사랑이 없으면 불가능한 일입니다.

교회사를 들여다보면, 사랑으로 희생하지 않고는 복음이 전파되지 않았을 것이라는 생각이 많이 듭니다. 그래서 "교회는 순교자의 피를 먹으며 자란다"라는 말이 생긴 듯합니다. 처절한 말입니다. '이제 내가 그리스도와 함께 십자가에 못 박혔고 그리스도의 신실함으로 살아가겠다'는 결단은 사실 쉽게 내릴 수 있는 일이 아닙니다. 고난과 희생이 동반되기 때문입니다. 희생을 주저하면 복음의 진보를 보기 힘들 것입니다. 복음이 전파되는 데 치러야 할 값이 있기 때문입니다. 그리스도와 함께 십자가에 못 박히는 일이 있어야 복음이 전파됩니다.

그런데 놀라운 하나님의 은혜 이야기는 그 일이 끝이 아니라 새로운 시작이라고 선포합니다. 내 안에 사신 그리스도께서 이제 나의 삶을 주관하시어 새로운 차원의 삶을 살게 해주시기 때문입니다. 그 삶은 의미 있는 삶입니다. 하나님에 대하여 살아 있는 삶입니다. 하나님을 기쁘게 하는 삶입니다. "믿음이 없이는 하나님을 기쁘게 해드릴 수 없다"(히 11:6)고 했는데, 이제 우리는 그리스도 안에서 하나님을 기쁘게 해드릴 수 있게 되었습니다. 다른 사람들을 사랑하고 그들을 위해 사는 것에는 분명히 희생이 따르고 어려움이 있지만, 그에 비할 수 없는 기쁨과 소망과 의미가 있습니다. 세상에서는 알아주지 않고 인정해 주지 않겠지만, 하나님이 인정해 주시는 삶입니다.

헛되지 않은 은혜

오늘 본문의 결론은 21절입니다. 바울은 "나는 하나님의 은혜를 헛되게 하지 않습니다"라고 선언합니다. 의롭게 됨이 율법을 통하여 이루어진다면 그리스도께서 헛되이 죽은 것입니다. "율법을 통하여 의롭게 될 수 있다면, 도대체 그리스도는 왜 죽은 것입니까?" 하고 바울은 반문합니다. 우리가 입으로는 그리스도를 믿는다고 고백하면서 삶으로는 아직도 나의 힘과 지위가 내 삶을 구원해 줄 듯이 살아간다면 그리스도의 죽음을 헛되이 만드는 것입니다.

우리의 삶 속에 무엇이 보입니까? 그리스도의 십자가입니까, 인간적인 훌륭함입니까? 어떤 패러다임으로 삶을 살고 있습니까? 나 중심입니까, 타인 중심입니까? 우리의 삶의 모습 속에 오직 십자가가 보여 하나님의 은혜가 헛되게 되지 않기를 주님의 이름으로 축원합니다.

9   성령과 믿음

갈라디아서 3:1-5

1 어리석은 갈라디아 사람들이여, 예수 그리스도께서 십자가에 못 박히신 것이 여러분의 눈앞에 생생한데, 누가 여러분을 홀렸습니까? 2 나는 여러분에게서 이 한 가지만을 알고 싶습니다. 여러분은 율법의 행위로 성령을 받았습니까? 아니면, 듣고 믿어서 성령을 받았습니까? 3 여러분은 그렇게도 어리석습니까? 성령으로 시작한 것을 이제 와서는 육체로 끝마치려고 합니까? 4 여러분이 받았던 그 많은 고난은, 다 허사가 되었다는 말입니까? 참말로 허사였습니까? 5 하나님께서 여러분에게 성령을 주시고 여러분 가운데서 기적을 행하시는 것이 율법의 행위를 통해서입니까, 아니면 듣고 믿음을 통해서입니까?

성령

바울은 3장 1-5절에서 갈라디아서에서는 처음으로 '성령'에 관해 말하고 있습니다. 그리스도인의 삶은 성령 없이는 불가능합니다. 성령은 마지막 때에 하나님께서 부어 주시는 선물 같은 분이며, 우리 삶 가운데 놀라운 일을 행하십니다. 우리가 복음을 듣고 믿어지는 것은 내가 똑똑해서가 아닙니다. 성령의 역사입니다! 또한 성령은 은사를 주셔서 그리스도의 몸을 세우고, 교회를 평안으로 묶어 하나로 만들어 주십니다. 참 평화로운 교회에서 시무하는 한 목사님이 그러십니다. "우리 교회라고 여기저기 불만 가진 분들 없겠어요? 그렇지만 그런 소리들이 표면 위로 튀어나와서 교회를 힘들게 하지 못하는 것은 성령께서 꽉 덮고 있기 때문입니다." 이 이야기를 듣는데, "성령을 소멸하지 마십시오"(살전 5:19)라는 사도 바울의 권면이 생각났습니다. '성령을 소멸하지 말라'는 것은 성령의 불을 끄지 말라는 뜻도 있지만 '성령을 억누른다(suppress)'라는 뜻도 있습니다. 내 마음속에서 툭 튀어나온 말이 성령의 불을 꺼버릴 수 있습니다. 나의 미성숙한 행동이 성령을 소멸할 수 있습니다. 우리가 속한 공동체를 성령이 꽉 덮고 있는지, 아니면 우리가 성령을 꽉 누르고 있는지 늘 살펴야 합니다. 항상 기뻐하고 기도하고 감사해야 성령의 지배를 받을 수 있습니다.

교회생활을 하다 보면, 무언가 좋은 영적 흐름이 있을 때 꼭 방해하는 세력이 있는 것을 종종 경험합니다. 그럴 때마다, 불끈불끈 튀어나오려는 그 힘을, 그 세력을 성령께서 능력으로 꽉 덮어 주시기를 기도하게 됩니다. 기도하는 공동체에는 성령의 열매가 주렁주렁 열립니다. 사랑과 기쁨과 화평과 인내와 친절과 선함과 신실과 온유와 절제가 가득 찹니다. 개인의 성격 문제가 아닙니다. 공동체가 경험하는 것들입니다. 성령께서 하시는 일입니다.

복음의 진리

성령 받음의 의미

우리는 성령을 받은 것이 무엇을 의미하는지에 대해 사도 바울이 강조한 내용을 기억해야 합니다. 성령은 우리가 예수를 믿을 때 "상속의 담보"(the guarantee of the inheritance)로 받은 것입니다(롬 8:23; 고후 1:22, 5:5; 엡 1:14).

> 이 성령은, 하나님의 소유인 우리가 완전히 구원받을 때까지 우리의 상속의 담보이시며, 우리로 하여금 하나님의 영광을 찬미하게 하십니다. (엡 1:14)

여기서 "담보"로 번역된 단어(ἀρραβών 아라본)는 주로 '보증'으로 번역되어 있습니다. 이것은 하나님께서 성령을, 우리의 구원이 완성될 때까지 '약속' 또는 '보증'(pledge)의 의미로 주셨음을 보여 줍니다. 우리가 "완전히 구원받을 때까지" 성령을 보증으로 주셔서 우리의 구원을 담보하시는 것입니다.[25] 우리가 예수를 믿을 때 하나님께서 성령을 주신 것은 새 창조가 완성될 때까지 미리 새 창조의 아름다움을 맛보게 하시고, 아직 받지 못한 상속에 대해 확신하게 하시려는 것입니다. 갈라디아서 4장 6-7절에서 이렇게 결론지어 말씀합니다.

> 이제 여러분은 자녀이므로, 하나님께서 **그 아들의 영**을 우리의 마음

---

25 Yon-Gyong Kwon, "ἀρραβών as Pledge in Second Corinthians," *NTS* 54 (2008): 525-541 참고.

속에 보내 주셔서 우리가 하나님을 "아빠, 아버지"라고 부를 수 있게 되었습니다. 그러므로 여러분 각 사람은 이제 종이 아니라 자녀입니다. 자녀이면, 하나님께서 세워 주신 상속자이기도 합니다. (4:6-7)

"그 아들의 영"이 바로 '성령'입니다. 오늘 본문은 그 성령을 어떻게 받았느냐, 또 언제 받았느냐고 묻고 있습니다. 우리는 율법의 행위가 아닌 복음을 듣고 믿을 때 그 성령을 받았습니다. 그 영을 받아야 자녀가 될 수 있습니다. 3장 6절부터 바울은 아브라함 이야기를 시작하는데, 오늘 본문은 그 이야기로 이끌어 가는 소개 부분입니다. '당신들은 어떻게 하나님의 자녀가 되었습니까? 하나님의 자녀가 되기 위해서는 먼저 아브라함의 자녀가 되어야 하는데(왜냐하면 아브라함이 받은 약속을 통해서 되는 것이니까), 아브라함의 자녀는 어떻게 되는 것입니까?' 이는 율법이 아닌 믿음을 통해서 가능합니다. 아브라함의 자녀, 하나님의 자녀로서 상속받을 것을 보증해 주는 성령은 믿음으로 받았지 율법을 통해 받지 않았습니다! 그러므로 오늘 본문의 주제는 '성령과 믿음'입니다. 더 구체적으로는 그 성령을 받는 것과 믿음 간의 관계에 대해 말하고 있습니다.

갈라디아인들의 이야기

우리가 3장을 시작하면서 기억해야 할 것은 2장에서 바울이 그의 자전적인 이야기를 마쳤다는 사실입니다. 그가 전한 복음은 누가 가르쳐 주지도 자기가 지어내지도 않았으며, 철저히 그리스도께 직접 받은 것입니다. 안디옥 교회에서 있었던 베드로의 위선 사건을 통

해 바울은 복음의 진리가 무엇인지를 분명히 밝혔습니다. 유대인이
든 이방인이든 간에 인간과 하나님의 관계가 똑바로 세워지고, 유대
인과 이방인이 차별 없이 하나님의 백성이 되는 방법은 단 한 가지
밖에 없습니다. 율법의 행위로는 절대 되지 않습니다. 하나님의 아
들, 예수 그리스도의 신실함을 통해 될 뿐입니다. 우리가 그를 믿을
때 우리는 그와 함께 십자가에 같이 못 박힙니다. 그래서 우리의 옛
사람은 죽었습니다. 새사람이 된 우리는 오직 믿음에 의해 살아갑니
다. 새사람이 된 우리는 인종, 성별, 사회적인 지위를 따지며 살지 않
습니다. 내가 가지고 있는 믿음은, 내 안에서 나온 나의 것이 아니라
내 안에 살아 계신 하나님 아들의 신실함으로부터 온 것입니다. 그래
서 우리는 바울과 함께 고백합니다. 내가 이 육체 안에 사는 것은 나
를 사랑하사 나를 위하여 자기 몸을 버리신 하나님의 아들의 신실함
으로 살아가는 것이라고요.

　　이제 바울은 갈라디아인들에게로 시선을 돌립니다. 저는 이 부
분에서 상상을 해보았습니다. 바울이 자신이 쓴 이 편지를 동역자 중
한 사람에게 부탁해서 보냅니다. 그 동역자가 갈라디아 교회에 도착
해 함께 모인 자리에서 큰 소리로 읽습니다. 간단히 인사를 나누는
가 싶더니 1장 6절부터 책망이 이어집니다. 숨 막히는 이야기가 전개
됩니다. 누구나 알 만한 사람들의 이야기도 나오는데, 베드로가 박살
난 이야기도 나오고 바울의 아주 개인적인 이야기들도 전개됩니다.
"내가 그리스도와 함께 십자가에 못 박혔나니 그런즉 이제는 내가 사
는 것이 아니요, 오직 내 안에 그리스도께서 사시는 것이라!"와 같은
말씀이 선포됩니다. 무슨 말을 하려나 싶어 듣는데, 갑자기 바울의
큰소리가 들리는 듯합니다. "어리석도다, 갈라디아 사람들아!" 영어

로 하면 "You fools!", 곧 "이 바보들아!!!!! 누가 너희들을 홀렸냐?"
입니다. 바울이 사용하는 언어는 그 당시 주술사들이 마술을 거는 것
을 묘사하는 말입니다. 문자적으로 "악한 눈"(evil eye)을 사용해서 쫙
째려보며 얼어붙게 만드는 것입니다. 주문(spell)을 걸어 꼼짝 못 한
채 주술사들이 원하는 대로 움직이게 하는 것입니다. 바울은 이 편지
를 듣고 있던 갈라디아 사람들을 확 깨웁니다. 주문에 걸려 있던 갈
라디아인들을 흔들어 깨우는 것입니다.[26]

> 예수 그리스도께서 십자가에 못 박히신 것이 여러분의 눈앞에 생생
> 한데 (3:1)

바울의 언어는 시각적입니다. '악한 눈'의 주문을 깨뜨려 그들의
눈을 열어 줍니다. 그 방법은 바로 예수 그리스도의 십자가를 제시하
는 것입니다. "십자가에 못 박히신 예수 그리스도를 보라!"는 것입니
다. 그런데 바울은 왜 예수께서 십자가에 못 박히신 모습이 생생하다
고 말하는 것일까요? 그것은 그들이 바울의 삶에서 그리스도의 십자
가를 보았기 때문입니다. 바울이 "나는 그리스도와 함께 십자가에 못
박혔습니다"(2:20)라고 고백할 때, 이는 그저 상징적으로 하는 말이
아닙니다. 그의 몸에는 십자가의 흔적이 있습니다. 그가 사십에 하나
감한 매를 다섯 번 맞고 채찍으로 세 번 맞았다고 고백했는데, 그런
식으로 맞으면 몸에 실제로 흉터가 남습니다. 6장 17절에서 바울은

---

26   John H. Elliott, "Paul, Galatians, and the Evil Eye," *Currents in Theology and
      Mission* 17 (1990): 262-273.

고백합니다.

> 나는 내 몸에 예수의 낙인을 지니고 있습니다. (6:17)

고린도후서 4장 10절에서도 고백합니다.

> 우리는 언제나 예수의 죽임 당하심을 우리 몸에 짊어지고 다닙니다. 그것은 예수의 생명도 또한 우리 몸에 나타나게 하기 위함입니다. (고후 4:10)

바울에게서 복음을 들었을 때, 갈라디아인들은 바울을 통해 그리스도의 십자가를 보았습니다. 바울이 몸에 지니고 있는 상처뿐만 아니라, 그가 어떻게 살아가고 있는지가 갈라디아인들에게는 십자가의 실례(illustration)입니다. 바울은 그것을 상기시키고 있습니다.

3장 2절에서 바울이 몰아붙입니다. "이 한 가지만을 알고 싶습니다." '가장 중요한 것 한 가지만 묻겠다'는 것입니다. 성령을 받았을 때, 즉 처음 믿어서 하나님을 경험했을 때, 율법의 행위로 받았습니까 아니면 복음을 듣고 믿어서 받았습니까? 당연히 율법의 행위로 받은 것이 아닙니다. 유대인같이 되어서 할례를 행하고 안식일법을 지키고 음식법을 지켜서 받은 것이 아니었습니다. 그들은 예수 그리스도의 신실함에 대한 메시지, 십자가와 부활의 메시지, 율법에서 자유로운 복음 메시지를 들음으로써 믿음이 생겼고, 성령이 그들의 삶에서 역사하시는 것을 경험했습니다. 그 경험에 대해 서로 잘 알고 있으므로, 바울은 여기서 구체적으로 언급하지 않습니다. 다만 추측

하기로는 바울이 금방 기억해 낼 수 있는 경험이 그들 가운데 있었다는 점입니다. 믿기 전과 믿은 후에 달라진 것이 분명히 있었습니다. 어떤 일이 있었는지 사도행전을 통해 추측해 볼 수 있는데, 사도행전 2장에 보면 베드로의 설교가 나옵니다. 베드로가 예수 그리스도의 신실함을 선포했을 때, 이런 반응이 있었습니다.

사람들이 이 말을 듣고 마음이 찔려서 "형제들이여, 우리가 어떻게 하면 좋겠습니까?" 하고 베드로와 다른 사도들에게 말하였다. (행 2:37)

그러자 베드로가 대답합니다.

회개하십시오. 그리고 여러분 각 사람은 예수 그리스도의 이름으로 세례를 받고, 죄 용서를 받으십시오. 그리하면 성령을 선물로 받을 것입니다. (행 2:38)

죄를 회개하는 역사가 있었던 것입니다. 그래서 세례를 통해 죄의 용서를 받고 성령을 선물로 받았습니다. 잘 생각해 보면 우리도 이런 경험이 있을 것입니다. 이런 역사를 율법의 행위를 통하여 받지 않은 것은 너무나 분명합니다. 오직 예수 그리스도의 복음을 듣고 믿었을 때 일어난 역사였는데, 이제 그들은 다른 길로 가려고 합니다. 3절을 봅니다.

성령으로 시작한 것을 이제 와서는 육체로 끝마치려고 합니까? (3:3)

복음의 진리

갈라디아에 들어온 거짓 교사들의 가르침의 실체입니다. 그들은 이렇게 주장했습니다. "예수를 믿음으로 성령 받고 다 좋다. 그런데 당신들 믿음을 업그레이드하려면 모세의 율법을 지켜야 한다! 특히 유대인같이 되는 율법의 행위(할례법, 음식법, 안식일법)를 다 지켜야 한다. 바울은 사람의 마음을 얻어 인기를 끌려고 지나치게 쉬운 복음 1.0만 가르쳤는데, 이제 2.0으로 업그레이드해야 당신들의 구원을 완성할 수 있다." 결과적으로 그들의 가르침은 예수 그리스도의 십자가만으로는 부족하다는 주장입니다. 그러니까 뭔가 더해야 하는데, 이미 주신 모세의 율법이 있지 않느냐는 것입니다. 그러니 언약으로 들어가는 관문인 할례부터 시작하자는 말입니다. 이런 가르침에 확 넘어간 겁니다. 성령으로 시작했다가 육체로 끝마치는 일을 실제로 한 것입니다!

복음대로 살기

이것이 우리에게 어떤 의미가 있을까요? 우리도 이렇게 믿기 쉽습니다. 그리스도의 십자가 이야기를 듣습니다. 은혜를 받고 예수님을 믿기로 합니다. 세례도 받고 성경공부도 합니다. 그런데 생각해 보니 구원받는 것이 너무 쉬워 보입니다. 주위를 둘러보니 다들 너무 쉽게 예수 믿는 듯합니다. 그래서 '저렇게 믿어서 되겠나?' 생각하며, '그래. 적어도 믿는 사람이라면 이 정도는 지켜야지' 하며 하나둘씩 규칙(rule)을 만들기 시작합니다. '와, 구약을 보니 지켜야 할 것들이 많네. 안식일법! 주일성수! 주일에 뭐 사면 안 되지, 거룩하게 지켜야지! 음식법! 다 먹고 마실 수는 없지. 술담배 금지! 커피도 콜라도 카페인이 있으니까 금지. 할례법! 이건 지키기 좀 힘들겠네. 아. 새로운 경계표지(boundary marker)를 만들면 되겠어. 큐티를 하자. 믿는 사람이라면 큐티를 해야지! 새벽기도! 십일조! 새벽기도 안 하고 십일조 안 하면 복을 못 받는다는데!…'

이렇게 하나둘씩 새로운 율법규정을 만들다 보니 한국형 복음에는 한국형 율법주의가 강력히 자리 잡게 되었습니다. 그래서 무엇을 '하는 사람'이 아닌, 무엇을 '하지 않는 사람'이 그리스도인의 정체성이 되었습니다. (그런데 슬프게도 그렇게 율법적인 말은 하지만 자신은 또 지키지는 않는 사람들이 되었습니다. 말만 하고 지키지 않아서 기독교인들이 뭘 주장하면 "너나 잘해"라는 조롱을 받게 되었습니다). 율법주의는 복음이 아닙니다. 율법의 행위에서 얻어지는 것은 절망과 교만, 두려운 마음밖에 없습니다.

우리에게 중요한 것은 '그리스도인이 무엇을 하는 사람인가?'입니다. 해야 되어서가 아니라 자발적으로 하고 싶어서 하는 사람들이 그리스도인입니다. 가난하고 권리가 없는 분들의 편에 서는 사람! 자발적으로 을이 되는 사람! 불의를 보고 침묵하지 않는 사람! 성령받은 사람들이 보여 주는 사랑 기쁨 화평 인내 친절 선함 신실 온유 절제, 이런 것들이 삶에 은근히 녹아 있는 사람! 자기보다 공동체를 먼저 생각하는 사람! 율법주의에 근거한 근본주의에서는 절대 보여 줄 수 없는 열매들입니다.

성령과 고난

그런데 바울은 3장 4-5절에서 갈라디아인들이 경험했고 경험하고 있는 성령의 역사에 대해 더욱 분명히 말합니다. 4절에서는 그들이 고난받을 때 경험했던 성령에 대해 말하고 있습니다. "여러분의 그 많은 체험은, 다 허사가 되었다는 말입니까?"(3:4, 새번역). 저는 이 부분에 대해서만큼은 개역개정의 번역("너희가 이같이 많은 괴로움을 헛되이 받았느냐 과연 헛되냐")을 더 지지합니다. 그래서 다음과 같이 번역해 보았습니다.

> 여러분이 받았던 그 많은 고난은, 다 허사가 되었다는 말입니까? 참말로 허사였습니까?

개역개정에서 '괴로움을 받는 것'이라고 번역한 단어는 우리가 보통 '고난받다'라고 옮기는 '파스코'(πάσχω)를 번역한 것입니다. 그들이 복음 때문에 고난받을 때 역사했던 성령을 상기시킵니다. 하나님은 우리가 어렵고 고난받을 때 성령을 통해 도와주시는 분입니다. 사실 복음이 전해지고 믿게 되는 과정이 결코 쉽지 않습니다. 데살로니가전서 1장 6절은 그것을 잘 보여 줍니다.

> 여러분은 많은 환난을 당하면서도 성령께서 주시는 기쁨으로 말씀을 받아들여서, 우리와 주님을 본받는 사람이 되었습니다. (살전 1:6)

환난 중에 복음을 받아들이는 데는 성령께서 주시는 기쁨이 있었습니다. 어렵고 힘들 때 우리는 역사하시는 성령의 도우심을 더욱 경험하게 됩니다. 사방이 꽉 막힌 것 같은, 질식할 것만 같은 그런 상황 속에서 하나님께서 주시는 말씀 한 구절로 버텨 본 경험이 있습니까? 저는 여러 번 경험했습니다. 불안과 두려움, 절망이 내리누를 때, 전에 외웠던 말씀이 불현듯 마음속에 들어와 그것으로 버텼습니다.

> 소망을 주시는 하나님께서, 믿음에서 오는 모든 기쁨과 평화를 여러분에게 충만하게 주셔서, 성령의 능력으로, 소망이 여러분에게 차고 넘치기를 바랍니다. (롬 15:13)

성령의 능력이 아니고는 우리 삶에 소망이 차고 넘칠 수 없습니다. 저는 바울이 이 말씀을 이렇게 쓰게 된 것은 분명히 그의 경험에서 나온 것이라 믿습니다. 그의 고백을 들어 봅시다.

> 우리는 이 보물을 질그릇에 간직하고 있습니다. 이 엄청난 능력은 하나님에게서 나는 것이지, 우리에게서 나는 것이 아닙니다. 우리는 사방으로 죄어들어도 움츠러들지 않으며, 답답한 일을 당해도 낙심하지 않으며, 박해를 당해도 버림받지 않으며, 거꾸러뜨림을 당해도 망하지 않습니다. (고후 4:7-9)

하나님은 우리가 가장 어려울 때 성령을 통해 도우시고 역사하십니다. 내가 영적으로 모두 잘하고 있다고 느낀다고 해서 성령이 내 안에 충만한 것이 아닙니다. 그저 내가 그렇게 느낄 뿐입니다. 도리어 어렵고 소망이 없다고 느낄 때가 성령을 경험할 수 있는 때입니다. 지금 우리 삶 속에 어려움이 있다면 지금이 성령을 경험할 기회입니다. 이때에 성령의 세미한 음성을 들을 수 있어야 합니다. 내 능력, 내 성취, 내가 알고 있는 사람들에게 의지하지 말고 하나님을 의

복음의 진리

지해야 합니다. 하나님께 나아가 주님께 내어놓고 맡길 때 성령께서 위로해 주십니다.

5절에서 바울은 현재도 계속 역사하시는 성령에 대해 말합니다. 지금 갈라디아인들이 성령의 역사를 경험하고 있다면, 그것은 율법의 행위를 통해서가 아니라 그들이 계속 복음을 듣고 믿고 있기 때문입니다. 우리도 마찬가지입니다. 성령께서 동행하시고 도와주시지 않으면 성도로서 살아가는 일이 불가능합니다. 이제는 내가 사는 것이 아니고 다시 살아나신 그리스도께서 내 안에 살아 계신다는 고백은 성령께서 해주시는 것입니다. 매일매일의 삶 속에 성령이 필요합니다.

성령의 선물

예수 그리스도를 믿을 때 우리는 성령을 선물로 받습니다. 무슨 굉장한 경험이 있어야 성령 받는 것이 아닙니다. 예수님이 나의 구주로 믿어지고 하나님이 나를 사랑하사 나의 죄를 용서해 주셨다고 믿어지는 것은, 성령이 역사하시지 않고는 불가능한 일입니다. 성령을 보증으로 주사 확신을 가지고 하나님의 자녀로 살게 하셨습니다. 그러니 그 성령께 의지하여 하나님께 나아갑시다. 나를 괴롭히는 문제를 하나님께 내어놓고 도움을 구하십시오. 성령께서는 우리를 십자가로 이끄십니다. 십자가에서 우리는 무엇을 봅니까? 내 의가 아닌 하나님의 의, 내 행위가 아닌 하나님의 긍휼과 은혜를 봅니다. 하나님은 십자가에서 우리의 두 모습을 보게 하십니다.

첫째는 내가 큰 죄인이라는 것입니다. 십자가의 대가 없이는 도저히 구원받을 수 없는 무서운 죄인이라는 사실입니다. 그 죄인이 이제 와서 내 의와 내 행위를 내세우는 것이 무슨 소용이 있겠습니까? 십자가는 바로 내가 큰 죄인임을 보여 주는 증거입니다. 둘째는 십자가의 대가를 지불하고 구원할 만큼 내가 존귀한 존재라는 사실입니다. 우리 각 사람이 그토록 값진 존재라는 것입니다. 십자가는 내가 큰 죄인이며 동시에 귀한 존재임을 드러냅니다. 성령께서 십자가를 보게 하실 때 우리를 괴롭히는 문제를 극복할 수 있는 실마리가 풀리게 됩니다. 성령께서 역사하실 것이라 믿고 구하십시오. 믿을 때 성령께서 도와주십니다. 성령의 동행하심과 도우심을 날마다 간절히 구하십시다.

복음의 진리

10 믿음에서 난 사람들

갈라디아서 3:6-9

6 그것은 아브라함이 하나님을 믿으니, 하나님께서 그것을 의롭다고 여겨 주셨다는 것과 같습니다. 7 그러므로 여러분은 알아 두십시오. 믿음에서 난 사람들, 바로 이 사람들이 아브라함의 자손입니다. 8 성경은 하나님께서 다른 민족 사람들을 믿음에 근거하여 의롭다고 여겨 주신다는 것을 미리 알고서, 아브라함에게 "모든 민족이 네 안에서 복을 받을 것이다"라고 복음을 미리 전했습니다. 9 그러므로 믿음에서 난 사람들은 신실한 아브라함과 함께 복을 받습니다.

믿음의 원리

앞 장에서 바울은 갈라디아인들이 복음을 듣고 믿었기 때문에 성령을 받았음을 전했는데, 그들이 잘 아는 아브라함의 이야기에도 같은 원리가 들어 있음을 보여 줍니다. 3장 6절에서 바울은 창세기

15장 6절을 인용하여 말합니다. "아브라함이 하나님을 믿으니, 하나님께서 그것을 의롭다고 여겨 주셨다"고 말입니다. 창세기 15장 6절에서 하나님은 아브라함을 의롭다고 여겨 주셨는데, 그 방법이 바울이 3장 1-5절에서 말하고 있는 성령을 받은 방법과 같다는 것입니다. 어떤 방법입니까? '믿음'을 통한 방법입니다. 바울은 갈라디아인들이 복음을 듣고 믿었기 때문에 성령을 받았다고 했습니다. 같은 방법으로 아브라함은 하나님으로부터 의롭다하심을 받았습니다.

성령을 받은 것이 의미하는 바가 무엇입니까? 지난 장에서 살펴보았듯이 성령은 장차 받을 상속을 보장(guarantee)하는 보증(pledge)입니다. 그러므로 성령을 받음은 하나님의 자녀로서 구원이 완성되어 상속받을 것을 확증해 줍니다. 같은 방법으로, 아브라함이 믿었을 때 하나님은 그 믿은 것을 '의'라고 여겨 주셨다는 것입니다. 의롭다함 없이 구원받을 수 없습니다. 바울이 말하려는 바는 성경에서 같은 원리가 계속 드러나고 있다는 것입니다.

그런데 매우 흥미롭게도 여기에서도 회계(accounting) 용어가 사용되고 있습니다. '여겨 주셨다'라고 번역된 단어는 그리스어 '로기조마이'(λογίζομαι)인데, 이 동사는 수입이 생겼을 때 계산해서 크레딧(credit)을 준다는 의미입니다. 아브라함이 하나님의 약속을 믿었을 때 하나님은 그 믿음을 보시고 아브라함에게 '의롭다'라고 크레딧을 준 것입니다. 즉, 의롭다함은 믿음을 통해서 오는 것이지 다른 어떤 방법을 통하여 오지 않는다는 점을 바울이 성경을 통해 증명하고 있습니다.

그러면 '다른 어떤 것'이란 무엇일까요? 율법의 행위(에르가 노무)입니다. 갈라디아 교회에 들어온 사람들은 분명히 율법에 따라 할례

복음의 진리

를 받아야 의롭다함을 받을 수 있다고 주장했을 것입니다. 이에 갈라디아 사람들이 넘어갔겠지요. 그들은 아브라함의 이야기를 통해 율법의 행위를 증명하기 위해 창세기를 인용하고 해석했을 것입니다. 그러자 바울은 "그래? 오케이. 그럼 아브라함의 이야기로 한번 풀어봅시다" 하고 제안한 것입니다. 창세기는 율법(Torah)에 속한 책입니다. 창세기 17장에 보면, 아브라함의 삶에서 매우 중요한 한 장면이 나옵니다. 아브라함이 90세가 되었을 때 하나님께서 나타나셔서 말씀하십니다. "나에게 순종하며, 흠 없이 살아라"(창 17:1). 그러고는 이렇게 말씀하십니다.

나는 너와 언약을 세우고 약속한다. 너는 여러 민족의 조상이 될 것이다. (창 17:4)

그런데 이 언약은 아브라함과 하나님 사이의 언약일 뿐 아니라, 아브라함의 자손과도 대대로 세우는 영원한 언약입니다.

내가 너와 세우는 언약은, 나와 너 사이에 맺는 것일 뿐 아니라, 너의 뒤에 오는 너의 자손과도 대대로 세우는 영원한 언약이다. 이 언약을 따라서, 나는, 너의 하나님이 될 뿐만 아니라, 뒤에 오는 너의 자손의 하나님도 될 것이다. (창 17:7)

따라서 아브라함의 자손이 되는 것은 이 언약 안으로 들어올 수 있는 귀중한 조건이 됩니다. 아브라함의 아들딸이 됨으로써 하나님의 언약 안으로 들어오는 것이니 꼭 들어가야겠지요. 그런 다음 이렇게 말씀하십니다.

> 너희 가운데서, 남자는 모두 할례를 받아야 한다. 이것은 너와 네 뒤
> 에 오는 너의 자손과 세우는 나의 언약, 곧 너희가 모두 지켜야 할 언
> 약이다. (창 17:10)

그 언약의 징표로 남자들은 모두 할례를 받아야 한다고 합니다!
그런데 이 구절은 창세기 17장 10절입니다. 그러나 바울이 갈라디아
서 3장 6절에서 인용하고 있는 구절은 창세기 15장 6절입니다. 어떤
구절이 먼저입니까? 로마서 4장 9-10절에서 바울이 이렇게 질문합
니다.

> 그러면 이러한 복은 할례를 받은 사람에게만 내리는 것입니까? 그렇
> 지 않으면 할례를 받지 않은 사람에게도 내리는 것입니까? 우리는 앞
> 에서 말하기를 "하나님께서 아브라함의 믿음을 의로 여기셨다" 하였
> 습니다. 그러면 어떻게 아브라함이 그러한 인정을 받았습니까? 그가
> 할례를 받은 후에 그렇게 되었습니까? 그렇지 않으면 할례를 받기 전
> 에 그렇게 되었습니까? 그것은 할례를 받은 후에 된 일이 아니라, 할
> 례를 받기 전에 된 일입니다. (롬 4:9-10)

바울이 증명하는 것은 바로 이것입니다. 아브라함이 의롭다 여
김을 받은 것이 할례 전인가, 아니면 후인가? 할례를 받기 전에 이미
아브라함은 믿음을 통해 의롭다함을 받았습니다. 그렇다면 믿음의
원리는 할례의 원리보다 시간적으로 앞서 있는 것입니다. 그러므로

아브라함의 자손이 되는 방법은 할례법이라는 율법의 행위를 통해서가 아니라 '믿음'을 통해서입니다. 바울은 그것을 갈라디아서 3장 7절에서 요약해 말하고 있습니다.

믿음에서 난 사람들, 바로 이 사람들이 아브라함의 자손입니다. (3:7)

믿음의 사람과 율법의 사람

아브라함의 자손이 되는 방법에서 '어떤 방법이 우선권을 갖는가', 더 나아가 '어떤 방법이 진정한 방법인가'에 대한 문제입니다. 다른 말로 표현하면, 두 종류의 사람, 즉 하나는 '믿음의 사람'이고 다른 하나는 '율법의 사람'인데, 누가 진정한 아브라함의 자손입니까 하고 묻는 것입니다. 갈라디아인들은 원래 이방인이었다가 믿음의 사람이 되어 아브라함의 자손이 되었는데, 이제 율법의 사람으로 돌아가는 것이 말이 될까요? 그러니까 바울에게 "이 바보들아"라는 책망을 듣는 것입니다. 그런데 여기에는 단순히 시간적 차이를 따지는 것 외에 더 중요한 의미가 들어 있습니다. 창세기 17장으로 돌아가서 5절을 보면, 놀라운 말씀이 나옵니다.

내가 너를 여러 민족의 아버지로 만들었으니, 이제부터는 너의 이름이 **아브람**이 아니라 **아브라함**이다. (창 17:5)

아브라함의 원래 이름은 '아브람'인데, "존귀한 아버지"라는 뜻입니다. 그런데 하나님께서 새 이름을 주셨습니다. '아브라함'은 "많은 사람의 아버지"라는 뜻입니다. 바울은 이것이 모두 하나님의 '원래부터의 의도'라고 봅니다. 할례가 아닌 믿음의 원리로 아브라함의 자녀가 될 수 있으므로 아브라함이라는 새 이름이 더 적당한 것입니다. 로마서로 돌아가서 보면 4장 11-12절에서 이렇게 말합니다.

> 아브라함이 할례라는 표를 받았는데, 그것은 그가 할례를 받지 않은 상태에서 이미 얻은 믿음의 의를 확증하는 것이었습니다. 그래서 그는 할례를 받지 않고도 믿는 모든 사람의 조상이 되었으니, 이것은 할례를 받지 않은 사람들도 의롭다는 인정을 받게 하려는 것이었습니다. 또 그는 할례를 받은 사람의 조상이 되기도 하였습니다. 다시 말하면, 할례만을 받은 것이 아니라 또한 우리 조상 아브라함이 할례를 받지 않은 상태에서 걸어간 믿음의 발자취를 따라가는 사람들의 조상이 되었습니다. (롬 4:11-12)

이 말씀대로 할례를 받은 유대인이나 할례를 받지 아니한 이방인이나 모두 아브라함의 자녀가 되어 언약 안으로 들어갈 수 있습니다. 어떻게 그럴 수 있을까요? '믿음'이 그 열쇠입니다. 할례를 받았느냐, 받지 않았느냐는 전혀 문제가 되지 않습니다. '믿음이 있느냐'가 문제입니다. 바울에게 이것은 대단히 중요합니다. "믿음에서 난 사람들"이 아브라함의 자손이 됨으로써 아브라함에게 약속된 복이 유대인이든 이방이든 상관없이 다 주어지게 되었기 때문입니다. 그래서 8절에서 바울은 놀라운 말을 합니다.

성경은 하나님께서 다른 민족 사람들을 믿음에 근거하여 의롭다고

복음의 진리

여겨 주신다는 것을 미리 알고서, 아브라함에게 "모든 민족이 네 안에서 복을 받을 것이다"라고 복음을 미리 전했습니다. (3:8)

이 구절 중간에 인용되어 있는 말씀은 성경이 아브라함에게 미리 전한 복음이라는 내용입니다. "모든 민족이 네 안에서 복을 받을 것이다"는 어느 한 구절을 인용한 것이 아니라, 하나님께서 아브라함에게 여러 군데에서 말씀하신 복의 약속을 합쳐 요약한 내용입니다(창 12:3, 18:18, 22:18). 그러면서 화자가 하나님이 아닌 '성경'이라고 말합니다. 그런데 그 성경은 아브라함에게 '프로유앙겔리조마이'(προευαγγελίζομαι), 즉 '복음을 미리 선포'했습니다. 모든 민족이 아브라함 안에서 복을 받을 것입니다. 오직 믿음을 통해서 말입니다.

아브라함에게 미리 전한 복음

아브라함에게 미리 전한 복음이 무엇인지 그 내용을 묵상해 봅시다. 아브라함 안에서 모든 민족이 복을 받을 것이라 했는데, 도대체 그 복의 내용이 무엇일까요?

창세기 12장에서 아브라함을 부르는 장면은 매우 중요합니다. 왜냐하면, 창세기 1-11장에서 빠르게 전개되던 이야기가 느려지면서 아브라함이라는 한 인물에 초점이 맞추어지는 순간이기 때문입니다. 하나님께서 너무나 좋게 창조하신 세상(창 1-2장)에 인간의 불순종으로 죄가 들어오고, 그 죄의 영향력이 창조 세계 전체로 퍼지게 됩니다(창 3장 이하). 원래 하나님이 의도하셨던 아름답고 선한 세상은 죄와 죽음이 통치하는 세상으로 변해 버렸습니다. 땅은 하나님의 저주 아래 놓이게 되었습니다. 그래서 하나님의 사랑과 평화(shalom), 안식 대신 질투와 분노와 살인과 복수, 폭력, 부패, 교만 등등 온갖 악이 판치는 세상이 되어 버렸습니다. 기술(technology)과 문화는 발전되었지만, 아름다운 음악을 만드는 기술을 가지고 어마무시하게 파괴하는 폭력적인 무기도 만들게 되었습니다. 그리고 민족들은 그들의 문화 속에 공존하는 선함과 악함을 같이 품고 살아가게 되었습니다. 마침내 하나님께 대적하며 탑을 높게 쌓아 올려 하나님의 자리까지 노리게 되는 죄의 능력(power)을 보여 줍니다. 이것이 창세기 3-11장의 이야기입니다. 그런데 창세기 12장에서 하나님은 아브라함이라는 한 인물을 택해서 그를 통해 모든 민족이 복을 받을 것이라 약속하십니다. 결국 아브라함의 복은 세상 문제에 대한 하나님의 해결책입니다. 아브라함의 복을 통해 하나님은 인류를 죄와 죽음의 저주에서 건져 내시려고 합니다. 저주받았던 땅은 새롭게 창조될 것입니다. 바울은 로마서 8장 22절에서 인간의 불순종이 창조의 고난으로 이어졌다고 밝힙니다.

모든 피조물이 이제까지 함께 신음하며, 함께 해산의 고통을 겪고 있음을 우리는 압니다. 앞으로 올 새 땅은 새 하늘과 함께 하나님의 통치의 완성을 보여 줄 것입니다. 아브라함의 복은 단순히 아브라함같이 거부가 될 것이라든지, 자손이 많아질 것이라는 의미가 아닙니다. 또한 어떤 물질적인 복이나 죽어서 좋은 데 가는 그런 복이 아닙니다. 아브라함의 자손 예수 그리스도 안에서 하나님의 자녀로서 그분의 다스림을 받으며 새로운 피조물로 영원한 생명을 갖고 살아가는 것입니다.

오늘 본문의 마지막 구절인 9절에 아주 중요한 표현이 나옵니다. 믿음에서 난 사람들이 아브라함과 함께 복을 받는다고 합니다. 그런데 아브라함 앞에 형용사가 하나 붙어 있습니다. 그 형용사는 그리스어로 '피스토스'(πιστός)입니다. 직역하면 '신실한'입니다. 신실한 아브라함! 아브라함이 신실했던 것처럼 아브라함과 같은 믿음을 가지고 신실하게 사는 사람은 아브라함의 복을 공유하게 됩니다.

> 그러므로 믿음에서 난 사람들은 신실한 아브라함과 함께 복을 받습니다. (3:9)

아브라함을 가리켜 '복의 근원'이라고 일컫는데, 믿음에서 난 사람들, 다른 말로 하면 예수를 믿는 사람들은 신실한 아브라함과 함께 복의 근원이 됩니다. 하나님의 창조를 회복하고 땅끝까지 이르러 예수 그리스도의 복음을 전하여 하나님의 구원을 이르게 하는 사람들입니다.

복과 믿음

오늘 본문을 근거로 두 가지를 더 말씀드리겠습니다.

(1) 첫 번째는 복에 관한 것입니다. 오늘 본문에는 복에 관한 말씀이 두 번이나 반복되고 있습니다. 하나님의 복의 핵심에 하나님으로부터 의롭다고 크레딧을 받는 것이 있습니다. 하나님께서 아브라함이 의롭다고 크레딧을 주신 이유는, 그가 하나님의 약속을 믿었을 때 도덕적으로나 인격적으로나 완전해졌다는 의미가 아니라, 먼저 크레딧을 받고 신실한 삶을 살게 하시겠다는 하나님의 의도를 보여

주기 위함입니다. 미국의 경우, 집을 렌트해서 살다가 결국 그 집을 구입하는 경우가 있습니다. 그런데 처음부터 '리스 투 바이'(lease to buy)로 계약을 하면, 매달 내는 렌트비(월세)를 나중에 집을 살 때 대출금(mortgage payment)으로 쳐주게 됩니다. 우리가 예수님을 처음 믿을 때 갑자기 의롭게 되지 않습니다. 의롭다는 크레딧을 받는 것입니다. 도덕적으로 인격적으로 완벽하지 않지만, 그리스도 안에서 성령을 보증으로 하여 하나님께서 의롭다함을 크레딧으로 주신 것입니다. 그리고 그 의는 그리스도 안에서 마지막에 완성됩니다. 그러므로 구원받는 길은 믿음의 여정입니다. 크레딧을 받는 데서 끝이 아닙니다. 의롭다함이 완성될 때 우리는 구원을 받습니다.

그러면 의롭다함을 받는 것이 무엇을 뜻합니까? 하나님과의 관계에 관한 것입니다. 우리가 하나님으로부터 의롭다함을 받는다는 것은 하나님과의 관계가 올바르게 된다는 의미입니다. 우리가 죄를 가지고 있는 상태에서 하나님과의 관계가 올바르게 되기를 기대하기란 불가능합니다. 우리 죄의 해결은 우리 힘으로는 할 수 없습니다. 그런데 예수께서 우리를 대신해 죽음으로써 해결해 주셨습니다. 그러므로 그 예수의 신실하신 죽음에 우리 몸을 맡길 때 우리의 죄는 해결됩니다. 그것이 복된 삶입니다.

(2) 두 번째로, 그렇다면 '믿음'(피스티스)은 무엇입니까? 아브라함의 복을 받는 것은 믿음 없이는 불가능합니다. 아브라함은 믿음의 아버지라 불립니다. 그래서 아브라함의 믿음을 살피면 믿음을 이해하는 데 도움이 됩니다. 창세기 15장에서 아브라함이 믿었다고 했을 때, 그 목적어는 분명히 '하나님'입니다. 바울은 이렇게 설명합니다.

아브라함은 희망이 사라진 때에도 바라면서 믿었으므로 "너의 자손이 이와 같이 많아질 것이다" 하신 말씀대로, 많은 민족의 조상이 되었습니다. … 그는 하나님의 약속을 믿고 의심하지 않았습니다. 오히려 그는 믿음이 굳세어져서 하나님께 영광을 돌렸습니다. 그는, 하나님께서 스스로 약속하신 바를 능히 이루실 것이라고 확신하였습니다. 그래서 하나님께서는 이것을 보시고 "그를 의롭다고 여겨 주셨습니다." (롬 4:18, 20-22)

아브라함이 하나님을 믿었다고 했을 때 그 의미는 하나님과 하나님의 약속을 믿었다는 뜻입니다. 안 믿어지는 것을 눈을 질끈 감고 억지로 받아들이는 것이 아니라, 하나님을 인격적으로 의지하는 것이 믿음입니다. 우리 이성으로는 다 이해되지 않습니다. 내 머리로는 완전히 들어오지 않습니다. 그러나 하나님이 약속하신 선물을 그분의 인격을 믿고 감사로 받아들이는 것이 믿음입니다. 도저히 받을 자격이 없는데도 하나님께서 그 은혜로 주시기 원할 때, 하나님의 약속을 받아들이는 것입니다. 하나님의 약속은 하나님의 말씀 안에 들어 있습니다. 인간적으로 보면 희망이 없었지만, 자기 자신의 모습이 아니라 하나님의 말씀에 더욱 집중하며 그것을 믿는 것입니다.

로마서 4장 19절을 보면, 아브라함은 "나이가 백 세가 되어서, 자기 몸이 [이미] 죽은 것이나 다름없고, 또한 사라의 태도 죽은 것이나 다름없는 줄 알면서도, 그는 믿음이 약해지지 않았습니다." 자기와 자기 아내의 상태를 보면 믿을 수 없지만, 아브라함은 믿음이 약해지지 않았습니다. 왜냐하면 자기 자신의 상태보다 하나님의 말씀을 더 의지했기 때문입니다. 우리가 우리의 모습을 보면 한심하기

짝이 없습니다. 참으로 믿지 못할 것이 우리 자신입니다. 잘 믿어 보겠다고 했는데 작심삼일 만에 금방 넘어지는 우리를 봅니다. 소망이 없어 보입니다. 그러나 우리의 초점을 하나님께 맞출 때 소망이 생깁니다. 아브라함에게 굉장한 믿음이 있어서 하나님께서 그를 선택하신 것이 아닙니다. 그는 의심이 많았습니다. 하나님께서 계속 약속을 하고 증명하고 밤에 데리고 나가 하늘 가득한 별도 보여 주시는데도 그는 계속 의심을 합니다. 그러나 결정적으로 아브라함은 하나님의 약속을 믿었고(창 15:6), 하나님은 그 믿음을 보시고 의롭다함의 크레딧을 주셨습니다. 그러므로 그 '의'는 아브라함에게 원래 있던 것이 아니라, 하나님께서 크레딧으로 그에게 주신 것입니다.

물론 그 뒤에도 아브라함은 흔들리는 믿음을 보입니다. 하지만 그런 부침(up and down) 속에서도 결국 신실한 모습으로 변화됩니다. 왜 그렇습니까? 저는 아브라함의 이야기에서 놀라운 점을 하나 발견했는데, 하나님께서 아브라함을 끊임없이 믿어 주셨다는 것입니다. 아브라함만 하나님을 믿은 것이 아니라 하나님께서 아브라함을 계속 믿어 주십니다. 아브라함의 믿음이 바닥으로 내려가 약속에 대해 의심할 때도 하나님은 오래 참음으로써 아브라함을 끝까지 믿어 주셨습니다. 창세기 12-22장에 걸쳐 나와 있는 아브라함의 모습은 우리에게 큰 소망을 줍니다. 그토록 믿지 못하던 그가 하나님께서 아들 이삭을 바치라고 했을 때 군말 없이 바치려고 합니다. 이것이 바로 신실한 아브라함의 모습입니다. 하나님은 우리에게서 이 신실함을 보기 원하십니다.

쓰러지고 넘어질 때도 있습니다. 그래도 우리 자신에게 실망하지 않으면 좋겠습니다. 포기하지 않으면 좋겠습니다. 하나님께서 아

복음의 진리

브라함을 포기하지 않았던 것처럼 우리도 포기하지 않으시기 때문입니다. 다시 일어서서 가면 됩니다. 부족한 자신의 모습에 집중하기보다는 약속을 이루시는 하나님의 말씀에 집중해 믿음의 여정을 함께 걸어갑시다.

11

율법의 저주와
아브라함의 복

갈라디아서 3:10-14

10 왜냐하면 율법의 행위에서 난 사람들은 모두 저주 아래에 있기 때문입니다. 기록된 바 "율법책에 기록된 모든 것을 계속하여 행하지 않는 사람은 저주 아래에 있다" 하였습니다. 11 또 하나님 앞에서 아무도 율법에 의해서 의롭게 될 수 없는 것이 분명합니다. "의인은 믿음으로 살 것이다" 하였기 때문입니다. 12 그러나 율법은 믿음으로 난 것이 아닙니다. 오히려 "율법규정들을 행하는 사람은 그것으로 살 것이다" 하였습니다. 13 그리스도께서 우리를 위하여 저주 자체가 됨으로써 우리를 율법의 저주에서 속량해 주셨습니다. 기록된 바 "나무에 달린 자는 모두 저주를 받은 자이다" 하였기 때문입니다. 14 그것은, 아브라함의 복을 그리스도 예수 안에서 다른 민족에게 미치게 하시고, 우리로 하여금 믿음을 통하여 약속하신 성령을 받게 하시려는 것입니다.

복음의 진리

저주와 복

갈라디아서 3장 10-14절 말씀에는 두 주제가 극적으로 대비되어 있습니다. 바로 '율법의 저주'와 '아브라함의 복'입니다. 하나님께서 원래 계획하신 복이 세상에 들어오지 못하고, 창세기 3장부터 나와 있는 인간의 불순종 때문에 오히려 온 창조가 하나님의 저주 아래 들어가게 되었다고 앞에서 말씀드렸습니다. 하지만 하나님은 아브라함을 택해서 그 저주를 거두어 내고 모든 민족에게 복을 주기로 계획하셨습니다. 그런데 그 원리가 창세기 17장에 나오는 '율법의 원리'가 아닌, 창세기 15장의 '믿음의 원리'였습니다. 오직 믿음으로 하나님의 복은 모든 민족에게 퍼져 나갑니다. 믿음에서 난 사람들이라야 하나님과의 관계가 올바르게 되어 의롭다함을 받기 때문입니다. 하나님은 그 아브라함의 복을 모든 민족에게 전하게 하려고 이스라엘을 택하셨습니다. 그들로 하여금 거룩한 제사장이 되게 하여 하나님께서 아브라함에게 약속하신 복을 모든 이방인에게 주시려는 것이 하나님의 목적이었습니다. 그래서 하나님은 그들과 언약을 맺으셨습니다. 그리고 그 언약을 잘 지키게 하려고 모세를 통해 율법을 주셨습니다. 율법은 생명을 주시는 하나님의 거룩한 영적 도구였습니다.

그런데 문제가 생겼습니다. 이스라엘도 아담이 했던 것처럼 불순종의 길로 들어간 것입니다. 복을 주기 위해 주셨던 율법은 오히려 이스라엘을 저주 아래로 가두어 버렸습니다. 그래서 하나님께서 이스라엘을 택하여 이루려고 했던 궁극적인 목적, 즉 아브라함의 복을 모든 민족에게 주시려고 했던 본래 계획이 차질을 빚게 되었습니다.

이런 생각을 해보았습니다. '이스라엘은 혈관 같은 존재 아닌가?' 아브라함의 복을 피로 생각해 보면 이스라엘은 그 피를 모든 민족에게 전달해야 하는 혈관입니다. 하나님은 심장입니다. 그 심장에서 나온 피를 온몸에 전달하려면 혈관이 깨끗해야 합니다. 그런데 혈관이 막히면 피가 몸 구석구석까지 전달되지 않습니다. 율법의 저주 아래 놓인 이스라엘은 마치 꽉 막힌 혈관 같았습니다.

이스라엘의 문제

이제 바울은 이스라엘이 왜 그런 상태에 빠지게 되었는지를 설명합니다. 이스라엘이 아브라함의 복을 모든 민족에게 전달하는 미션을 완수하려면, 먼저 자기 자신들이 율법에 따라 거룩한 하나님의 백성이 되어야 했습니다. 그런데 그렇게 되지 않았습니다. 10절에서 바울은 신명기 27장 26절을 인용하여 이렇게 선언합니다.

> 율법책에 기록된 모든 것을 계속하여 행하지 않는 사람은 다 저주 아래에 있다. (3:10)

율법을 지켜서 의롭다함을 받아 언약의 백성으로 사는 방법은 분명합니다. 지키면 됩니다. 모든 조항을 항상 완벽하게 지키면 됩니다. 신명기 27장 1절에는 준엄한 명령이 담겨 있습니다.

> 모세는 이스라엘 장로들과 함께, 백성에게 명령하였다. "오늘 내가 당신들에게 하는 모든 명령을, 당신들은 지켜야 합니다." (신 27:1)

그리고 이 명령은 9-10절에서 반복됩니다.

모세와 레위 사람 제사장들이 온 이스라엘 백성에게 선포하였다. "이 스라엘 자손 여러분, 우리가 하는 말에 귀를 기울이십시오. 오늘 당신 들은 주 당신들의 하나님의 백성이 되었습니다. 그러므로 당신들은 주 당신들의 하나님께 순종하고, 오늘 우리가 당신들에게 명한 그의 명령과 규례를 **지키십시오.**" (신 27:9-10)

우리는 율법을 '지켜야' 합니다. 율법은 지키라고 준 것입니다. 지키면 엄청난 복이 약속되어 있습니다. 신명기 28장 1-14절에는 그 복이 자세히 나와 있는데, 특히 2절이 그 내용을 잘 보여 줍니다.

당신들이 주 당신들의 하나님의 말씀에 순종하면, 이 모든 복이 당신 들에게 찾아와서 당신들을 따를 것입니다. (신 28:2)

우리가 복을 좇아가는 것이 아니라 율법만 지키면 복이 따른다 고 말씀합니다! 그러나 이것을 지키지 않으면 저주가 따라옵니다. 신 명기 28장 15-68절에는 복에 대해 말씀할 때보다 훨씬 더 자세히 저 주에 대해 언급합니다.

그러나 당신들이 주 당신들의 하나님의 말씀을 듣지 않고, 또 내가 오 늘 당신들에게 명한 모든 명령과 규례를 지키지 않으면, **다음과 같은 온갖 저주가** 당신들에게 닥쳐올 것입니다. (신 28:15)

바울은 이스라엘이 불순종함으로 인해 이 저주 안에 갇히게 되었다고 말합니다. 이스라엘이 저주 아래 갇힘으로써 모든 민족에게 흘러가야 할 복까지도 갇히게 되는 결과를 낳고 말았습니다.

저주에 대한 해결책

그렇다면 이 문제를 어떻게 해결할 수 있을까요? 다시 노력해서 율법을 열심히 지키면 될까요? 구약의 역사는 그런 노력이 계속하여 성공치 못한 사실을 보여 줍니다. 바리새인으로서 바울은 성공했다고 생각했습니다. 그는 율법에 관하여 자기는 "흠이 없었다"라고 고백했습니다. 그런데 그리스도를 만나고 나서 자기가 얼마나 잘못 생각하고 있었는지를 깨달았습니다. 바울은 선언합니다.

> 율법의 행위에 근거하여 살려고 하는 사람은 누구나 다 저주 아래에 있습니다. (3:10, 새번역)

우리는 다른 패러다임으로 접근해야 소망이 있습니다. 새번역은 "율법의 행위에 근거하여 살려고 하는 사람"이라고 번역하고 있는데, 이것은 "누구든지 율법의 행위에서 난 사람들"(Ὅσοι ἐξ ἔργων νόμου 호소이 엑스 에르곤 노무)을 의역한 표현입니다. 지난 장에서 살펴본 3장 7절과 9절에, "믿음에서 난 사람들"(οἱ ἐκ πίστεως 호이 엑 피스테오스)과 이 두 표현은 서로 대조를 이룹니다. 믿음에서 난 사람은 자기의 정체성과 삶의 방향을 믿음으로 규정합니다. 인간의 믿음이 아닌 그리스도의 믿음을 의미하지요. 율법의 행위에서 난 사람은 자기의

복음의 진리

정체성과 삶의 방향을 율법의 행위로 규정합니다. 율법을 받았다는 것 자체, 즉 인종적으로 보면 유대인이라는 정체성을 근거로 하여 살아가겠다는 사람입니다. 선택받은 백성으로서의 지위, 특권의식으로 살아가겠다는 사람입니다. 하나님의 은혜에 의지하지 않고 자기가 주인이 되어 살아가는 사람입니다. 그러니 그 좋은 율법("그러므로 율법은 거룩하며, 계명도 거룩하고 의롭고 선한 것입니다", 롬 7:12)을 받았음에도 율법이 주는 복을 받는 대신 저주 아래로 들어가게 된 것입니다.

3장 11-12절에서 바울은 그 점을 설명합니다. 율법으로는 아무도 의롭게 되지 못한다고요. 그 근거로서 바울은 하박국 2장 4절 후반부를 인용합니다. 왜냐하면 "의인은 믿음으로 살 것이다"(3:11) 하였기 때문입니다. 여기서 '산다'는 의미는 죽지 않고 생명을 갖는다는 뜻입니다. 오직 믿음을 통해 의롭게 된 사람만이 죽음의 저주에서 벗어나 생명을 갖게 된다는 선언입니다. 율법과 믿음은 완전히 다른 패러다임을 보여 줍니다. 율법의 길이 있고 믿음의 길이 있습니다.

바울이 12절에서 레위기 18장 5절을 인용하며 증명하는 내용이 바로 그것입니다. 율법의 패러다임으로 의롭게 되려고 시도하려면 완벽하게 항상 온전히 지켜야 합니다. 그렇지 않으면 소망이 없습니다. 그런데 이스라엘의 역사는 율법이 약속한 생명을 그들이 받지 못했음을 보여 줍니다. 율법의 저주가 그들을 철장 안에 가두어 버린 것입니다. 이 저주에서 어떻게 벗어날 수 있을까요?

드디어 그 저주를 깨어 버린 사건이 일어났습니다. 그리스도께서 우리를 위하여 자기 자신이 저주가 되어 그 저주를 끊어 버리셨습니다. 바울이 사용하는 '속량한다'(ἐξαγοράζω 엑사고라조)라는 동사는 노예제도에서 노예를 해방시키는 것을 묘사합니다. 율법의 저주 아래에 사는 삶은 저주의 노예로 사는 것입니다. 노예로서 그가 평생 열심히 일을 하면 그 주인은 대가를 지불하는데, 그 대가는 다름 아닌 죽음입니다. 자유도 없이 열심히 뼈 빠지게 일하고 나서 죽음을 급료로 받는 것, 그것이 인생입니다. 무언가에 붙잡혀 계속 끌려가며, 하기 싫어도 계속 하고, 쉬고 싶어도 쉬지 못합니다. 안식이 없고 항상 피곤합니다. 그러고는 마지막에 "수고했어. 이제 죽어!" 하는 것, 그것이 노예의 삶입니다. 율법의 행위에서 난 사람들은 그 굴레에서 벗어날 수 없습니다. 그러나 그리스도께서는 자신이 그 저주를 다 짊어지고 저주가 되어 우리를 해방시켜 주셨다고 선언하십니다. 바울은 신명기 21장 23절을 인용해 이렇게 말합니다.

> 나무에 달린 자는 모두 저주를 받은 자이다. (3:13)

그리스도는 '십자가'라는 나무에 달려서 우리가 받아야 할 죽음의 저주를 감당하셨습니다. 바울의 표현은 매우 생생합니다. 13절 앞부분을 보면, '저주를 받았다'고 표현하지 않고 "저주 자체"가 되었다고 했습니다. 그러므로 이제 율법의 저주는 무효가 된 것입니다. 이것을 처음부터 믿었던 갈라디아인들이 다시 율법의 저주 아래로 들어가겠다고 하니 바울이 열받을 만도 합니다.

사랑의 새로운 의미

하나님의 아들이 우리를 위해 십자가에 달려 우리 대신 저주 자체가 되었을 때 사랑은 새로운 의미를 갖게 되었으며, 모든 것이 바꿰어 버렸습니다. 율법의 저주 아래 있던 세상은 지나가 버리고 자유와 은혜와 축복이 있는 새로운 세상이 열린 것입니다. 쉼이 없고 평안이 없던 세상에서 이제는 안식과 평안이 가득한 세상이 열렸습니다. 그리스도의 복음은 우리를 그런 세상으로 초청합니다. 이제 우리는 믿음의 패러다임으로 살면 되는데, 그 세상에 들어와서도 자꾸 율법의 패러다임으로 살아가려고 하니까 안식이 없는 것입니다.

그런데 그것이 다가 아닙니다. 원래 하나님이 이스라엘을 택하셨을 때 의도하셨던 목적이 이제 비로소 이루어지게 됩니다. 아브라함의 복을 그리스도 예수 안에서 다른 민족에게 미치게 하시려는 것입니다(14절). 막혔던 혈관이 뚫림으로써 피가 몸 구석구석까지 갈 수 있게 된 것입니다. 이제 아브라함의 복은 모든 민족에게 전해질 수 있게 되었습니다. 바울은 율법이 아닌 믿음의 원리로 받게 된 복에 들어 있는 엄청난 약속을 상기시킵니다. 그것은 그 복과 함께 온 성령입니다. 성령이 주시는 선물은 우리를 새 시대에 살게 하는 능력이 있습니다. 성령이 역사하심으로써 아브라함의 복이 땅끝까지 흘러갑니다.

이사야서와 에스겔서에는 하나님께서 이스라엘을 회복시킬 때 하나님의 영을 쏟아부으신다는 약속이 반복되어 있습니다(사 32:15-17, 44:1-5, 59:21; 겔 11:14-21, 36:22-27, 37:1-4 등). 먼저, 이사야 32장 15-17절을 봅니다.

그러나 주님께서 저 높은 곳에서부터 다시 우리에게 영을 보내 주시면, 황무지는 기름진 땅이 되고, 광야는 온갖 곡식을 풍성하게 내는 곡창지대가 될 것이다. 그때에는, 광야에 공평이 자리 잡고, 기름진

땅에 의가 머물 것이다. 의의 열매는 평화요, 의의 결실은 영원한 평
안과 안전이다. (사 32:15-17)

또 이사야 44장 3절을 봅시다. 여기에는 영과 복이 같이 사용되
고 있습니다.

내가 메마른 땅에 물을 주고 마른 땅에 시내가 흐르게 하듯이, 네 자
손에게 내 영을 부어 주고, 네 후손에게 나의 복을 내리겠다. (사 44:3)

하나님의 영을 받을 때 아브라함의 복이 모든 민족에게 다 흘러
갈 것입니다. 메마른 땅에 물을 주고 마른 땅에 시내가 흐르게 하는
것이 성령이 하시는 역사입니다.

뚫린 혈관

율법의 저주는 하나님의 복을 막아 버렸습니다. 그런데 그리스
도께서 그 막혔던 것을 뚫어 주셨습니다. 심장이 아무리 튼튼해도 혈
관이 막히면 죽습니다. 저의 피에 유전적으로 중성지방이 많다는 것
을 오래전에 발견했습니다. 20년 전쯤 한 번 쓰러진 적이 있는데, 그
때 알게 되었습니다. 평생 약을 복용하고 운동도 열심히 해야 한다는
진단을 받았습니다. 혈관 막힘은 참 무서운 질환입니다.
그런데 하나님과 우리 사이가 막히는 것은 이보다 더욱 두려운
일입니다. 우리와 하나님 사이가 막혀서 하나님께서 주시려 하는 아
브라함의 복이 흐르지 않고 막혀 있을 수 있습니다. 세상적인 방법으

로는 그것을 뚫을 수 없습니다. 율법의 행위가 대표하는 혈통적인 지위와 특권, 배타적인 라이프스타일로는 뚫을 수 없습니다. 아무리 뚫어 보려고 해도 더 막힐 뿐입니다. 하나님과 우리 사이가 막혀 있으면 자유가 없습니다. 평안도 안식도 없는 노예의 삶입니다. 공허만 있을 뿐 채워지지 않습니다. 질질 끌려가며 불행하게 살 수밖에 없습니다. 오직 그리스도 예수만이 뚫어 주실 수 있습니다. 오직 믿음으로(Sola fide) 가능합니다!

하나님과 우리 사이의 혈관이 뚫렸다 해서 다 끝난 것이 아닙니다. 우리의 삶 자체도 사실 혈관 같은 것입니다. 이스라엘이 부름을 받았듯이 우리도 그리스도 안에서 부름을 받았습니다. 이스라엘과 마찬가지로 하나님께서 우리를 부르신 뜻은 우리로 하여금 복의 통로가 되게 하는 것입니다.

그런데 예수를 믿으면서도 꽉 막힌 삶을 살게 되기 쉽습니다. 나만 꽉 막힌 것이 아니라, 다른 사람이 받을 복까지 꽉 막고 살게 될까 봐 두렵습니다. 복은 땅끝까지 흘러가야 합니다. 세대와 세대를 거쳐 다음 세대까지 이어져야 합니다. 우리를 통해 하나님의 복이 이웃과 세상으로 흘러가는 삶을 살아가는 축복을 누리게 되기를 기원합니다.

12 약속의 복음

갈라디아서 3:15-22

15 형제자매 여러분, 일상생활의 예를 들어 말해 보겠습니다. 사람의 유언도 확정되고 나면 아무도 그것을 무효로 하거나 거기에 덧붙이지 못합니다. 16 그런데 하나님께서 아브라함과 그 후손에게 약속하셨을 때, 마치 여러 사람을 가리키는 것처럼 "후손들에게"라고 하시지 않고 단한 사람을 가리키듯이 "너의 후손에게"라고 말씀하셨습니다. 그 한 사람은 곧 그리스도입니다. 17 내가 말하려는 것은 이것입니다. 하나님이 확정해 놓은 언약을 사백삼십 년 뒤에 생긴 율법이 무효로 만들어 그 약속을 폐지하지 못한다는 것입니다. 18 상속을 물려받는 것이 율법을 통해서 온 것이라면, 그것은 절대로 약속을 통해서 온 것이 아닙니다. 그러나 하나님께서는 약속을 통하여 아브라함에게 상속을 은혜로 주셨습니다. 19 그러면 율법은 무엇 때문에 주신 것입니까? 범죄들 때문에 덧붙여진 것입니다. 약속을 받은 그 후손이 오실 때까지 유효한 것으로, 천사들을 통하여 한 중개자의 손을 빌려 제정된 것입니다. 20 그러나 중

복음의 진리

개자를 필요로 했던 율법은 두 당사자가 있어야 했지만 약속을 하는 데는 하나님 한 분이면 됩니다. 21 그렇다면 율법은 하나님의 약속들에 맞서는 것입니까? 절대로 그럴 수 없습니다. 생명을 얻게 할 수 있는 율법이 주어졌다면, 의는 분명히 율법을 통해 왔을 것입니다. 22 그러나 성경은 모든 것을 죄 아래 가두었습니다. 그 이유는 약속하신 것을 예수 그리스도의 신실함을 통하여 믿는 사람들에게 주시기 위해서입니다.

율법, 토라, 노모스

이 강해에서 우리는 '율법'이라는 단어를 참 많이 보았습니다. 익히 알고 있는 듯하지만 그 의미를 설명해 보라면 '법?' 정도로 답을 하게 됩니다. 성경에 '율법'으로 번역되어 있는 그리스어 '노모스'(νόμος)는 히브리어 '토라'를 번역한 것입니다. 따라서 바울이 율법이라고 할 때 그것은 99.99% 토라를 일컫습니다. 토라는 이스라엘의 자부심이고 기쁨이었습니다.

> 복 있는 사람은 … 오직 여호와의 율법을 즐거워하여 그의 율법을 주야로 묵상하는도다. (시 1:1-2, 개역개정)

성경 전체에서 가장 긴 장은 시편 119편입니다(22개×8절=176절).[27] 시 전체는 토라가 얼마나 좋은 것인지, 토라를 공부하고 묵상하

---

27 '22'는 히브리어 알파벳 개수이며, 알파벳 한 개에 8절씩 토라에 대한 찬양이 이어진다.

는 것이 얼마나 좋은 일인지 찬양하고 노래합니다. 특히 유배에서 돌아와 에스라에 의해 영적 부흥이 일어났을 때, 그들은 율법을 공부하고 율법을 통해 그들의 영혼이 다시 살아나는 것을 경험했습니다. 유대인들이 디아스포라로 흩어지기 시작했을 때, 그들은 어디에 가나 회당을 세우고 토라를 배우고 가르쳤습니다. 그런데 역사적으로 토라에 관해 가장 열심을 냈던 사람은 바리새인들이었습니다. 바리새인 출신이었던 바울은 실제로 토라를 외우고 공부하는 데 목숨을 걸었던 사람입니다. 그랬던 그가 그리스도를 만나고 나서 토라가 정말 무엇인지, 왜 하나님이 주셨는지 깨닫게 되었습니다. 그러므로 바울의 토라 이야기는 새겨들을 가치가 있는 것입니다.

지난 장에서 바울은 구약의 여러 구절을 동원해 왜 율법의 행위를 통해서 아브라함의 복을 받을 수도 전파할 수도 없고, 오직 믿음을 통해서만 가능한지 설명했습니다. 그 설명이 너무 어려울 수 있겠다고 생각했는지, 바울은 좀 더 쉽게 일상생활의 예를 들어 당시 사람들에게 익숙한 언어와 방식으로 설명을 합니다. 당시 사람들에게는 바울의 이 방식이 더 쉬웠는지 모르겠지만, 현대를 살아가는 우리에게는 쉬워진 느낌이 없습니다. 그래도 바울이 설명하고자 하는 것은 분명합니다. 율법을 통해서는 아브라함에게 약속된 복을 받을 수 없고, 오직 예수 그리스도의 신실함을 통해서만 약속된 복을 받았다는 것입니다.

유언장과 상속

먼저, 3장 15절을 봅시다. 바울은 당시 사람들의 관례의 범위 내

복음의 진리

에서 유언장과 상속의 비유로 율법과 약속의 관계를 설명합니다. 어떤 사람이 적법하게 유언을 작성해 놓으면, 아무도 그것을 무효로 하거나 거기에다가 다른 조항을 덧붙일 수 없습니다. 바울은 당시의 법률 용어를 정확하게 반영하고 있습니다. 하나님의 약속을 사람의 유언장에 비유하고 있는데, 한 번 적법하게 제정된 유언장은 함부로 무효화하거나 다른 것을 더할 수 없다는 것이 핵심입니다.

16-17절은 그 원리를 적용하여 설명합니다. 하나님은 아브라함에게 약속을 주셨습니다. 적법하게 작성된 유언장처럼, 그 약속은 후에 무효화할 수 없습니다. 하나님과 아브라함의 언약은 모세를 통해 온 율법보다 430년 앞선 것입니다. 그러므로 뒤에 온 율법이 앞서 주어진 약속을 무효로 만들거나 무엇을 덧붙일 수 없습니다. 하나님께서 아브라함에게 주신 약속은 율법을 넘어서는 효력을 지니고 있습니다. 그런데 그 언약의 내용을 들여다보면 놀라운 사실을 발견하게 됩니다. 바울은 여기서 창세기에서 여러 번 반복된 하나님의 약속의 말씀을 가리키고 있는데, 대표적으로 창세기 12장 7절 한 절만 살펴봅시다.

> 주님께서 아브람에게 나타나셔서 말씀하셨다. "내가 너의 자손에게 이 땅을 주겠다." 아브람은 거기에서 자기에게 나타나신 주님께 제단을 쌓아서 바쳤다. (창 12:7)

바울이 16절에서 지적하고 있는 것은 하나님께서 말씀하신 약속의 내용 중에 사용된 한 단어입니다. 하나님은 창세기 12장 3절에서 아브라함을 통해 모든 민족이 복을 받을 것이라고 약속하셨습니다. 그리고 창세기 12장 7절은 그것이 어떻게 이루어질 것인가에 관한 말씀인데, 땅이 주어질 때 '자손들'이라고 하지 않고 단수로 써서 "자손"이라고 한 것을 날카롭게 지적하고 있습니다. 갈라디아서 3장 16절에서는 "후손"이라고 번역했는데, '자손'(직역하면 '씨')과 같은 말입니다. 이는 그리스어 '스페르마'(σπέρμα), 영어로 '시드'(seed)를 번역한 것입니다. 바울이 아브라함의 자손이 많아질 것이고 그들이 살 땅을 약속하면서, 복수 '자손들'이 아닌 단수 '자손'을 쓴 것은 어떤 한 사람을 가리키고 있음을 보여 주고자 한 것입니다. 그 한 사람은 바로 '그리스도'이십니다. 이 한 사람 곧 그리스도를 통해 성취될 약속을, 하나님은 이미 창세기에서 말씀하신 것입니다(창 12:7, 13:15, 24:7). 하나님은 이미 아브라함에게 그 복을 약속하실 때 그리스도를 통해 주겠다고 확인해 주셨는데, 430년 후에 온 율법이 그것을 뒤집을 수 없다는 주장입니다. 오직 아브라함의 복은 율법이 아닌 그리스도를 통해서 받을 수밖에 없습니다. 바울의 논리는 탄탄합니다.

율법이 아닌 약속으로

18절의 말씀은 결론입니다. 아브라함이 받은 상속은 율법을 통해서가 아니라 약속을 통해, 아브라함에게 '거저' 주셨습니다. 바울이 사용한 동사는 '카리조마이'(χαρίζομαι, '은혜'라는 뜻의 '카리스'의 동사형)로, 은혜로 주시는 것을 나타냅니다. 선물로 거저 주신 것입니다. 율법의 행위의 원리가 가지고 있는 혈통과 지위와 자격을 근거로 무엇을 받는 것은 약속을 통해 은혜로 거저 받는 것과는 근본적으로 다릅니다. 우리말로 번역하기란 불가능하지만, 이때 바울은 현재완료

시제를 사용합니다. 그리스어에서 현재완료형은 과거에 일어난 행위가 현재까지도 유효하다는 의미를 담고 있습니다. 즉, 아브라함에게 하나님께서 은혜로 거저 주신 약속은 현재까지도 효력이 있습니다. 중간에 율법이 폐하지도 못했고 바꾸지도 못했습니다. 오직 그리스도를 통하여 그 약속이 이루어집니다. 바울 때나 지금이나 효력이 있습니다.

그러면 율법은 왜 주어졌습니까? 율법을 통해서 성령을 받는 것도 아니고, 의롭다함을 받는 것도 아니고, 아브라함의 복을 받는 것도 아니고, 율법을 통해 생명을 얻으려고 하는 사람들은 오히려 그 저주에 갇혀 버린다면, 하나님은 애시당초 왜 율법을 주셨을까요? 바울은 19-22절에서 대답합니다. 율법은 그 자손, 즉 그리스도께서 오실 때까지 범죄들(transgressions) 때문에 덧붙여진 것이라고 밝힙니다. 바울이 "범죄들 때문에"라고 썼을 때 의미하는 바는 두 가지입니다.

첫째는, 율법을 통하여 죄를 알게 하려는 것입니다. 범죄가 무엇인지 알아보게(identify) 하려는 목적입니다. 로마서 4장 15절이 도움이 됩니다.

> 율법은 진노를 불러옵니다. 율법이 없는 곳에는 범법도 없습니다. (롬 4:15)

유대인들은 하나님의 뜻을 어겼을 때 그것이 잘못되었다는 사실을 율법으로 깨닫게 되었습니다.

둘째는, 율법을 통하여 하나님은 더 큰 범죄를 저지르는 것을 통제하셨습니다. 갈라디아서 3장 23-24절에서 바울은 율법이 그리스도께서 오실 때까지 개인교사 역할을 했다고 주장합니다. 이 구절에 대해서는 다음 장에서 자세히 말씀드리겠지만, 한 가지 언급하자면 "개인교사"로 번역된 '파이다고고스'(παιδαγωγός)는, 집에 거주하며 아이들을 가르쳤던 가정교사, 튜터(tutor)를 의미합니다. 여기에는 하나님의 뜻을 어기는 것을 율법의 가르침을 통해 어느 정도 통제했다는 의미가 들어 있습니다.

또한 율법은 천사들을 통하여 모세라는 중개자에 의해 제정된 것입니다(19절 후반부). 어떤 의미일까요? 율법을 자부심과 기쁨으로 여기는 유대인들은 그것을 당연히 자기들 것이라 믿었겠지요. 그러나 바울은 20절에서 놀라운 선언을 합니다. "그 중개자는 한쪽에만 속한 것이 아닙니다!"(3:20, 새번역). 왜냐하면 율법이 유대인에게만 적용되지는 않기 때문입니다. 이것은 모세의 율법이 유대인과 이방인 모두에게 적용됨을 의미합니다. 바울은 그것이 무엇을 의미하는지를 22절에서 결정적으로 밝히는데, 유대인이나 이방인이나 모두를 죄 아래 가두는 역할을 한다는 것입니다. 그러나 율법이 가지고 있는 결정적 결점은 유대인과 이방인 모두를 의롭게 하여 생명을 주지는 못한다는 데 있습니다. 그것이 가능했다면, 의롭다함은 분명히 율법을 통해서 생겼을 것입니다. 그러나 하나님은 한 분뿐입니다. 즉, 하나님께서 직접 주신 약속을 통해서만 이방인과 유대인 모두가 의롭게 되어 생명을 얻습니다. 그 약속의 핵심에 예수 그리스도가 계십니다. 모든 민족에게 복 주시겠다는 아브라함과의 약속은 단 한 사람, 예수 그리스도를 통하여 이루어집니다. 그것이 약속의 복음입니다.

복음의 진리

율법과 약속의 관계

그렇다면 율법은 하나님의 약속에 맞서는 것일까요? 바울은 21절에서 "절대로 그럴 수 없습니다"(μὴ γένοιτο 메 게노이토)라고 대답합니다. 바울은 기본적으로 율법이 거룩하며 의롭고 좋은 것이라고 믿었습니다.

> 그러므로 율법은 거룩하며, 계명도 거룩하고 의롭고 선한 것입니다.
> (롬 7:12)

율법 자체가 잘못된 것이 아니라 다른 기능이 있었기 때문입니다. 율법의 기능은 생명을 주고 의롭게 하는 데 있지 않습니다. 논리적으로 생각하면, '율법보다 더 좋은 약속을 먼저 받았으니 이제 율법은 갖다 버리자!' 하고 성급한 결론을 내릴 수 있습니다. 그런데 바울은 그럴 수 없다고 경계합니다. 율법의 기능은 오히려 죄를 깨닫게 하여 모든 것을 죄 아래 가두게 하는 데 있습니다. 22절은 성경이 모든 것을 죄 아래 가두었다고 말합니다. 여기서 바울은 '성경과 율법'을 같은 의미로 사용하고 있습니다. 율법이 모든 것, 즉 유대인과 이방인 모두를 죄 아래에 가두었습니다. 같은 개념이 로마서 3장 9절 후반부에도 나타납니다.

> 유대 사람이나 그리스 사람이나, 다 같이 죄 아래에 있음을 우리가 이미 지적하였습니다. (롬 3:9)

이 말씀은 율법이 유대인이나 이방인이나 그들이 곧 죄인임을 드러내어 죄의 능력 아래에 가두어 버리는 것을 보여 줍니다. 그래서 "율법으로는 죄를 인식할 뿐입니다"(롬 3:20). 그렇게 하신 이유는 하나님의 약속을 믿는 사람들에게 주시기 위함입니다. 하나님은 예수 그리스도의 신실함을 통하여 그 약속하신 것을 모든 믿는 자들에게 주시려고 율법을 사용해 모두를 죄 아래에 가두어 두신 것입니다. 이 개념은 또한 로마서 11장 32절에도 등장합니다.

> 하나님께서 모든 사람을 순종하지 않는 상태에 가두신 것은 그들에게 자비를 베푸시려는 것입니다. (롬 11:32)

하나님께서 모든 사람을 순종하지 않는 상태에 가두어 두신 것은 모두에게 자비를 베푸시기 위한 목적이었습니다. 하나님께서 율법을 사용해 모든 사람을 죄 아래 가두신 이유는 인간의 능력으로는 죄의 능력에서 풀려날 수 없음을 보여 주기 위함이었습니다. 인간의 지위, 업적, 성취로는 되지 않습니다. 오직 예수 그리스도의 신실함을 통하여서만 아브라함에게 주신 약속, 즉 아브라함의 복을 주시려는 의도가 있었기 때문입니다.

약속의 복음

말씀을 정리하겠습니다. 바울은 오늘 본문에서 율법과 약속의 차이를 보여 줍니다. 하나님께서 아브라함에게 주신 약속은 율법보다 430년 먼저 왔습니다. 그러므로 약속(언약)에 우선권이 있습니다.

한 자손(seed)을 통해 모든 민족에게 복을 주시겠다는 약속입니다. 그렇다면 율법은 왜 주셨습니까? 율법을 통하여 사람들은 자기들이 하나님의 뜻을 어기고 있다는 사실을 깨닫고, 또 조심하여 범죄함이 넘쳐나는 것을 제어하게 되었습니다. 그러나 율법을 통해서는 절대로 생명을 얻거나 의롭다함을 얻을 수 없습니다. 율법의 기능이 아니기 때문입니다. 그렇다고 해서 율법을 갖다 버릴 수는 없습니다. 율법은 그 기능을 잘하고 있기 때문입니다. 율법은 유대인이나 이방인 모두를 죄 아래 가두었습니다. 그 갇힌 것에서 해방되는 방법은 믿음을 통한 방법, 딱 하나입니다. 하나님은 예수 그리스도의 신실함을 통하여 모든 믿는 자들에게 약속을 주시고 복을 주십니다.

하나님은 아브라함에게 약속을 주시고 나서 모세를 통해 율법을 주셨습니다. 그 율법은 죄를 드러내어 죄의 본질을 보게 했습니다. 모든 사람이 자기는 죄가 하나도 없다고 주장할 수 없게 만들었습니다. 사람들이 아무리 치장해도 한 꺼풀 벗기면 드러나는 추악함을 율법은 보여 줍니다. 율법을 통하여 자기를 구원하려고 하는 사람들은 결국 자신의 힘으로는 자기를 구원할 수 없다는 사실을 깨닫게 됩니다. 바울이 이 구절들에서 보여 주는 율법의 용도가 바로 이것입니다. 율법은 모든 사람을 죄 아래에 가두어서 그 능력에서 벗어나게 하는 길은 도덕적인 삶이나 자기계발(self-improvement), 성취, 업적, 자격 등이 아니라, 오직 그리스도의 신실함뿐임을 깨닫게 합니다.

복음이 진정 기쁜 소식이 되는 순간은 우리가 얼마나 소망 없는 죄인인지 깨닫는 순간뿐입니다. 우리가 나 자신을 보며 '뭐 나쁘지 않아. 이 정도면 괜찮지' 하고 생각하면, 그리스도께서 나를 구원하기 위하여 자기 자신을 희생하셨다는 소식은 그다지 기쁜 소식이 아닙니다. 복음은 우리가 이미 이루어 놓은 것에 뭔가 더해서 얻어질 수 있는 것을 말하지 않습니다. 근본적으로 뒤집어져야 가능합니다. 그래서일까요? 소위 이 세상에서 잘나가는 사람들이 복음을 진정으로 받아들이기란 힘들어 보입니다. 그런 사람들은 기독교 신앙을 갖는 것이, 어쩌면 자기가 받은 많은 트로피에 한 개 더 보태는 것쯤으로 생각할지도 모르기 때문입니다. 그러나 성경은 우리의 진정한 모습이 무엇인지를 보여 줍니다. 성경을 통하여 자기 자신의 진정한 모습을 깨달은 사람만이 그리스도께 의지하게 됩니다. 나에게는 소망이 없고 오직 그리스도에게만 소망이 있기 때문입니다. 이 복음, 믿으십니까?

복음의 진리

13

새사람,
새 공동체

갈라디아서 3:23-29

23 믿음이 오기 전에 우리는 율법의 감시를 받으면서 장차 올 믿음이 계시될 때까지 갇혀 있었습니다. 24 그러므로 율법은 그리스도께서 오실 때까지 우리에게 개인교사 역할을 했으며, 그것은 우리를 믿음을 통하여 의롭다함을 받게 하시려는 것입니다. 25 그러나 그 믿음이 이제 왔으므로, 우리는 더 이상 개인교사 아래에 있지 않습니다. 26 여러분은 모두 그 믿음으로 말미암아 그리스도 예수 안에서 하나님의 자녀들입니다. 27 여러분은 모두 세례를 받아 그리스도와 하나가 되고, 그리스도를 옷으로 입은 사람들이기 때문입니다. 28 유대인이나 그리스인이나 종이나 자유인이나 남자나 여자나, 여러분 모두가 그리스도 예수 안에서 하나입니다. 29 그리고 여러분이 그리스도께 속한 사람이면, 여러분은 아브라함의 자손이요 약속을 따라 정해진 상속자들입니다.

새 시대

갈라디아서 3장 23-29절은 율법의 시대가 끝나고 그리스도께서 오셨을 때의 변화를 극적으로 보여 줍니다. 그리스도께서 오시고 우리가 그분과 하나가 될 때, 그리스도께서 아브라함의 자손이었던 것처럼 우리도 아브라함의 자손이 됩니다. 아브라함의 자손이 되면 아브라함에게 약속된 복을 받습니다.

29절에서 바울은 그리스도와 하나 된 사람들을 가리켜 "아브라함의 자손"이라고 부르고 있습니다. 다시 단수를 사용합니다. 아브라함의 자손으로서 약속을 따라 정해진 상속자들이 된 것을 말하고 있습니다. 상속자들이 받을 유산을 생각해 보면 매우 놀랍습니다. 갈라디아서에 언급된 것만 보아도 "하나님의 나라"(5:21), "영생"(6:8), "새 창조"(6:15) 등입니다. 이 모든 것은 3장 26절에 나와 있는 대로, 하나님의 자녀로서 거저 받게 됩니다. 어떻게 하나님의 자녀가 될 수 있을까요? 바울은 우리가 "그 믿음"(25절)으로 말미암아 그리스도 예수 안에서 하나님의 자녀들이라고 말합니다. 믿음이 열쇠입니다. 그렇다면 "그 믿음"이 무엇입니까? 23절부터 살펴보겠습니다.

그 믿음이란?

23절에서 바울은 '그 믿음이 오기 전의 상태'를 설명합니다. 그 믿음이 오기 전에 우리는 율법에 의해 감옥에 갇힌 상태였다고 묘사합니다. 지난 장에서 우리는 율법의 두 가지 목적을 살펴보았습니다. 첫째는 죄를 알게 하는 것이고 둘째는 죄를 제어하는 것이라고 했습

복음의 진리

니다. 첫 번째 내용은 지난 장에서 설명을 했고, 이제 그 두 번째 내용이 23-24절에 요약되어 있습니다. 우리는 율법의 감시와 율법의 보호 관리를 받고 있었습니다. 그것을 설명하기 위해 바울은 "개인교사"(돌봄교사)라고 번역된 '파이다고고스'의 이미지를 비유로 사용합니다. 파이다고고스는 로마 제국 시대에 집안의 어린아이들을 돌보는 가정교사 같은 역할을 하는 노예를 일컫습니다. 파이다고고스는 어린아이가 학교에 가고 올 때 보호하고, 집 안에서도 위험한 행동을 하지는 않는지 감독하고 보호하는 역할을 했습니다. 하지만 파이다고고스는 가족이 아니었습니다. 아이가 일정한 나이가 되면 그 역할이 끝납니다. 바울은 율법이 그런 역할을 했다고 설명합니다. 율법은 그 믿음이 올 때까지만 역할을 했을 뿐입니다.

율법을 통해서는 생명을 얻거나 의롭다함을 받지 못합니다. 율법은 죄를 알게 하고 범죄를 제어하는 통제력을 발휘하지만, "그 믿음"(25절)이 옴으로써 역할이 끝났습니다. 그 믿음은 무엇입니까? 24절에서 바울은 "그리스도께서 오실 때까지"라는 표현을 씁니다. 그것은 "그 믿음"과 "그리스도"가 동의어임을 보여 줍니다. 즉, 바울이 말하는 "그 믿음"은 "그리스도의 신실함"을 의미합니다. 그리스도의 신실함은 그리스도께서 십자가에서 보여 준 그분의 순종과 희생적인 죽음을 요약하는 표현입니다. 그리스도의 신실함을 통해 우리는 하나님의 자녀가 될 수 있었습니다. 그런데 그 믿음, 즉 그리스도의 신실함이 우리를 자동으로 하나님의 자녀로 만들어 주지는 않습니다. 그리스도를 믿어야 합니다. 그분을 믿는다는 것은 그에게 나의 삶 전체를 맡긴다는 의미입니다. 그리스도가 이미 왔기 때문에 율법의 제어하는 기능이 끝나고 새로운 시대가 열린 것입니다.

하나님의 자녀

26-29절은 3장 전체의 결론입니다.

(1) 먼저, 바울이 23절부터 계속 써온 "우리"가 "여러분"(1인칭 복수→2인칭 복수)으로 바뀌는 데에 주목해야 합니다. 바울이 3장에서 보여 주려고 하는 모든 것을 갈라디아인들에게 적용하며 결론을 내립니다.

(2) 여기서 "여러분"은 좁게는 갈라디아인들, 조금 넓게는 이방인들, 가장 넓게는 지금 이 편지를 읽고 있는 우리 모두를 포함합니다.

(3) 따라서 우리는 모두 그 믿음으로 말미암아 그리스도 예수 안에서 "하나님의 자녀들"(26절)이 되었습니다. 이를 직역하면 "하나님의 아들들"입니다. 물론 여기에 여성들도 포함되어 있습니다. 바울은 이방인들인 갈라디아인들이 그리스도 안에서 믿음으로 받은 새로운 정체성을 일깨우려고 의도적으로 이런 표현을 쓴 것입니다. 그들은 하나님께서 모세를 통해 바로에게 말씀하신 "이스라엘은 내 아들 내 장자"(출 4:22)라는 그 정체성을 그리스도 안에서 받은 것입니다. 하나님의 아들로서 그들은 합법적인 상속자가 됩니다. 할례받을 필요 없이 믿음으로 그리스도 안에서 정당한 하나님의 아들들이 된 것입니다. 그래서 29절에서 결론적으로 말합니다. "그리스도께 속한 사람이면, 여러분은 아브라함의 자손(=이스라엘)이요 약속을 따라 정해진 상속자들"이라고요.

(4) 그렇다면 우리가 그리스도 예수 안에 있는지 어떻게 알 수 있을까요? 바울은 대답합니다. '세례를 통해 그리스도와 하나가 되

복음의 진리

었기 때문에' 알 수 있다고요(27절). 바울이 여기서 의미하는 바는 어떤 의식 같은 것이 아닙니다. 세례식이라는 의식을 통해 내가 그리스도와 하나가 된다는 뜻이 아니라, 진정한 회개와 더불어 그리스도를 나의 구주로 고백하여 그리스도와 연합하는 것을 의미합니다. 바울은 그럴 때 '우리가 그리스도를 옷으로 입는다'고 했습니다(27절). 고대의 세례 의식에서는 입고 있던 옷을 벗고 세례를 받은 후에 새로 지은 흰옷을 입었습니다. 새 옷을 입는 것은 새로운 신분을 갖고, 새로운 생명으로 들어가, 새로운 삶을 사는 것을 상징적으로 표현합니다. 그렇습니다. 우리가 그리스도를 믿고 세례를 받을 때, 그리스도와 하나가 되어 그리스도를 옷 입습니다. 이로써 새사람이 되어 부활의 능력으로 새로운 삶을 살게 됩니다. 이 모든 과정에서 핵심은 '믿음'입니다. 그 믿음이 오지 않았다면 모든 것이 불가능했습니다.

바울이 의미하는 믿음(피스티스)은 먼저 하나님의 신실함이며, 그 신실함이 예수 그리스도의 신실함으로 나타났습니다. 그 신실함이 우리에게 선물로 주어져서 우리가 믿게 된 것입니다. 이 과정 없이 믿음을 갖기란 불가능합니다. 하나님의 신실함과 예수 그리스도의 신실함, 그리고 우리의 신실함이 어우러질 때 우리는 그리스도와 하나 되어 연합합니다. 그리스도를 덧입습니다. 바울은 이렇게 권면합니다.

> 여러분은 지난날의 생활 방식대로 허망한 욕정을 따라 살다가 썩어 없어질 그 옛사람을 벗어 버리고, 마음의 영을 새롭게 하여, 하나님의 형상을 따라 참 의로움과 참 거룩함으로 지으심을 받은 새사람을 입으십시오. (엡 4:22-24)

골로새서 3장 9-10절에서도 말합니다.

서로 거짓말을 하지 마십시오. 여러분은 옛사람을 그 행실과 함께 벗어 버리고, 새사람을 입으십시오. 이 새사람은 자기를 창조하신 분의 형상을 따라 끊임없이 새로워져서, 참 지식에 이르게 됩니다. (골 3:9-10)

그리스도를 입는 것은 새사람을 입는 것입니다. 이 새사람은 마음의 영이 새롭게 되어 하나님의 형상을 따라 참 의로움과 참 거룩함으로 계속 지음을 받는 사람입니다. 이 새사람은 하나님의 형상을 따라 끊임없이 새로워지는 사람입니다. 갈라디아서 2장 20절에서 바울이 고백하는 것처럼 내가 사는 것이 아니라 오직 그리스도께서 내 안에 살 때 이것이 가능합니다. 그리스도를 입을 때 어떤 현상이 일어납니까? 하나님의 형상을 따라 끊임없이 새로워지면 세상의 반짝이는 것들에 흥미를 잃기 시작합니다. 세상에서 좋다고 하는 것에 대해 시큰둥해집니다. 오히려 영적인 것에 더 흥미가 느껴집니다. 세상에서 좋다고 인정해 주는 신분과 지위와 부와 명예가 더 이상 흥분시키지 않게 됩니다. 그런 영적인 현상이 초대교회에 분명히 있었고, 부흥이 일어난 시기마다 나타났습니다.

그러나 영적인 부흥이 지나고 나면, 교인들은 다시 세상이 인정해 주는 신분과 지위와 부와 명예를 세상과 똑같이 좋아하게 됩니다. 그래서 바울은 영적인 경험을 한 갈라디아인들에게 옛 모습으로 돌아가지 말라고 호소하는 것입니다. 우리가 귀담아들어야 하는 말씀입니다. 그리스도인으로서 처음 믿었을 때의 흥분과 새로움이 사라지고 '믿는 게 다 그런 거야' 하면서 옛날로 돌아가는 모습을 종종 봅니다. 마치 유대인들이 애굽에서 나와서 광야생활을 좀 하다 보니, "에이, 옛날에 애굽에서 살던 때가 나았는데…" 하는 것처럼 말입니다. 출애굽기와 민수기를 보면, 이스라엘 백성이 광야에서 노예로 살던 때를 그리워하는 모습이 담겨 있습니다. '그땐 고기도 마음대로 먹었고, 편히 잠잘 곳도 있었는데….' 노예로서의 고된 삶은 잊은 채 과거의 풍요로움을 그리워합니다.

(5) 28절과 29절은 결론입니다. 새사람이 되어 새 공동체에 속하게 되었습니다. 그 공동체는 세상에서 경험하던 것과 다른 현실이 있는 공동체입니다. 그리스도 예수 안에서 하나이기 때문에 이 세상에서 경험하는 사회적인 차별과 구분이 없어진 공동체입니다.

(6) 28절에서 바울은 세 가지 벽이 무너지는 것을 보여 줍니다. 왜 이 세 가지일까요? 고대 이스라엘에서 경건한 바리새인이 드리던 기도가 남아 있는데, 아침마다 일어나 하나님께 기도할 때 세 가지를 감사했다고 합니다. 자기가 이방인, 노예, 여자로 태어나지 않은 것을 감사했다는 것입니다. 바울도 전에 그렇게 기도하지 않았을까요? 이 세 가지가 대표하는 것은 인종차별, 계급차별, 성차별입니다. 첫째, 인종적으로 이방인이나 유대인이나 차별이 없어졌습니다. 율법은 그 차별을 영구화하지만, 그리스도 안에서는 차별이 없고 하나가 됩니다. 둘째, 노예와 자유인의 벽이 없어져서 동등해졌습니다. 노예나 자유인이나 그리스도 안에서 다 하나님의 자녀가 되었기 때문에 서로 형제자매가 된 것입니다. 더 이상 사회적인 계급과 힘의 차별이 없어졌습니다. 2천 년 전 로마 제국 시대에 이런 선언은 그 자체로 충격적이며 혁명적이었습니다. 셋째, 남자와 여자를 구별하는 성차별

입니다. 이제 그리스도 안에서 성차별은 불가능합니다. 우리 모두 그리스도 안에서 하나이기 때문입니다.

여기서 오해하지 말아야 할 것이 있습니다. 성적인 '차이'가 완전히 없어졌음을 주장하는 것이 아니라는 점입니다. 인종적으로 다른 점이 분명히 있습니다. 색깔이 다릅니다. 다만, 어느 색깔이 더 우월하다든지 열등하다든지 하는 차별이 없어진 것입니다. 또 지금은 노예제도가 없어졌지만, 경제적으로 가진 자와 못 가진 자의 차이가 있습니다. 그 차이 자체가 없어졌다는 주장이 아닙니다. 그리스도 공동체 안에서 새로운 창조가 이루어졌기 때문에, 이 세상에서 만들어진 인종적·계급적·성적 차별이 있을 수 없다는 것입니다. 더 이상 인종적인 차이, 계급적인 차이, 성적인 차이가 정체성을 규정짓는 마크가 아닌 것을 선언하는 것입니다. 하나님 나라의 새 창조로 말미암아 이런 차별이 없는 종말론적인 세상이 열린 것입니다. 그러나 우리가 살고 있는 이 세상은 다양한 차이를 편견, 편애, 차별, 우열, 특권, 갑과 을 등으로 변질시킵니다.

미국에 살면서 제가 피부로 느끼는 바 인종차별이 분명히 있습니다. 지난 몇 년 동안 백인과 흑인 사이에 여러 번 끔찍한 사건들이 있었습니다. 얼마 전에도 뉴욕 버팔로에서 흑인들을 향한 백인우월주의자의 잔인한 총격이 발생했습니다. 팬데믹을 지나가면서는 아시아인에 대한 차별과 공격이 심해지고 있습니다. 미국 전역에서 아시아인들을 향한 무차별 공격이 자주 일어납니다. 2022년은 4·29폭동 30주년이었습니다. 1992년에 LA에서 일어난 이 사건은 많은 한인들이 자신들이 처한 인종적인 상황을 깊이 깨닫는 계기가 되었습니다. 저는 그 당시 학업 때문에 동부 지역에 있었지만, 한인타운 근

복음의 진리

처에 사시던 부모님은 매우 위험한 상황에 놓여 일주일간 바깥출입을 못 하고 집에 갇혀 계셨습니다.

우리는 착각해서는 안 됩니다. 특히 백인들은 우리 같은 아시아 사람들을 같은 인종으로 생각하지 않습니다. 그렇다고 흑인도 아니기 때문에 우리는 중간에 낀 사람들입니다. 인종적인 차이는 분명히 존재합니다. 차이가 없다는 주장은 어리석습니다. 다만, 인종 간에 차이는 있으나 차별할 수 없다는 것을 우리는 그리스도 안에서 확신합니다. 미국 사회에 뿌리 깊이 내려 있는 인종차별에 대해 이민 1세들은 대체로 '우리가 영어를 못하고 미국 문화에 익숙지 않아서 당하는 거야'라고 생각하지만, 미국에서 태어난 2세들이 아무리 영어를 잘하고 이곳 문화에 익숙해도 피부 색깔 때문에 역시 차별을 당합니다. 실력을 쌓으면 인종차별을 극복할 수 있다고 생각하는 것도 적합하지 않습니다. 아무리 의사가 되고 변호사가 되고 나중에 정교수가 되어도 차별을 받습니다. 은근히 폄하하려 듭니다. 제 경험만 나열한다고 해도 날을 잡아야 할 정도입니다.

이러한 일이 소위 기독교 국가라고 자처하는 미국에서 벌어지고 있습니다. 정말 미국이 기독교 국가인가요? 복음의 진리가 실행되고 있는 나라인가요? 왕족 사회에서는 태생부터 신분의 차이가 있어서 그것으로 차별을 했지만, 자본주의 사회에서는 돈을 갖고 차별합니다. 발달된 자본주의와 천박한 자본주의의 차이가 무엇입니까? 인종 간의 차별도 안타깝지만, 같은 민족끼리 인격적으로 짓밟는 것을 보면 정말 가슴이 아픕니다.

한국의 경우, 초고속성장을 하다 보니 이런 부작용이 큽니다. 돈을 기반으로 온갖 차별을 하는 새로운 계급을 만들어 버린 듯합니다.

VIP 고객을 지나 VVIP 고객까지 만들어 놓고 쇼를 합니다. 유치한 모습을 보게 됩니다. 어떤 목사님이 쓰신 글을 읽었는데, 한국같이 좁은 땅에 대형 승용차가 그렇게 많은 이유가 사람들이 차를 가지고 사람을 평가하기 때문이랍니다. 차를 가지고 사람의 성공 여부를 평가하기 때문에, 사회적 지위와 품위를 위해 무리해서라도 계속 새롭고 더 크고 좋은 차로 계속 바꾸어야 한다는 것입니다.

왜 이런 차별을 만들어 놓고 그리스도인들은 나 몰라라 하는 걸까요? 갈라디아서 3장 28절을 아는 그리스도인들은 인종·계급·성차별과 같은 이 부당한 차별들에 저항해야 합니다.

바울의 혁명

그러면 우리는 세상에 나가서 다 뒤집어놓아야 할까요? 바울은 철저히 '이미/그러나 아직'(already/not yet)의 관점을 유지합니다. 즉, 그런 이상적인 상황은 그리스도 안에서 현실이지만, 아직 구시대가 완전히 지나가지 않은 상태에서 그것이 완벽히 이루어질 것이라 보지 않는 것입니다. 그래서 절망하지도, 그렇다고 그냥 손 놓고 있지도 않습니다. 그리스도께서 다시 오실 때 하나님 나라가 완성되지만, 그저 가만히 기다리고 있다가 갑자기 변하는 것이 아니기에 새 창조를 향해 한 걸음 한 걸음 나아가야 합니다. 바울은 하나님께서 교회 공동체를 통해 그 일을 하기 원하신다는 사실을 깨달았습니다.

바울이 볼 때, 교회 공동체는 복음의 '이미'(already)의 면이 현실이 되는 대안 공동체입니다. 그래서 그리스도인들은 먼저 교회 공동체 안에서 인종적·계급적·성적 차별이 없도록 실현해 가야 합니다.

　　　　　　　　　　　　　　　복음의 진리

노예제도를 불법으로 만드는 데 수백 년이 걸렸습니다. 그리스도인들이 많은 공헌을 했습니다. 그러나 또한 뼈아픈 사실은 편견에 사로잡힌 그리스도인들이 방해한 역사도 있습니다. 그리스도인들이 교회 안에서 이를 실현하지 못하면, 하나님 나라가 세상 전체에 오기란 불가능합니다. 바울의 윤리적인 비전은 교회 공동체 안에서 하나님 나라의 이상을 구현하는 동시에 그리스도인들이 세상을 변화시키는 것입니다.

그리스도 안에서 새로운 정체성을 가졌다는 것은, 세상을 변화시키는 에이전트(agent)가 된다는 의미입니다. 그리스도와 연합해서 하나 된 사람들이 모여서 이루는 그리스도의 공동체는 세상의 가치관에 근거한 온갖 차별을 깨어 나가야 합니다. 저절로 되지 않습니다. 복음의 능력이 필요합니다. 우리 땅에 도착한 복음은 이씨조선 500년을 지배했던 계급차별과 성차별을 깨트릴 수 있다는 소망을 보여 주었습니다. 그렇기에 우리 조상들이 복음에 귀를 기울였다고 저는 믿습니다. 그런데 지금은 어떻습니까? 교회가 권력을 쥐고 기독교인들이 기득권 세력이 되면서 다시 차별의 벽을 세우려 하니 복음이 외면을 받습니다. 이런 상황이 계속되면 우리 민족에게 소망이 없습니다.

어떤 차별도 용납하지 않는 하나님 나라 백성의 모습을 회복해야 복음의 능력을 되찾을 수 있습니다.

> 유대인이나 그리스인이나 종이나 자유인이나 남자나 여자나, 여러분 모두가 그리스도 예수 안에서 하나입니다. (3:28)

14

종이 아니라
자녀

갈라디아서 4:1-7

1 내가 말하려는 것은 이것입니다. 상속을 받을 사람은 모든 것의 주인이지만, 어릴 때에는 종과 다름이 없고, 2 아버지가 정해 놓은 그때까지는 보호자와 관리인 아래에 있습니다. 3 이와 같이 우리도 어릴 때는 세상의 초보적인 능력 아래에서 종 노릇을 하였습니다. 4 그러나 때가 찼을 때, 하나님께서 자기 아들을 보내시어 여자에게서 나게 하시고, 또한 율법 아래에 놓이게 하셔서 5 율법 아래에 있는 사람들을 속량하시고, 우리로 하여금 자녀의 자격을 얻게 하셨습니다. 6 이제 여러분은 자녀이므로, 하나님께서 그 아들의 영을 우리의 마음속에 보내 주셔서 우리가 하나님을 "아빠, 아버지"라고 부를 수 있게 되었습니다. 7 그러므로 여러분 각 사람은 이제 종이 아니라 자녀입니다. 자녀이면, 하나님께서 세워 주신 상속자이기도 합니다.

복음의 진리

정체성

갈라디아인들의 문제는 사실 정체성의 문제였습니다. 그들은 그리스도의 복음을 받아들임으로써 하나님의 자녀가 되었었는데, 율법의 행위를 통하여 의롭게 되려는 시도를 함으로써 스스로 다시 종으로 돌아가게 되었습니다. 자기가 누구인지, 또 어떤 특권을 가지고 있는지 모르고 살아가는 모습입니다. 그런데 그들에게서 우리는 우리의 모습을 보게 됩니다. 그리스도인으로서 어떤 정체성이 있는지, 어떤 특권을 가지고 있는지 깨달아야 우리 삶이 바뀔 것입니다.

우리는 갈라디아서 4장 1-7절 말씀이 출애굽 이야기를 배경으로 쓰였음을 기억해야 합니다. 이집트에서 노예로 살 때의 이야기 (1-3절)로 시작해서, 아버지께서 정하신 때가 찼을 때 해방시켜 자녀로 입양하시고(4-5절), 광야에서 장막을 지으라 하시며 백성들과 함께하셨던 것처럼 하나님의 영으로 같이하시고 장차 약속된 땅으로 들어가는 것을 바라보게 하시는 이야기(6-7절)로 이어집니다. 이제 한 구절씩 살펴보겠습니다.

상속과 상속자

4장 1-2절에서 바울은 당시의 상속에 관한 법률을 통해 그 핵심을 설명합니다. 상속자가 아직 어릴 때에는 아버지가 정해 놓은 보호자와 관리인의 관리 아래에 있어야 하고, 나이가 찰 때까지 기다려야 상속을 받을 수 있었습니다. 그렇기에 지위는 자녀이지만 노예와 다름없는 상태에 있게 됩니다. 바울은 이스라엘의 경험을 근거로 논리를 전개합니다. 이스라엘이 이집트에서 노예생활을 할 때를 은유하고 있는데, 그들은 분명히 아브라함과 이삭과 야곱의 자녀들이었지만 노예로 살아가고 있었습니다. 그들은 분명 하나님의 자녀로서 정당한 상속자였으나, 자기들의 정당한 상속(inheritance)에 접근할 수 없었습니다. 노예로 살고 있었기 때문입니다. 바울은 하나님이 정해놓으신 때가 오기 전까지는 그들은 종으로 살면서, 보호자와 관리인의 감독 아래에 살아야 했던 것으로 설명합니다.

3절에서 바울은 "우리", 즉 '그리스도를 믿는 사람들'도 같은 상황에 있었다고 설명합니다. 그런데 바울의 설명이 놀랍습니다. "이와 같이 우리도 어릴 때는 세상의 초보적인 능력 아래에서 종 노릇을 하였습니다." 이스라엘이 이집트에서 노예로 살았을 때처럼 그리스도인들도 예수를 만나기 전까지 종 노릇 하며 살았는데, 이스라엘이 이집트의 왕 바로에게 종 노릇 한 것같이 "우리"는 '다른 파워' 아래에서 종 노릇 했다는 것입니다.

세상의 초보적인 능력

바울은 그 파워를 "세상의 초보적인 능력"(τὰ στοιχεῖα τοῦ κόσμου 타 스토이케이아 투 코스무)이라고 표현합니다. 개역개정에서는 "세상의 초등학문"이라고 번역하고 있고, 영어 성경에서는 'elemental spirits of the world'(NRSV), 'the elemental spiritual forces'(NIV), 또는 'the system of the world'(CEB)라고 번역합니다. 바울이 '스토이케이아'라고 부르는 것이 무엇인지에 대해서는 설명이 필요합니다. 이 단어는 기본적으로 '요소' 또는 '성분'(element)을 의미합니다. 예를 들면,

복음의 진리

언어의 기본은 철자(alphabet)와 그것이 어떤 소리가 나는지(a, b, c; ㄱ, ㄴ, ㄷ 등)인데, 그런 기본을 말합니다. 고대의 철학자들은 세상의 기본 요소를 '땅, 공기, 물, 불'(earth, air, water, fire)로 보았으며, 그런 것들을 '스토이케이아'라고 불렀습니다.[28] 바울이 '세상(κόσμος 코스모스)의 스토이케이아'라고 했으니, 그것을 세상의 아주 기본적인 구성 요소로 생각할 수 있습니다.[29] 그것은 어떤 가르침이 될 수도 있고, 세상의 돌아가는 원리 정도로 생각해 볼 수도 있습니다. 하지만 바울은 이 스토이케이아를 이집트의 왕 바로와 비교하고 있으므로, 단순히 어떤 가르침이라기보다는 어떤 능력(power)으로 보아야 합니다. 신명기에 보면, 모세가 이스라엘 백성이 언약을 지키지 않고 우상숭배를 할 때 어떤 일이 벌어지는지 경고하는 말씀이 반복되어 주어집니다(신 4:27-29, 28:36-37, 64). 그 구절들에서 우리는 귀중한 통찰을 얻을 수 있습니다. 그중 한 구절을 살펴보겠습니다.

> 주님께서는 당신들을 여러 민족 사이에 흩으실 것입니다. 주님께서 당신들을 쫓아 보내실 그곳 백성 사이에서 살아남을 사람이 많지 않을 것입니다. 당신들은 거기에서, 사람이 나무와 돌로 만든 신, 즉 보지도 못하고 듣지도 못하고 먹지도 못하고 냄새도 맡지 못하는 신을 섬기게 될 것입니다. (신 4:27-28)

---

28 베드로후서 3장 10, 12절에서는 '스토이케이아'를 "원소들"(새번역) 또는 "물질"(개역개정)이라고 번역하고 있다.

29 바울이 '스토이케이아'를 '세상'과 연결 지어 표현하는 의미가 무엇인지에 대해 많은 논의가 있었다(참조. David A. deSilva, *The Letter to the Galatians*, 348-353). 바울이 이 표현에 대해 설명하지 않고 지나간 이유는 갈라디아인들에게 이미 직접 설명을 했기 때문일 것이다.

여기서 주목할 표현은 "나무와 돌로 만든 신"입니다. 우상은 세상의 기본적인 구성 요소로 만들기에 '유치한' 또는 '초보적인' 원리에 기반하고 있습니다. 그런데 그런 유치하고 초보적인 원리가 사람들을 지배하고 섬기게 하는 능력을 갖고 있습니다. 왜 그럴까요? 그것들은 아무것도 아니지만[30] 사람들이 어리석게도 그렇게 만들었습니다.[31]

결론적으로 바울이 '세상의 스토이케이아'를 통해 말하려고 하는 것은 죄에 빠진 인간을 우상숭배하게 하는 어떤 세력입니다. 하나님을 대적하고 인간을 노예로 만들어 조종하고 끊임없이 괴롭히는 세력입니다. 눈에는 좋아 보이지만 하나님으로부터 점점 멀어지게 하고, 매력적이지만 잘못 걸려들면 헤어 나오지 못하게 하는 마력 같은 파워가 있는 존재입니다.

저는 그 존재를 돈, 성, 권력(money, sex, power)에 비유하여 설명하려고 합니다. 가장 기본적인 인간의 욕구에 기반한 것이고, 이것들 없이는 우리가 생존할 수 없기 때문입니다. 꼭 필요한 것들이지만, 이것들이 하나님의 자리를 대신 차지하게 될 때, 우리는 그들의 노예가 되어 파멸을 맞게 됩니다. 고대나 현대나, 이스라엘이 광야에서 경험했던 것이나, 우리가 사는 곳에서의 경험을 통해 우리는 돈, 성, 권력의 파워를 그리 어렵지 않게 설명할 수 있습니다. 그리스도를 통하여 속량받지 못하고 하나님의 자녀로 입양되지 못하면 돈, 성, 권

---

30   바울은, 우상은 사실 "아무것도 아니고" 오직 하나님 한 분밖에 없다고 말한다(고전 8:4-6).

31   더 깊은 논의를 위해서는 N. T. Wright, *Galatians*, 250-259를 보라.

력의 능력에서 벗어날 수 없을 거라고, 하나님의 말씀은 경고하고 있습니다. 우리의 능력만으로는 이 엄청난 파워를 견뎌 낼 수 없기 때문입니다.[32] 바울이 주장하는 것은 무엇입니까? 갈라디아인들은 그리스도를 받아들임으로써 이 세상의 초보적인 능력 아래에서 종 노릇 하던 상태에서 벗어나 하나님의 자녀가 되었었습니다. 그런데 그들은 어처구니없이 다시 그 밑으로 들어가 종 노릇 하게 된 것입니다. 율법은 그들을 이 종 노릇에서 해방시켜 줄 수 있는 능력이 없는데도, 그들은 율법을 통하여 자녀가 되려 하다가 어처구니없이 다시 노예가 된 것입니다.

우리와 어떤 상관이?

갈라디아서 강해를 진행하는 동안 '도대체 2천 년 전에 갈라디아 지방에 살던 이방인들의 이야기가 21세기를 살고 있는 우리와 무슨 상관이 있는 거야?' 하고 질문해 온 분들이 있을지 모르겠습니다. 그러나 우리가 경험하는 바 이와 똑같은 현상이 우리에게도 일어나고 있습니다. 그리스도를 믿어서 하나님의 자녀가 되었는데, 다시 돈, 성, 권력의 손아귀 속으로 들어가는 사람이 얼마나 많은지 모릅니다. 하나님을 믿는다고는 하지만, 마음속 가장 깊은 곳에서는, 하

---

32 '세상의 스토이케이아'를 어떻게 설명해야 할지 고민하던 중 리처드 포스터의 *Money, Sex and Power: The Challenge of the Disciplined Life* (San Francisco: Harper & Row, 1985)에 큰 도움을 받았다. (《돈, 섹스, 권력》두란노서원 역간) 최근에는 조금 다른 각도이지만 존 파이퍼가 같은 주제를 다루기도 했다. *Living in the Light: Money, Sex and Power* (Charlotte: The Good Book Company, 2016). (《존 파이퍼의 돈, 섹스 그리고 권력》생명의말씀사 역간)

나님이 아니라 '세상의 현실', '세상 돌아가는 원리'와 같은 우상을 섬깁니다. 심지어는 하나님을 믿는 이유도 돈과 권력을 더 얻기 위한 방편이고, 그래서 교회 안에서도 자리싸움에 몰입하게 됩니다. 예수를 주로 고백하지만 예수의 길은 가기 꺼려합니다. 나의 영혼 구원을 위해 십자가를 의지하지만 십자가의 길로 가는 것은 꺼립니다. 그 길로 가면 왠지 손해 볼 것 같기 때문입니다. 일단 예수의 십자가로 영혼 구원은 받아 놓았으니 이 세상에서는 세상 원리로 살아가는 것이 최고야 하는 순간, 갈라디아서의 이야기가 재현됩니다.

충만한 때

그러나 하나님은 '때가 찼을 때'(τὸ πλήρωμα τοῦ χρόνου 토 플레로마 투 크로누), 하나님의 시간(크로노스)이 충만해졌을 때, 자기의 아들을 세상에 보내셨습니다. 성경을 보다가 '보냈다'라는 단어가 나오면, 머릿속 안테나를 세우게 됩니다. '아, 선교 이야기구나! 하나님의 선교이구나!' 싶습니다. 하나님께서 하나님의 아들을 '보내는 것'이 선교입니다. 하늘 아버지의 명을 받은 아들이 순종해서 땅으로 오는 것, 그것이 선교입니다. 그 아들을 여자에게서 나게 하셨습니다. 즉, 인간이 되게 하셨습니다. 갑자기 하늘로부터 홀연히 나타난 것이 아니라, 다른 육체를 가진 인간들처럼 여자에게서 아기로 나게 하셨습니다. 사람 흉내만 내지 않고, 정말 사람이 되셨습니다. 그리고 율법 아래에 놓이게 하셨습니다. 그것은 하나님의 아들이 유대인으로 태어나게 되었다는 의미입니다.

그 이유는 4장 5절 전반부에 나와 있습니다. "율법 아래에 있는 사람들을 속량"하시기 위한 것입니다. 율법의 저주 아래 종 노릇하고 있던 사람들을 해방시키기 위해 예수께서 율법 아래에 태어나신 것입니다. 유대인과 이방인을 다 포함하여 하나님의 자녀로 입양시키려는 목적 때문이었습니다. 바울이 5절에서 사용하는 두 단어가 중요합니다. "속량"은 문자적으로 '다시 산다'(buy back)라는 의미인데, 노예제도에서 값을 치르고 해방시키는 것을 가리키는 단어(ἐξαγοράζω 엑사고라조)를 사용했습니다. 더 이상 종, 즉 노예가 아니라 자유인이 되게 하기 위해 율법 아래에 놓이셨다가 율법이 요구하는 바를 다 치르신 것입니다. 또한 "자녀의 자격을 얻게" 하는 것이라 번역된 '휘오떼시아'(υἱοθεσία)는 '입양'(adoption)을 의미합니다. 죄 가운데 있어서 진노의 자녀였던 우리를, 하나님의 적법한 자녀가 되게 하시려고 예수께서 오신 것입니다.

자녀의 특권

6-7절에서는 '자녀의 특권'에 대해 설명하고 있습니다. 자녀가 됨으로써 이전에 종으로 살 때와는 전혀 다른 정체성을 갖고 특권을 누리며 살게 되었습니다. 제가 대학에서 가르친 제자들 가운데 결혼을 해서 남학생은 목사가 되고 여학생은 의사가 된 커플이 있습니다. 남학생은 흑백 혼혈이고 여학생은 백인입니다. 이들이 두 아이를 입양해 본인들이 낳은 아들과 함께 키우고 있는데, 입양 과정이 굉장히 힘들었다고 합니다. 비용도 많이 들고 시간도 오래 걸렸습니다. 그런데 오늘 본문을 연구하면서 그런 생각이 들었습니다. '본인들이 직접 낳은 아들을 희생해야만 입양이 가능한 조건이라면 이 친구들이 어

떻게 했을까?' 말도 안 되는 이야기입니다. 내 아들을 희생해야만 다른 아이를 입양할 수 있는 조건이라면 누가 입양을 할까요?

그러나 하나님은 하셨습니다. 하나님은 자기 아들을, 때가 찼을 때, 즉 완벽한 시간에 보내어 십자가에서 희생시키셨습니다. 그로 인해 우리가 입양된 것입니다. 하나님께서 치르신 값은 자기 아들의 목숨이었습니다. 그것이 하나님의 사랑입니다. 요한일서 3장 1절은 바로 그 사랑을 노래하고 있습니다.

> 보라, 아버지께서 어떠한 사랑을 우리에게 베푸사 하나님의 자녀라 일컬음을 받게 하셨는가. (요일 3:1, 개역개정)

그렇게 입양된 우리에게 자녀로서의 특권이 주어졌습니다. 그 중 가장 큰 특권은 "그 아들의 영"을 우리 마음속에 쏟아부어 주신 것입니다. 하나님의 자녀가 아니면 받을 수 없는 그 아들의 영을 우리 마음속에 보내 주셔서(선교!) 새로운 삶을 살게 하셨습니다. 그 영이 없이는 우리 삶이 변화될 것을 기대할 수 없습니다. 나의 힘과 능력으로 나의 삶을 변화시킬 수 없습니다. 나에게는 그런 능력이 없기 때문입니다. 오직 그 아들의 영이 나를 변화시킬 수 있습니다. 그 아들의 영을 통해 열매를 맺을 수 있습니다. 바울은, 그 영을 받았기 때문에 우리와 하나님과의 관계에 근본적인 변화가 있다고 말합니다. 우리가 하나님의 자녀로서의 정체성을 회복하는 것, 그 영을 받아서 변화받을 수 있는 것은 우리가 하나님의 자녀로서 누리는 특권입니다. 하나님의 자녀가 된 우리는 이제 새로운 관계 안에서 하나님께 접근할 수 있습니다.

아빠, 아버지

마가복음 14장에는 예수께서 십자가에서 처형당하시기 전, 겟세마네 동산에서 기도하는 장면이 기록되어 있습니다. 예수님은 "내 마음이 근심에 싸여 죽을 지경"(막 14:34)이라고 고백하십니다. 그리고 "땅에 엎드려 기도하기를, 될 수만 있으면 이 시간이 자기에게서 비껴 가게 해달라"(막 14:35)고 하셨습니다. 마가는 그 기도를 이렇게 인용했습니다.

> 아빠, 아버지, 아버지께서는 모든 일을 하실 수 있으시니, 내게서 이 잔을 거두어 주십시오. 그러나 내 뜻대로 하지 마시고, 아버지의 뜻대로 하여 주십시오. (막 14:36)

"아빠, 아버지!" 아빠는 '아버지'를 뜻하는 아람어입니다. 우리 말의 아빠와 발음이 거의 비슷하다 보니 어린아이가 아버지를 부르는 것과 같다고 오해하여 설명하는 이들이 많습니다. 하지만 이것은 성인이 친근하게 '아버지' 하고 부르는 의미입니다. 우리가 그 아들의 영을 받아 "아빠, 아버지"라고 부를 수 있게 되었다는 말은, 우리가 하나님의 자녀가 되어 예수님처럼 하나님께 친밀하게 접근할 수 있게 된 특권을 표현합니다. 갈라디아서 4장 6절과 마가복음 14장 36절의 어구(αββα ὁ πατήρ 압바 호 파테르)는 정확히 일치합니다.

그런데 바울은 똑같은 논리를 로마서에서도 펼칩니다.

> 여러분은 또다시 두려움에 빠뜨리는 종살이의 영을 받은 것이 아니

라, 자녀로 삼으시는 영을 받았습니다. 그래서 우리는 그 영으로 하나님을 "아빠, 아버지"라고 부릅니다. 바로 그때에 그 성령이 우리의 영과 함께, 우리가 하나님의 자녀임을 증언하십니다. 자녀이면 상속자이기도 합니다. 우리가 그리스도와 함께 영광을 받으려고 그와 함께 고난을 받으면, 우리는 하나님이 정하신 상속자요, 그리스도와 더불어 공동 상속자입니다. (롬 8:15-17)

바울은 여기서도 똑같이 "아빠, 아버지"라고 부를 수 있는 특권에 대해 말하고 있습니다. 그런데 자녀로서 하나님께 접근할 수 있는 특권을 사용하며 하나님을 "아빠, 아버지"라고 부르는 상황이 예사롭지 않습니다. 마가가 인용한 예수님의 기도는 예수께서 그 마음이 근심으로 싸여 죽을 지경이 된 상태에서 울부짖는 기도입니다. 땀이 피가 되어 떨어지도록 혼신을 다해 울부짖는 기도를 기록한 것입니다. 우리말 성경에는 아빠 아버지로 '부른다'로 되어 있지만, 그 의미는 사실 '울부짖다'(κράζω 크라조)입니다. "아버지" 하고 그냥 부르는 것이 아니라, 울부짖고 비명 지르는(scream, shriek) 것입니다.[33] 이 동사는 환난에 처한 사람이 간절히 살려 달라고 울부짖는 상황을 묘사합니다. 우리가 하나님의 자녀로서 그 아들의 영을 받아 하나님을 아빠 아버지라고 부르는 상황은 편한 상태를 묘사하는 것이 아닙니다. 바울과 마가는 매우 어려운 상황을 묘사하고 있습니다. 환난 중에서 하나님께 울부짖는 상황입니다.

바울이 하나님의 자녀로서 입양된 특권을 이야기하면서 '아빠,

---

33   BDAG, s.v. "κράζω."

아버지로 울부짖을 수 있는 특권'에 관해 말하는 것은 시사하는 바가 큽니다. 하나님의 자녀로 산다는 것은 삶의 모든 어려움이 갑자기 없어지고 모든 일이 형통하게 된다는 의미가 아닙니다. 하나님께서 그의 자녀들을 다루시는 방법은 성경 전반에 걸쳐 드러나 있습니다. 좋은 게 좋은 식으로 그냥 잘되게 하고 형통하게 하시지 않습니다. 이스라엘의 역사를 보면 금방 알 수 있습니다. 신약의 이야기를 보아도 금방 알 수 있습니다. 하나님께서 그렇게 하시는 것은 우리가 하나님의 사랑하는 자녀이기 때문입니다. 히브리서 12장 6-8절은 그 점을 잘 보여 줍니다.

> "주님께서는 사랑하시는 사람을 징계하시고, 받아들이시는 아들마다 채찍질하신다." 징계를 받을 때에 참아 내십시오. 하나님께서는 자녀에게 대하시듯이 여러분에게 대하십니다. 아버지가 징계하지 않는 자녀가 어디에 있겠습니까? 모든 자녀가 받은 징계를 여러분이 받지 않는다고 하면, 여러분은 사생아이지, 참 자녀가 아닙니다. (히 12:6-8)

어려움이 닥칠 수 있습니다. 환난에 빠질 수 있습니다. 하나님께서 우리를 사랑하시기 때문입니다. 다만, 우리가 하나님의 자녀의 특권을 모를 때 대처하는 방법과 이 특권을 알 때 대처하는 방법이 다릅니다. 이제 우리는 "하나님이 나에게 어떻게 이렇게 하실 수 있어?" "하나님 믿는데 왜 이렇게 일이 안 풀려?" 이렇게 불평하지 않습니다. 어려움이 닥칠 때 세상은 '탓하는' 방식을 씁니다. 나 자신을 탓하고, 다른 사람을 탓하고, 심지어는 하나님을 탓합니다. 죄책감과 수치심, 억울함에 억눌려 숨을 쉬지도 못하며 속으로 썩어들어

갑니다. 그러나 하나님의 자녀로서 우리는 하나님을 "아빠, 아버지"라 부르며 나아갑니다. 눈을 들어 하나님을 바라보며 그분의 자녀로서 솔직하게 우리의 필요를 하나님께 쏟아놓고 의지하며 나아갑니다. 키르케고르는 "기도의 기능은 하나님을 바꾸어서 우리의 뜻을 이루는 것이 아니라 기도하는 사람을 바꾸어 놓는 것이다"("The function of prayer is not to influence God, but rather to change the nature of the one who prays.")라고 했습니다. 하나님의 자녀 됨을 어떻게 확신할 수 있을까요? 고난에 대처하는 모습을 보면 됩니다. 하나님의 자녀로서 당당하고 자신감 있게 고난에 대응하는지, 아니면 잔뜩 움츠린 채 불평에 가득 차서 '남탓 게임'(blame game)만 하고 있는지가 결정합니다.

이제 바울은 7절에서 이렇게 선언합니다. "그러므로 여러분 각 사람은 이제 종이 아니라 자녀입니다. 자녀이면, 하나님께서 세워 주신 상속자이기도 합니다." 바울은 "우리", "너희"처럼 복수를 사용하다가 갑자기 단수를 사용합니다. 수사학적으로 빛나는 순간입니다. "너는", "당신은", 또는 "여러분 각 사람은"이라고 번역할 수 있습니다. 마치 편지를 읽어 주던 사람이 한 사람 한 사람 지목하며 "당신은 이제 종이 아니라 자녀입니다!"라고 하듯이 바울은 한 사람 한 사람을 자녀로 돌보시는 하나님을 드러냅니다.

하나님의 자녀

정말, 갈라디아인들의 문제는 정체성의 문제였습니다. 하나님의 아들을 통해 놀라운 특권을 가진 하나님의 자녀가 되었던 사람들이 어처구니없이 다시 종이 되어 버렸습니다. 마치 이집트에서 건져냄

복음의 진리

을 받아 이제 압제 속에서 노예로 살지 않는 자유를 선물로 받은 사람들이 이집트 생활을 그리워하며(그토록 빠져나오고 싶어 했으면서!), 이집트로 다시 돌아가려고 한 상황을 연상시킵니다. 아직 바울은 "자유"에 대해 본격적으로 논의하고 있지 않지만, 갈라디아인들은 율법 아래에 다시 들어감으로써 자신들이 은혜로 받았던 자유를 포기하고 그리스도의 죽음을 헛되이 만드는 행동을 하게 된 것입니다(2:21). 우리 역시 정체성이 분명해야 합니다. 그래야 은혜로 받은 자유를 어리석게 걷어찬 채 세상의 온갖 원리에 묶여 노예같이 얽매여 살지 않게 됩니다.

우리는 예수 그리스도 안에서 우리가 누구인지를 분명히 알아야 합니다. 그리할 때 어떠한 어려움이 닥쳐도 하나님의 자녀로서 그것을 조금도 이상하게 생각하지 않고 살아가게 됩니다. 우리의 정체성이 확실할 때, 오히려 고난이 닥쳐도 기뻐할 수 있습니다. 하나님의 사랑이 확인되는 순간이기 때문입니다. 하나님의 적법한 자녀로서 "아빠, 아버지" 하고 울부짖게 될 수 있기를 기도합니다. 우리는 두려움에 빠뜨리는 종살이의 영이 아니라 자녀로 삼으시는 영을 받았습니다. 그 영이 내 안에 있기에 자신 있게 하나님을 "아빠, 아버지"로 부르며 나아갈 수 있습니다. 하나님의 자녀로서 그 복을 누리며 살게 되기를 축원합니다.

15

하나님이
아는 사람

갈라디아서 4:8-11

8 그러나 전에는 여러분이 하나님을 알지 못해서, 본질상 하나님이 아닌 것들에게 종 노릇을 하였지만, 9 그러나 이제, 여러분이 하나님을 알게 되었습니다. 아니, 하나님이 여러분을 아신 바 되었습니다. 그런데 어찌하여 무력하고 천박한 원리로 되돌아가서 다시 그것들에게 종 노릇 하려고 합니까? 10 여러분이 날과 달과 계절과 해를 지키고 있으니 11 내가 여러분을 위하여 수고한 것이 헛수고가 된 것이 아닐까 두렵습니다.

주권의 문제

이 장에서 살펴볼 갈라디아서 4장 8-11절은 1-7절을 요약하고 결론짓는 말씀입니다. 하나님의 정하신 때가 차서 이제는 종이 아니라 자녀로 살게 하셨으니 그 뜻을 알아 자녀로서의 정체성을 가지고

복음의 진리

합당하게 살라는 내용입니다.

4장 1-7절에서 출애굽을 배경으로 유대인들의 상황을 설명("우리" → "여러분 각 사람은")했던 바울은 이제 8절에서는 이방인이었던 갈라디아 교인들에게 집중("여러분" → "너희가")합니다. 그리스도를 알지 못하던 그들의 과거를 상기시킵니다. 전에는 그들이 하나님을 알지 못해서, 하나님이 아닌 것들에 붙잡혀 종 노릇을 했습니다. 사실 우리가 그리스도를 만나기 전에는 하나님을 알 도리가 없습니다. 그것을 '무지'(ignorance)라고 합니다. 이 무지는 지식적인 무지가 아닙니다. 아무리 깊은 학문을 쌓아도 하나님을 모를 수 있습니다. 철학, 과학, 사회학, 역사학, 심리학 등과 같은 세상 학문을 아무리 깊게 파도 하나님을 모를 수 있습니다. 왜냐하면 하나님을 아는 지식은 영적인 지식이기 때문입니다. 인간을 구성하는 영적인 면이 막혀 있으면 다른 면의 지식이 아무리 깊어도 하나님을 알 수 없습니다. 하나님이 인간을 창조하셨을 때 직접 그 숨을 사람에게 불어넣어 살아 있는 영이 되게 하셨습니다. 하나님의 숨, '루아흐'(רוח)는 '하나님의 영'의 다른 표현입니다. 히브리어 '루아흐'는 그리스어로 '프뉴마'(πνεῦμα)이며, 숨과 영은 같은 단어입니다. 우리가 하나님을 아는 지식을 갖게 되는 것은 영적인 현상입니다.

그런데 하나님을 알지 못하는 상태가 중립적으로 지속되지 않고 하나님을 알지 못하는 상태가 되면, 다른 세력이 하나님의 자리를 차지합니다. 그러고는 우리의 주인으로 등극합니다. 지금 바울이 묘사하고 있는 상태가 바로 그런 것입니다. 갈라디아인들 중 이렇게 반문하는 사람이 있었을지 모릅니다. "응? 난 아무도 주인으로 섬긴 적도 없고 종살이한 적도 없는데?" 우리 또한 그렇게 반문할 수 있습니다. "내가 하나님 믿기 전에 노예 상태였다고? 나는 누구를 나의 주인으로 인정한 적도 없고 섬긴 적도 없는데? 항상 내가 내 삶의 주인이었는데?" 하지만 바울이 보는 견해는 다릅니다. 만약 인간이 하나님을 주인으로 섬기지 않으면, 다른 존재에게 속하게 되어 노예 상태가 되어 버립니다. 그런데 사람들은 아무에게도 속하지 않았다고, 내 삶의 주인은 나이며 내 마음대로 살아왔다고 생각합니다. 하지만 바울은 그런 상태가 바로 속고 산 상태라고, 내가 내 마음대로 산 것 같지만 사실은 어떤 존재 또는 세력에 의해 노예 상태가 되어 종살이한 것이라고 지적합니다. 자기계발서에서 항상 하는 이야기가 "자기를 찾아라", "자기의 목소리를 내어라", "남의 인생 살지 말고 너의 인생을 살아라", "세상에서 정해 주는 기준 말고 네 기준으로 살아라"입니다. 저 역시 이런 주장에 일면 동의합니다. 남의 인생 살지 말고 자기 자신의 인생을 살아야 합니다. 하나님도 우리가 그렇게 살기를 원하십니다. 그런데 어떻게 그렇게 살 수 있습니까?

내 인생 살기

남의 인생 말고 자기 인생을 살아야 하는데, 세상이 말하는 그 방법에는 사실 문제가 있습니다. 성경은 내 인생을 살기 위한 첫 번째 스텝으로 올바른 주인을 찾아야 한다고 말합니다. 왜냐하면 내 인생의 주인은 내가 아니기 때문입니다. "너를 창조하신 주인을 찾아라." 이것이 나를 찾는 가장 중요한 첫걸음입니다. 우리는 피조물입니다. 절대 우리 스스로 존재할 수 없습니다. 나의 삶의 주인은 내가 아닙니다. 나를 지으신 이가 나의 삶의 주인입니다. 하나님을 모르

복음의 진리

면 나 자신도 나를 알 수 없습니다. 하나님을 앎으로써 나 자신이 누구인지 알게 됩니다. 하나님을 모르고서는 나를 발견할 수 없습니다. 그것이 9절에서 말씀하는 내용입니다. "그러나 이제, 여러분이 하나님을 알게 되었습니다. 아니, 하나님이 여러분을 아신 바 되었습니다." 바울의 수사학은 자기 자신의 말을 바로잡습니다.[34]

그러나 이제 여러분이 하나님을 알게 되었습니다. 아니, 하나님이 여러분을 아신 바 되었습니다. 하나님을 아는 것 정도가 아니라 하나님이 '우리를' 알게 된 것입니다!(But you have known God; but rather you have been known by God!) 우리에게는 하나님을 알 만한 능력이 없습니다. 하나님께서 우리를 알아주실 때 우리도 하나님을 알게 됩니다. 하나님이 우리를 아는 것이 먼저입니다. 하나님을 알게 될 때 우리는 우리 자신도 발견하게 됩니다. 우리가 하나님을 주인으로 인정하고 그의 주권을 인정하면 할수록 하나님은 우리에게 자유를 주십니다. 그래서 우리는 우리의 목소리를 찾고 나를 찾고 자유를 누리며 살게 됩니다.

그러나 본디 하나님이 아닌 것들은 그렇지 않습니다. 정반대입니다. 너 자신을 찾게 해주고 너를 네 삶의 주인으로 살게 해주겠다고 유혹하지만, 오히려 종으로 만들어 버립니다. 그들을 주인으로 인

---

34 수사학적으로 이런 용법을 'correctio'라고 일컫는다. 바울은 같은 수사학을 로마서 1장 11-12절에서 사용한다. 로마에 가서 자기의 영적 은사를 나누어 주려고 한다고 했다가(11절), 곧 "서로의 믿음으로 서로 격려를 받고자" 함(12절)이라고 수정한다. Corretio에 관해 자세히 보려면, H. Lausberg, *Handbook of Literary Rhetoric: A Foundation for Literary Study*, ed. David E. Orton and R. Dean Anderson, trans. Matthew T. Bliss, Annemiek Jansen and David E. Orton (Leiden: Brill, 1998), 346-349, §§ 784-786을 참조하라.

정한 적도 없는데, 우리를 속박하고 우리의 자유를 빼앗아 갑니다. 질질 끌려다니며 살게 만듭니다. 세상의 소리를 우리 귀에 대고 어찌나 크게 트는지, 나 자신의 목소리는 들리지 않습니다. 남의 인생 살지 말고 너 자신의 인생을 살라고 하지만, 결국 자기 인생을 찾지 못하고 끌려다니기만 합니다. 내가 뭘 원하는지 무엇을 위해 살고 있는지도 모른 채 세상이 정해 놓은 코스를 따라 끌려다닙니다. 그렇게 안 하면 인정도 못 받고 무시당하고 남에게 뒤처져 매일 그 모양 그 꼴로 찌질하게 살 것이라는 두려움에 휩싸여 살아갑니다. 종살이의 모습입니다.

젊은이들 사이에서 유행하는 헬조선이니 흙수저이니 하는 말을 들으면 참 마음이 아픕니다. 요즘은 '공정', '정의' 같은 단어도 심심찮게 들리나, 사실 그 내용이 특별히 다르지 않습니다. 자기 노력이 아니라 부모 잘 만나서 잘나가고, 권력과 돈, 지위가 있는 사람들의 자녀들이 불공정하게 누리는 것에 분노하여 공정과 정의를 이야기합니다. 그런데 여기에도 자조적인 맥락이 깔려 있습니다. 잘나가는 부모를 못 만났으니 자신에게는 희망이 없다는 호소입니다. 아무리 노력해도 굴레를 벗어날 수 없다며 절망에 휩싸여 있습니다.

무력하고 천박한

그런데 그렇게 살던 갈라디아인들이 그리스도를 만났습니다. 그로써 하나님이 알아주시고 하나님을 알게 되었는데, 잘못된 가르침에 빠져 세상의 "초보적인 능력"(4:3)으로 되돌아가게 된 것입니다. 바울은 그 "초보적인 능력"(στοιχεῖα 스토이케이아) 앞에 두 개의 형용사를 붙여서 부릅니다. "무력하고 천박한", "약하고 천박한"(9절, 개역개정)으로 번역할 수 있습니다. 영어 성경으로 보면, "weak and beggarly"(NRSV), "weak and worthless"(CEB)입니다. 지난 장에서도 논의했듯이 세상의 초보적인 능력은 우리를 우상숭배하게 하는 어떤 세력입니다. 본질상(φύσει 푸세이) 하나님이 아닌 것들이지만 하나님같이 행동하는 짝퉁 세력입니다.

그 세력의 대표격은 '돈, 성, 권력'입니다. 서구의 역사 속에서 이 세 가지는 또한 큰 영향을 끼친 세 인물로 요약될 수 있습니다. 마르크스, 프로이트, 니체입니다![35] 인간의 역사를 움직이는 세력이 무엇인지 간파하고, 인간 역사의 궤적을 분석해 내어 결론 지은 사람들입니다. 돈과 성과 권력! 그런데 이 세 가지는 매우 큰 힘을 가지고 있습니다. 여기에 빠지면 도저히 헤어 나오지 못할 정도로 인간을 강력하게 장악해 버립니다. 그런데 놀랍게도 바울은 이 세력을 "무력하고 천박"하다고 공박합니다. 왜 그렇습니까? 우리를 종살이에서 벗어나게 해줄 능력이 없기 때문입니다. 하나님과는 비교조차 할 가치가 없

35　이 세 인물은 계몽주의 이후 무신론적인 서구 사상을 상징하는 사람들이다. 마르크스는 인류 역사의 흐름을 '돈'(경제)으로, 프로이트는 '성'으로, 니체는 '권력'으로 분석했다. 이에 대해서는 미셸 푸코의 분석이 가장 유명할 것이다. 더 자세한 내용은 그의 저술 "Nietzsche, Freud, Marx," in *Nietzsche, Cahiers de Royaumont* (Paris: Les Éditions de Minuit, 1964), 183-200을 보라. 푸코는 그들을 "masters of suspicion"으로 부르며 "의심의 해석학"(Hermeneutics of Suspicion)의 시조라고 주장한다. 폴 리쾨르 또한 이들을 묶어 "의심 학파"(school of suspicion)라고 일컫는다. 이에 대해서는 *Freud and Philosophy: An Essay on Interpretation* (New Haven: Yale University Press, 1970)을 참고하라. 로버트 뱅크스는 복음의 관점에서 비슷한 분석을 시도한다. *And Man Created God: Is God a Human Condition?* (Oxford: Lion Hudson, 2011). 《그리스도인을 위한 무신론 사용설명서》새물결플러스 역간)

는 존재들입니다. 진짜가 아닌 짝퉁이기 때문입니다. 하나님을 아는 바울의 입장에서 보면, 이 세력들은 무력하고 천박하기 짝이 없습니다.

그런데 하나님을 알았던 사람들이 어떻게 그들에게 다시 돌아가 종 노릇 하게 된 것일까요?

메뚜기와 젖과 꿀

사실 이런 이야기는 그렇게 드물지 않습니다. 말도 안 되는 이야기라고 생각할지 모르지만, 성경에서도 우리 삶에서도 자주 일어나는 이야기입니다. 민수기 13장에 보면, 하나님께서 약속하신 땅 가나안으로 들어가기 위해 모세가 먼저 스파이를 보내어 정탐하는 장면이 등장합니다. 그런데 그들에게서 두 종류의 보고가 나옵니다. 대부분의 스파이들은 그곳은 거인들이 사는 곳이어서 도저히 점령할 수 없다고, 그들과 비교해 보니 자신들은 메뚜기 같다고 보고합니다. 그러나 여호수아와 갈렙은 그곳은 젖과 꿀이 흐르는 땅이며, 하나님께서 같이하신다면 충분히 점령할 수 있다고 보고합니다. 왜 이런 차이가 생겼을까요? 이스라엘은 누구의 보고를 듣고 믿었습니까? 민수기 14장 1-3절에 보면, 그들의 반응을 알 수 있습니다.

온 회중이 소리 높여 아우성쳤다. 백성이 밤새도록 통곡하였다. 온 이스라엘 자손이 모세와 아론을 원망하였다. 온 회중이 그들에게 말하였다. "차라리 우리가 이집트 땅에서 죽었더라면 더 좋았을 것이다. 아니면 차라리 우리가 이 광야에서라도 죽었더라면 더 좋았을 것이다. 그런데 주님은 왜 우리를 이 땅으로 끌고 와서, 칼에 맞아 죽게 하는가? 왜 우리의 아내들과 자식들을 사로잡히게 하는가? 차라리 이집트로 돌아가는 것이 좋겠다!" (민 14:1-3)

"차라리 이집트로 돌아가는 것이 좋겠다!" 참 놀라운 반응이 아닙니까? 우리도 영적으로 이런 상태에 빠질 수 있습니다. 우리 앞에 닥쳐온 어려움을 보면서 나 자신이 정말 작아집니다. 쭈그러듭니다. 앞에 있는 어려움은 도저히 헤쳐 나갈 수 없을 것 같은 거인 같고, 나 자신은 메뚜기같이 작아 보입니다. 너무 초라해 보입니다. 절망합니다. 그리고 원망하기 시작합니다. 남탓 게임을 하는 것입니다.

형식주의

10절에서 우리는 갈라디아인들이 그들의 믿음을 "날과 달과 계절과 해"를 지키는 외형적인 형식주의로 만들어 버린 것을 볼 수 있습니다.[36] 우리가 진정한 믿음을 갖지 못하고 하나님을 신뢰하지 못하는 가운데 일어나는 현상이 바로 외형적인 형식주의에 기대는 것입니다. 경건의 모양은 유지하지만 경건의 능력은 없는 상태, 알맹이는 없이 껍데기만 남게 되는 상태입니다. 예를 들어, 말씀을 계속해서 읽어도 살아 있는 말씀의 능력은 경험하지 못한 채, 큐티를 해야

---

36 바울은 "율법의 행위"가 가리키는 세 가지(할례법, 음식법, 안식일법) 가운데 '음식법'과 '안식일법'을 먼저 다룬 다음, '할례'에 대해서는 5장에 가서야 직접 언급한다.

한다는 강박으로 계속해 나가는 것입니다. 우리가 만들어 놓은 "날과 달과 계절과 해"가 있는지 점검해 보아야 합니다.

삶의 의미

오늘 본문은 그리스도인으로 살아간다는 의미가 무엇인지 보여 줍니다. 그리스도인은 종이 아닌 하나님의 자녀로서의 특권을 누리며 하나님을 신뢰하며 살아갑니다. 그리스도인은 외형적인 형식주의가 아닌 마음속 가장 깊은 곳에서 하나님을 의지하며 삽니다. 우리는 하나님이 아신 바 된 사람들, 곧 하나님이 아는 사람들입니다.

18세기 유명한 찬송가 〈어메이징 그레이스〉(Amazing Grace, 찬송가 305장 〈나 같은 죄인 살리신〉)를 지은 존 뉴튼(John Newton)의 이야기는 좋은 예가 될 것입니다. 그는 외아들로 자랐는데, 일곱 살에 어머니를 잃고 열한 살 때부터 아프리카에서 노예를 잡아다 파는 일을 했습니다. 그의 전기를 읽어 보면, 그가 어릴 때부터 얼마나 악랄한 노예 상인이었는지가 기록되어 있습니다. 스물세 살이던 1748년 3월 10일, 그가 탄 배가 폭풍우를 만나 침몰할 위험에 처합니다. 그는 하나님께 살려 달라고 울부짖으며, 살려만 주신다면 다른 사람이 되겠다고 약속합니다. 기적적으로 그는 살아남았습니다. 그리고 정말 다른 사람이 됩니다. 자기가 지은 죄가 얼마나 악한지, 노예들의 주인인 줄 알았던 자신이 사실은 죄의 노예였음을 깨닫습니다. 〈어메이징 그레이스〉의 멜로디는 잡혀가던 아프리카 흑인 노예들이 배에서 부른 곡조라고 전해집니다. 특히, 피아노의 검은 건반으로만 그 멜로디를 치게 되어 있었답니다. 존 뉴튼은 자기가 어떤 사람이었고 어떻게 변화되었는지를 항상 기억하기 위해 책상 머리맡에 이 말씀을 크게 적어 놓았다고 합니다.

너는 애굽 땅에서 종 되었던 것과 네 하나님 여호와께서 너를 속량하셨음을 기억하라. (신 15:15, 개역개정)

전에는 우리도 죄의 종이었으나 그리스도께서 십자가를 통해 속량하여 자녀 삼았음을 항상 기억합시다. 우리는 하나님이 아는 사람들입니다. 우리가 하나님을 알고 사랑하기 전에 먼저 그 팔을 벌려 우리를 안아 주셨습니다. 오직 하나님만이 소망입니다.

여호와께서 열방의 목전에서 그의 거룩한 팔을 나타내셨으므로 땅끝까지도 모두 우리 하나님의 구원을 보았도다. (사 52:10, 개역개정)

16

그리스도의 형상

갈라디아서 4:12-20

12 형제자매 여러분, 내가 여러분과 같이 되었으니, 여러분도 나와 같이 되기를 바랍니다. 여러분이 내게 잘못한 일은 없습니다. 13 그리고 여러분이 아시는 바와 같이, 내가 여러분에게 처음으로 복음을 전하게 된 것은 내 육체의 약함이 그 기회가 되었습니다. 14 내 몸에 여러분에게 시험이 될 만한 것이 있었는데도, 여러분은 나를 멸시하지도 않고 외면하지도 않았습니다. 여러분은 나를 하나님의 천사와 같이, 그리스도 예수와 같이 영접해 주었습니다. 15 그런데 여러분의 그 복된 마음이 지금은 어디에 있습니까? 나는 여러분에게 증언합니다. 여러분은 할 수만 있었다면, 여러분의 눈이라도 빼어서 내게 주었을 것입니다. 16 이제 내가 여러분에게 진리를 말하기 때문에 여러분의 원수가 되었습니까? 17 그들이 여러분에게 열심을 내는 것은 좋은 뜻으로 하는 것이 아니라, 여러분을 내게서 떼어놓아서, 여러분이 자기들을 열심히 따르게 하려고 하는 것입니다. 18 그러나 그들이 좋은 뜻으로 여러분에게 열심을

복음의 진리

낸다면, 그것은 내가 여러분과 함께 있을 때뿐만 아니라 언제든지 좋은 일입니다. 19 나의 자녀 여러분, 나는 여러분 속에 그리스도가 형성되기까지 다시 해산의 고통을 겪습니다. 20 이제라도 내가 여러분을 만나 어조를 부드럽게 바꾸어서 말할 수 있으면 좋겠습니다. 나는 여러분의 일을 어떻게 하면 좋을지 당황하고 있습니다.

감정적인 호소

갈라디아서 4장 12-20절에는 바울의 상당히 감정적인 호소가 들어 있습니다. 당황하고 섭섭한 마음이 여력히 드러납니다. 그는 갈라디아 교회 교인들을 자기의 '자녀'(τέκνα μου 테크나 무)라고 부릅니다. 그가 영적으로 낳은 사람들이기 때문입니다. 바울과 갈라디아 사람들 사이에는 처음부터 특별한 관계가 있었습니다. 바울이 그들에게 복음을 전하게 된 사정은 "육체의 약함"(13절) 때문이었습니다. 새번역은 "육체가 병든 것"이라고 풀이했는데, 개역개정이 좀 더 솔직하고 직접적이게 번역하고 있습니다. "약함"(ἀσθένεια 아스떼네이아)은 고린도후서 12장 7절에서 말하는 "육체의 가시"와 관련이 있습니다. 바울은 하나님의 능력이 자기의 "약함" 안에서 완전해진다고 고백합니다. 갈라디아서 6장 17절에서 바울은 "예수의 낙인"을 지니고 다닌다고 고백합니다. 그가 말하는 예수의 낙인은, 예수를 위해 받은 박해로 생긴 상처 자국을 가리킵니다. 또한 고린도후서 4장 10절에서 바울은 자기 몸에 "그리스도의 죽음"을 지니고 다닌다고 고백합니다. 이런 고백들은 그의 약함이 예수를 전하다가 당한 매질과 고난과 관련이 있음을 보여 줍니다. 그는 유대인들에게 막대기로 다섯 번, 이방인들의 처벌인 채찍으로 맞은 것이 세 번이라고 고백하였습니다(고후 11:24-25). 그가 몸에 지니고 다니는 상처, 즉 '스티그마'는 그리스도를 전하다가 받은 흔적입니다. 바울은 그것을 "육체의 약함"이라고 표현한 것입니다.

바울은 복음을 전하다가 만신창이가 된 상태에서 갈라디아 사람들을 처음 만났습니다. 갈라디아 지역에서 복음을 전하다가 심하게 맞아 병든 것이 계기가 되어 그들에게 그리스도를 전하게 된 것으로 보입니다. 당시의 관습에서는, 그렇게 박해를 받아 상처를 입은 사람은 신에게서 버림받았다고 여겼습니다. 그런 사람은 업신여기고 무시해도 되었습니다. 14절에서는 '멸시하고 외면한다'라고 점잖게 번역을 했는데, 이 두 번째 동사는 문자적으로 '얼굴에 침을 뱉는 것'을 일컫습니다. 완전한 멸시를 말합니다. 당시의 주술에서는 침을 세 번 뱉음으로써 악령의 저주에서 벗어난다고 생각했는데, 그것과 관련이 있어 보입니다. 신에게서 저주받고 버림받은 사람을 대하는 당연한 태도였습니다.

그런데 오늘 본문을 보면, 갈라디아인들은 바울을 하나님의 천사같이, 심지어는 그리스도 예수같이 영접해 주고 돌보아 주었습니다. 그들은 바울에게 참 특별한 사람들이었습니다. 15절에 "복된" 마음으로 번역된 단어("감격", 새번역; "복", 개역개정)는 '마카리스모스'(μακαρισμὸς)입니다. 개역개정이 '복'이라고 문자적으로 적합하게 번역했습니다. 그들은 바울을 멸시하고 저주하는 대신 오히려 복을 빌고 그를 회복시켜 주었습니다. 그런데 그때 자신에게 빌어 주었던 그 복이 어디 있느냐고 바울이 묻고 있습니다. '눈이라도 빼어 주겠다'(15절)는 표현은, 우리말로 하면 '간이라도 빼어 주겠다'와 비슷합

복음의 진리

니다. 그들은 바울에게 정말 잘해 주었습니다.[37] 그런데 그들 사이에 거짓 선생들이 끼어들어 잘못된 복음을 가르치고 갈라디아인들이 그것을 받아들임으로써, 바울과 그들 사이가 원수같이 되었습니다. 바울은 거짓 선생들과의 경쟁심 때문에 갈라디아인들을 다시 자기 편으로 만들려고 하는 것이 아닙니다. 그들이 좋은 뜻으로 열심히 했다면 문제가 없는데, 갈라디아인들을 사로잡은 그 가르침이 그들 가운데서 그리스도의 형상을 빼앗아 버렸다는 데 문제가 있습니다.

바울과 같이 되기

오늘 본문의 시작인 12절에서 바울은 이렇게 권면합니다.

> 형제자매 여러분, 내가 여러분과 같이 되었으니, 여러분도 나와 같이 되기를 바랍니다. (4:12)

무슨 뜻일까요? 어떤 면에서 바울이 갈라디아인들에게 자기와 같이 되기를 바라는 것일까요? 바울은 처음에 갈라디아에서 복음을 전할 때 유대인으로서 이방인같이 되어 그들과 음식을 나누고 율법에서 자유로운 복음을 전했습니다. 그런데 지금 이들은 이방인으로

---

37 갈라디아인들이 만신창이가 된 바울을 처음 만났을 때 그토록 잘해 준 이유는, 그들이 "하나님을 경외하는 자"였기 때문이라는 주장은 설득력이 있다. 바울이 전한 '율법의 행위에서 자유로운 복음'은 갈라디아인들에게 그야말로 '기쁜 소식'이었을 것이다. 할례법, 음식법, 안식일법을 지키지 않아도 그리스도의 신실함을 통해 그분을 믿음으로써 하나님의 언약에 들어갈 수 있고, 이로써 아브라함의 자손이 되어 하나님의 정당한 백성이 될 수 있다는 복음이었기 때문이다.

서 유대인같이 율법을 지켜서 의롭다함을 얻으려고 합니다. 그래서 바울은 "내가 여러분과 같이 되었으니, 여러분도 나와 같이 되어 주십시오" 하고 권면하고 있는 것입니다. 바울 자신처럼 유대인으로서 이방인과 자유롭게 음식을 나누고 차별 없이 교제하는 것, 율법을 지키고 할례를 받아 의롭게 되려는 시도를 버리고 복음이 자유롭게 한 것을 다시 찾으라는 권고입니다.

그리스도의 형상

그런데 19절부터 보면, 이것이 단지 신학적인 문제가 아님이 드러납니다. 그들이 율법에서 자유로운 복음을 버렸을 때, 그리스도의 형상을 그들 가운데서 잃어버렸기 때문입니다. 그들은 성령으로 시작했다가 육체로 마친 바 되었습니다. 바울은 단지 개인 안에 있던 그리스도의 형상이 없어졌음을 말하지 않습니다.[38] 이것은 단지 개인들이 잃어버린 그리스도를 자기 안에 회복시키는 것을 말하지 않습니다. 바울이 해산의 고통을 다시 겪으며 이루어 가려는 바는 그리스도의 형상이 갈라디아 교회 공동체에 형성되는 것입니다. 무슨 뜻일까요?

그리스도께서 공동체에 형성되려면 그리스도를 믿는 개인들이 모여야 합니다. 각자는 내가 사는 것이 아니라 오직 내 안에 그리스

---

38   영문으로 성경을 읽는 사람들은 이 문장이 "Christ is formed in you"로 되어 있어, 여기서 사용된 'you'가 단수인지 복수인지 알 수 없으므로 대부분은 단수로 읽는다. 개인주의적 성경읽기의 전형적인 예로 많이 언급되는 구절이다. 그러나 여기서의 'you'는 분명히 2인칭 복수로서 공동체 전체를 가리킨다.

복음의 진리

도께서 사시는 것이라는 고백을 갖고 모입니다. 우리가 육체 가운데 사는 것은 나를 사랑하사 나를 위하여 자기 몸을 내어 주신 하나님의 아들의 신실함 안에서 사는 것이라는 고백이 공동체 안에 있어야 합니다. 이제 예수 그리스도 곧 십자가에 못 박히신 그분 외에는 아무것도 알지 아니하기로 작정해서(고전 2:2), 그리스도의 십자가 외에는 결코 아무것도 자랑하지 않는다(6:14)는 결단이 있어야 합니다. 이것이 바로 그리스도의 형상이 형성되는 과정입니다.

바울의 소망은 "내 몸에서 그리스도께서 존귀함을" 받는 것이었습니다(빌 1:20). 바울은 여러 구절에서 하나님께서 구원하시기로 예정했을 때 그분이 어떻게 하실 것인지 그 계획을 설명합니다. 그 중심에는 우리의 모습이 하나님 아들의 모습으로 변화되는 것이 있습니다. 몇 구절을 인용해 보겠습니다.

> 하나님께서는 미리 아신 사람들을 택하셔서, 자기 아들의 형상과 같은 모습이 되도록 미리 정하셨으니, (롬 8:29)

> 우리는 모두 너울을 벗어 버리고, 주님의 영광을 바라봅니다. 이렇게 해서, 우리는 주님과 같은 모습으로 변화하여, 점점 더 큰 영광에 이르게 됩니다. 이것은 영이신 주님께서 하시는 일입니다. (고후 3:18)

> 우리는 하나님의 작품입니다. 선한 일을 하게 하시려고, 하나님께서 그리스도 예수 안에서 우리를 만드셨습니다. 하나님께서 이렇게 미리 준비하신 것은, 우리가 선한 일을 하며 살아가게 하시려는 것입니다. (엡 2:10)

하나님의 구원 계획은 우리를 구출해서 우리가 죽은 다음에 그 모양 그대로 좋은 곳으로 데려가는 것이 아닙니다. 하나님의 목적은 우리 속에 그리스도의 형상을 이루어 이 땅에서 우리가 점점 하나님 아들의 형상과 같은 모습이 되도록 하는 데 있습니다. 그래서 우리는 하나님의 작품(ποίημα 포이에마), 하나님의 예술 작품입니다! 우리가 주님을 믿음으로써 점점 더 변화되는 것이 핵심입니다. 주님과 같은 모습으로 변화되는 것이 구원의 목적이며 과정입니다.

공생

그런데 놀랍게도 이 변화의 과정은 개인적으로가 아니라 공동체적으로 일어납니다. 각 개인이 각개격파식으로 열심히 도를 닦음으로써 도달하는 경지가 아니라, 공동체적인 과정입니다. 이것을 두고 개인이 먼저 변화해야 하느냐 공동체가 먼저 변화해야 하느냐를 따지는 일은, 닭이 먼저냐 달걀이 먼저냐를 따지는 것과 같습니다. 제가 좋아하는 단어 가운데 'symbiosis'라는 말이 있습니다. 우리말로는 '공생'이라고 번역하는데, 같이 사는 어떤 생태계를 일컫습니다. 저는 개인과 공동체가 공생(symbiosis)적인 관계에 있다고 생각합니다. 변화된 개인들이 모여 변화된 공동체를 형성합니다. 공동체가 변화되면 개인도 변화됩니다. 우리가 하나님 아들의 형상으로 변화되는 과정은 개인과 공동체의 공생적인 과정입니다. 이 공동체는 영적으로 누가누가 잘해서 A를 받고, 누구는 C고, 누구는 F라는 경쟁적 공동체가 아닙니다. 물론 교회 구성원 가운데 정말 신앙생활을 잘하는 교인이 있고, 신경성 위염을 일으키게 하는 교인도 있습니다.

그런데 목회자의 마음속에 누가 더 많이 들어 있을 것 같습니까? 제가 교수가 되었을 때, 경험 많은 어느 교수님이 저에게 조언을 하셨습니다. "강의할 때 하품하며 열심히 듣지 않는 학생 바라보고 강의하지 말고, 맨 앞에 앉아 열심히 듣는 학생만 보고 강의하세요. 잘 안 듣는 학생을 자꾸 보면 강의 망칩니다." 하지만 설교할 때나 목회할 때, 이렇게 하면 어떨까요? 바울의 고백을 들어 보십시오.

> 그 밖의 것은 제쳐놓고서라도, 모든 교회를 염려하는 염려가 날마다 내 마음을 누르고 있습니다. 누가 약해지면, 나도 약해지지 않겠습니까? 누가 넘어지면, 나도 애타지 않겠습니까? (고후 11:28-29)

우리 공동체에서 어떤 분이 약해지고 넘어지면 애가 탑니다. 공동체 안에서 누군가 교만한 모습을 보이면 힘이 듭니다. 누가 시험에 들면 마음이 타들어 갑니다. 공동체 안에서 상처를 주고 상처를 받으면 목회자로서 애가 탑니다. 다리에 힘이 풀리고 마음이 무너져 내립니다. 왜 그럴까요? 공생이기 때문입니다. 같이 가는 것이기 때문입니다.

공동체 구성원 중 누군가 십자가의 도를 따르지 않고 세상의 원리대로 성공에만 집착하며 말씀대로 살지 않으면, 그 한 사람의 실패가 아니라 우리 공동체가 약해지고 힘들어집니다. 반면, 우리 공동체에서 어떤 분이 영적으로 변화되고 그리스도의 모습이 더 드러나 다른 분들에게 선한 영향력을 끼치면, 공동체가 강해지고 그리스도의 형상이 이루어집니다. 성령의 위로와 사랑의 격려를 받으면서 공동체가 건강해지고 견고해집니다. 건강한 공동체에 속하면, 약한 지체들이 굳게 서고 힘을 얻습니다. 그러니 먼저 공동체를 생각하십시오. 공동체의 유익을 생각하십시오. 나의 이 행동이, 나의 이 말이, 우리 공동체에 어떤 의미가 있을지를 먼저 생각하십시오.

그리스도의 형상이 공동체에 형성되는 과정은 결코 쉽지 않습니다. 많은 고통이 있습니다. 바울은 그것을 해산의 고통에 비유합니다. 새로운 생명이 태어나는 것이기 때문입니다. 그리스도의 형상이 공동체에 형성되려면 누군가 해산의 고통을 겪어야 합니다. 바울이 19절에서 하는 고백은 교회를 세워 가며 겪은 경험에 기반한 것입니다. 해산의 고통 없이 그리스도의 형상이 교회 공동체에 생길 수 없기 때문입니다. 공동체 안에서 저마다 마음이 상하고 아플 때가 종종 있을 것입니다. 저도 그렇습니다. 아픈 마음을 부여잡고 주님 앞에 나아가면 성령께서 말씀하십니다. "내가 사랑하는 공동체이다. 그들을 위해 예수가 죽었다."

우리 안에 계신 그리스도

바울은 그의 편지 여러 군데에서 그리스도의 형상이 이루어진다는 것이 무엇인지 말했습니다. 먼저, 빌레몬에게 쓴 편지를 보십시오.

그대의 믿음의 사귐이 더욱 깊어져서, 우리 안에 있는 모든 선한 일을 그대가 깨달아 그리스도께 이르게 되기를 나는 기도합니다. (몬 1:6)

오네시모라는 노예의 주인이었던 빌레몬을 위해 기도하는 내용입니다. 바울은 빌레몬의 믿음의 사귐이 깊어져서 그의 안에 있는 모든 선한 일을 깨달아 "그리스도께 이르게 되기를" 기도합니다. 그리스도께 이른다는 것은 노예와 주인 사이의 벽을 뛰어넘어 빌레몬과 오네시모가 새로운 관계를 갖고, 그리스도 안에서 형제로 살아간다는 의미입니다. 골로새 교회에 쓴 편지에도 같은 생각이 드러나 있습니다.

> 하나님께서는 이방 사람 가운데 나타난 이 비밀의 영광이 얼마나 풍성한지를 성도들에게 알리려고 하셨습니다. 이 비밀은 **여러분 안에 계신 그리스도**요, 곧 영광의 소망입니다. (골 1:27)

이 구절에서 "여러분 안에 계신 그리스도"(Χριστὸς ἐν ὑμῖν 크리스토스 엔 휘민)를, 갈라디아서 4장 19절에서는 "여러분 속에 그리스도"로 번역하고 있습니다. 곧 바울이 의미하는 '비밀'은 '그들 안에 있는 그리스도'입니다. 유대인과 이방인이 그리스도 안에서 하나가 되어 새로운 관계를 가진 공동체가 태어나는 것, 그것이 비밀이며, 그 비밀의 영광은 너무나 풍성합니다. 그런 공동체를 보는 것이 영광의 소망인데, 하나님은 그 비밀의 영광이 얼마나 풍성한지 알리려고 하셨습니다. 그리스도의 형상이 이루어지면 바로 그 비밀의 영광이 드러납니다. 에베소 교회에 쓴 편지를 살펴봐도 그렇습니다.

> 그리하여 우리 모두가 하나님의 아들을 믿는 일과 아는 일에 하나가 되고, 온전한 사람이 되어서, 그리스도의 충만하심의 경지에까지 다다르게 됩니다. (엡 4:13)

'그리스도의 충만하심의 경지에까지 이른다'는 의미는 그리스도의 형상이 공동체에 이루어져, 바울이 이미 밝힌 비전이 현실이 되는 공동체가 형성되는 것을 말합니다.

> 유대 사람도 그리스 사람도 없으며, 종도 자유인도 없으며, 남자와 여자가 없습니다. 여러분 모두가 그리스도 예수 안에서 하나이기 때문입니다. (3:28, 새번역)

바울은 안디옥 교회에서 이런 일이 일어나는 것을 이미 경험했습니다. 그런 일을 위해 갈라디아에서 복음을 전하고 그리스도의 형상이 있는 교회를 세웠는데, 그리스도의 형상이 없어져 버린 것입니다. 다시 유대인과 이방인 사이가 율법의 문제로 갈라졌기 때문입니다. 12절의 '바울과 같이 된다'는 것의 의미가 확실해집니다. 곧 그들의 삶이 그리스도와 같이 되는 것을 말합니다. 모든 장벽을 허물고 그리스도 안에서 하나가 되는 것입니다. 이방인이든 유대인이든, 그들을 사로잡고 있었던 사회적이고 문화적인 분열이 없어지고 하나가 되어 살아가는 것입니다. 세대와 세대가 갈라지지 않고 그리스도 안에서 하나가 되는 것입니다. 그럴 때 그리스도의 형상이 우리 가운데 이루어질 것입니다!

17

약속의 자녀

갈라디아서 4:21-31

21 율법 아래에 있기를 바라는 사람들이여, 나에게 말해 보십시오. 여러분은 율법을 듣지 못합니까? 22 아브라함에게 두 아들이 있었는데, 한 사람은 여자 노예에게서 태어나고 한 사람은 자유를 가진 여자에게서 태어났다고 기록되어 있습니다. 23 여자 노예에게서 난 아들은 육신을 따라 태어나고, 자유를 가진 여자에게서 난 아들은 약속을 따라 태어났습니다. 24 이것은 비유로 표현한 것입니다. 그 두 여자는 두 가지 언약을 가리킵니다. 한 사람은 시내 산에서 나서 노예로 살 자식을 낳은 하갈입니다. 25 '하갈'이라 하는 것은 아라비아에 있는 시내 산을 뜻하는데, 지금의 예루살렘에 해당합니다. 그는 자기 자녀들과 함께 노예 노릇을 하고 있습니다. 26 그러나 하늘에 있는 예루살렘은 자유를 가진 여자이며, 우리의 어머니입니다. 27 성경에 기록하기를, "아이를 낳지 못하는 여자여, 즐거워하여라. 해산의 고통을 모르는 여자여, 소리를 높여서 외쳐라. 홀로 사는 여자의 자녀가 남편을 둔 여자의 자녀보다

더 많을 것이다" 하였습니다. ²⁸ 형제자매 여러분, 여러분은 이삭과 같이 약속의 자녀들입니다. ²⁹ 그러나 그때에 육신을 따라 난 사람이 성령을 따라 난 사람을 박해한 것과 같이, 지금도 그러합니다. ³⁰ 그런데 성경은 무엇이라고 말합니까. "여종과 그 아들을 내쫓아라. 여종의 아들은 절대로, 자유를 가진 여자의 아들과 함께 유업을 받지 못할 것이다" 하였습니다. ³¹ 그러므로 형제자매 여러분, 우리는 여종의 자녀가 아니라, 자유를 가진 여자의 자녀입니다.

율법을 듣지 못합니까?

갈라디아서 4장 21-31절은 바울이 3장부터 시작한 논증의 결론 부분입니다. 많은 사람들이 이 구절을 가리켜, 갈라디아서에서 해석하기 가장 어려운 본문이라고 합니다. 신약성경 전체에서 가장 어려운 구절이라고 하는 분들도 있습니다. 바울은 구약성경의 인물(아브라함, 하갈, 사라, 이삭, 이스마엘)과 지리(시내 산, 아라비아, 예루살렘)를 언급하는 동시에 창세기 21장 10절과 이사야 54장 1절을 인용하면서 '비유' 곧 '알레고리'로 풀어내고 있기 때문입니다. 알레고리가 무엇입니까? 그림 언어입니다. 알레고리에는 표면에 나타난 것 외에 더 깊은 의미가 들어 있습니다.

먼저, 21절을 봅시다. 바울은 "율법 아래에 있기를 바라는 사람들이여"라고, 복음을 떠나 율법 아래에 있기 원하는 사람들에게 직접 도전합니다. 누가 율법 아래에 있기 원하는 사람들입니까? 율법에서 자유로운 그리스도의 복음을 믿고도 다시 율법 아래로 돌아가 율법을 지켜 의롭게 되어 보려고 하는 사람을 가리킵니다. 갈라디아 교회에 이런 사람들이 많이 있었습니다. 이 표현을 보며, '그런 사람들이 어디 있어? 이건 옛날에나 적용될 수 있는 표현 아닌가?' 할 수 있습니다. 그런데 사실 그렇지 않습니다. 오늘날에도 신앙을 율법적으로 이해하고 적용하는 사람들이 있습니다. 우리 누구라도 빠지기 쉬운 함정입니다.

하나님께 다가가려면 규칙을 철저히 지켜야 한다고 믿으며 생활하는 사람들이 있습니다. 그래서 자유의 복음을 옭아매는 율법으로 바꾸어 복음이 주는 자유를 잃어버리고 삽니다. 종교적으로는 훌륭한 모습을 갖추었지만, 자유가 주는 평안과 기쁨 대신 억압이 주는 불안과 불만족이 가득 찬 생활을 하게 되기 쉽습니다. 경건의 모양은 있으나 경건의 능력은 없는 삶입니다. 문제는 자기 자신만 그렇게 살면 되는데, 주위 사람들이 제대로 살고 있지 못하다고 느껴 정죄하는 데 있습니다. 이러면 정죄하기 쉽습니다. 예수께서 약속하신 쉼 대신 무거운 멍에를, 자기는 물론 주위 사람들에게까지 지웁니다. 하지만 그리스도의 복음에는 평안과 쉼이 있습니다!

> 수고하고 무거운 짐 진 자들아, 다 내게로 오라. 내가 너희를 쉬게 하리라. 나는 마음이 온유하고 겸손하니 나의 **멍에**를 메고 내게 배우라. 그리하면 너희 마음이 쉼을 얻으리니 이는 내 멍에는 쉽고 내 짐은 가벼움이라. (마 11:28-30, 개역개정)

여기에서 주님이 말씀하시는 멍에는 곧 '율법의 멍에'입니다. 유대인들이 평생 지고 살아야 했던 무거운 멍에! 끊임없이 옭아매고 좀처럼 쉴 여유를 주지 않는 멍에입니다. 그러나 주님의 멍에는 쉽고 가볍습니다. 바로 '복음의 멍에'입니다. 거기에는 자유와 평안과 기쁨이 있습니다. 우리를 정죄하지 않기 때문입니다. 오히려 쓰러진 우리를 일으켜 세우고 힘을 줍니다. 거기에는 너그러움과 넉넉함과 받아들여짐이 있습니다. 그것을 경험한 사람들이 율법의 멍에를 다시 지고 살아가겠다고 합니다. 바울은 그것이 얼마나 어리석은 일인지 다시 한번 논증합니다.

이 본문에서 바울은 잘못된 주장을 했던 거짓 교사들이 썼던 방법을 그대로 사용합니다. 적진에 들어가 적과 똑같은 방법으로 물리치는 것입니다. 미식축구 경기를 할 때, 상대방이 러닝게임을 하면 러닝게임으로, 패싱게임을 하면 패싱게임으로 응수하는 것과 같습니다. 그들이 인용하고 적용했던 율법을 그대로 인용하고 적용하는 방법으로 바울은 응수합니다. 바울이 묻습니다. "여러분은 율법을 듣지 못합니까?"(21절) 율법을 제대로 듣는다면 율법 아래에 있고 싶지 않을 것입니다.

두 아들과 두 언약

바울은 22절부터 아브라함의 두 아들 이야기를 시작합니다. 그런데 바울이 왜 여기서 아브라함의 두 아들 이야기를 하고 있을까요? 이것이 바로 거짓 교사들이 사용했던 본문과 적용이었기 때문입니다. 이 이야기는 창세기 16장에서 21장에 걸쳐 등장합니다. 거짓 교사들은 창세기 17장에 등장하는 할례의 예를 들어, 아브라함이 언약을 받았을 때 할례를 행하고 할례가 언약의 상징이 되었던 것이라고 주장했겠지요. 약속을 통해 아브라함에게서 태어난 이삭이 할례를 받았던 것처럼 아브라함의 적법한 후손이 되려면 할례를 받아야 한다고 주장했을 것입니다. 바울은 바로 그 본문과 이야기를 통해 사실은 정반대라고 증명하는 것입니다.

아브라함에게는 아들이 둘 있었습니다. 이스마엘과 이삭입니다. 갈라디아서 본문에는 이스마엘이라는 이름은 나오지 않습니다. 이 편지를 읽고 있었던 사람들은 이미 잘 아는 사실이었기 때문입니다. 또 그 이름을 직접 언급하지 않음으로써 바울이 강조하려는 바가 드러나기도 합니다. 이스마엘은 육신을 따라 태어났고, 이삭은 약속을 따라 태어났습니다. 육신을 따라 태어났다는 표현은 하나님이 원하시는 방법이 아닌 인간적인 방법을 통해 태어났음을 의미합니다. 그에 비해 이삭은 하나님의 약속에 따라 태어났습니다. 바울은 여기서 비유로 설명하기 시작합니다. 즉, 표면에 드러난 의미보다 더 깊은 의미가 있음을 보여 줍니다.

두 여자는 두 언약을 가리킵니다. 하갈이 대표하는 언약은 옛 언약입니다. 하갈은 시내 산(옛 언약을 받은 장소), 그리고 땅의 예루살렘을 가리킵니다. 하갈이 원래 종, 즉 노예였으므로 이 모든 것은 종살이를 하게 하는 옛 언약을 가리킵니다. 다른 언약은 새 언약입니다. 이름이 나오지 않지만 사라에게서 태어난 이삭과 하늘의 예루살렘을 가리킵니다. 그런데 이 모든 것을 설명하며 바울이 사용한 동사가 아주 흥미롭습니다. 25절에 "해당합니다"라고 번역된 동사는 '쉬스토이케오'(συστοιχέω)입니다. 이 동사는 피타고라스가 수학적으로 반대되는 개념들을 설명하려고 표를 만들어 보여 줄 때 사용했던 동사입니다. 예를 들어, 남자와 여자 또는 플러스와 마이너스를 설명할 때 칸을 두 개 만들어 보여 줄 때 사용하던 동사입니다. 근본적인 의미는 '줄지어 세운다'(to stand in line with)라는 뜻입니다. 그래서 바울이 설명하고자 했던 것을 쉽게 표로 표현해 볼 수 있습니다.

하갈	사라
노예 (slave)	자유인 (freeman)
육신을 따라 (according to flesh)	약속을 따라 (through promise)
지금의 예루살렘 (present Jerusalem)	하늘의 예루살렘 (Jerusalem above)
육신 (flesh)	영 (Spirit)
박해자 (persecutor)	피박해자 (persecuted)
유업을 받지 못함 (will not inherit)	유업을 받음 (will inherit)

바울은 이미 율법(토라)에 나와 있는 이야기를 토대로, 진정한 아브라함의 자손은 육신을 통한 자녀가 아닌 약속을 통한 자녀임이 증명되었음을 보여 주고자 합니다. 그래서 율법 아래에 있고자 한다면 그 율법이 정말 무엇을 이야기하고 있는지 보라는 것입니다. 바울은 우리가 예수 그리스도를 통해 옛 언약에서 새 언약으로 옮겨졌기 때문에 다시 율법을 지켜야 하는 옛 언약으로 돌아갈 필요가 없으며, 약속의 자녀로 살아갈 때 자유를 누릴 수 있음을 말합니다.

27절에서 바울은 이사야 54장 1절을 인용하며 그 점을 증명합니다. 원래 바벨론 땅에서 포로생활을 하던 유대인들에게 주어진 이 예언은, 하나님의 약속을 통해서만 구원이 이루어진다는 사실을 보여 줍니다. 아이를 낳을 수 없었던 아브라함과 사라가 약속의 아들을 얻을 수 있는 방법은 오직 하나님의 직접적인 개입, 그분의 은혜를 통한 방법뿐입니다. 인간적인 방법으로 얻은 아들은 약속의 아들이 아닙니다. 다시 율법의 행위를 통해 의롭다함을 얻으려는 것은 인간적인 방법입니다. 오직 예수 그리스도의 신실함이 의롭다함을 줍니다. 하나님의 은혜입니다. 28절에서 바울은 선언합니다.

> 형제자매 여러분, 여러분은 이삭과 같이 약속의 자녀들입니다. (4:28)

이 구절에서 선언하듯이 우리는 이삭과 동일한 약속의 자녀입니다. 그 의미가 무엇입니까? 우리는 더는 인간적인 방법으로 무엇을 이루려고 시도하는 사람들이 아니라, 하나님의 약속에 의지해 사는 사람들이라는 말입니다. 바울은 약속의 자녀인 이삭이 육신의 자녀인 이스마엘에게 박해를 받았던 것처럼, 당시에도 약속의 복음을 믿는 사람들이 오히려 육신을 따라 할례를 주장하던 사람들에게서 박해를 받고 있다고 말합니다(29-30절). 그러니까 이상할 것이 없다는 것입니다. 다만 육신을 따라가면 유업을 받지 못한다는 것을, 창세기 21장 10절을 인용해 보여 줍니다.

> 여종과 그 아들을 내쫓아라. 여종의 아들은 절대로, 자유를 가진 여자의 아들과 함께 유업을 받지 못할 것이다. (4:30)

바울은 이 구절을 비유적으로 적용합니다. 즉, "육신을 통해 무엇을 이루려는 생각을 버리고 하나님의 약속에 의지하여 살아라. 그래야 하나님의 유업을 받을 것이다." 31절이 결론입니다.

우리는 여종의 자녀가 아니라, 자유를 가진 여자의 자녀입니다. (4:31)

즉 우리는 약속의 자녀이며 약속의 자녀답게 자유를 누리는 사람들입니다.

자녀의 자유

그리스도 안에서 우리는 자유를 가진 약속의 자녀들입니다. 우리가 자유를 갖게 하기 위해 그리스도께서 자기를 희생하셨습니다. 진정한 자유는 하나님의 말씀을 듣고 믿음으로 반응하는 사람에게 찾아옵니다. 예수께서 말씀하십니다.

너희가 내 말에 거하면 참으로 내 제자가 되고 진리를 알지니 진리가 너희를 자유롭게 하리라. (요 8:31b-32, 개역개정)

갈라디아서 5장 1절이 같은 내용을 선언합니다.

자유를 위하여 그리스도께서 우리를 해방시켜 주셨습니다. (5:1)

이것이 복음입니다. 자유로운 삶이란 예수 그리스도의 삶과 죽음과 부활 때문에 죄에서 해방됨으로써 더 이상 죄에 매여, 또는 자기에게 매여, 다른 사람들에게 매여 종살이를 하지 않는 것입니다. 세상에서 알아주는 지위와 성취와 업적과 자격에 얽매어 나 자신을 바라보고 평가하는 것이 아니라, 그리스도께서 주시는 쉼과 평안과 기쁨을 누리며 사는 삶입니다.

예수 그리스도의 복음은 세상의 초보적인 능력, 즉 돈, 성, 권력에 근거한 세계관과 차원이 다릅니다. 예수 그리스도의 복음이 보장하는 자유와 평안과 쉼은 세상에서의 성공에 근거하지 않습니다. 세상적인 관점과 가치관에 따라 자기를 평가하고 절망하기를 거부하고, 하나님이 인정해 주시는 성공을 위해 열정과 소망을 갖고 살아가는 것입니다. 그것이 복음이 주는 자유입니다. 그 자유는 종이 아닌 오직 자녀만이 누릴 수 있습니다.

언젠가 어떤 목사님과 대화를 하다가 소위 '목회의 비결'에 대해 들었습니다. 그 목사님은 교회가 부흥하려면 성도들이 간절해져야 한다고 하셨습니다. 간절함이 없이는 열정이 생기지 않고, 부흥하지 않는 교회들을 보면 성도들에게 간절함이 없다는 이야기였습니다. 목회를 잘하는 분들을 살펴보면 성도들을 간절하게 만드는데, 성도들은 자기들이 원하는 것이 뭔지 잘 모르기 때문에 목회자가 비전과 꿈을 심어 주고 그것을 간절히 원하게 만드는 것이 목회의 비결이라고 했습니다. 수긍하며 듣다가 순간 저의 못된 반골 기질이 고개를 들었습니다. "그런데 목사님, 그 간절하게 원하게 되는 게 뭔데요? 이민교회에서 무엇을 위해 그렇게 간절해질 수 있나요?"

그러자 그 목사님이 한 가지 예를 들려주셨습니다. 어떤 부흥한 교회가 있는데, 이 교회를 드라이브하는 엔진은 일 년에 네 번 하는 특별새벽기도회랍니다. 그 기간 동안 모든 교역자가 새벽 4시에 집합합니다. 교역자들끼리 강단 주위에 모여 한 시간 뜨겁게 기도하고, 5시부터 시작되는 특별새벽기도회를 준비합니다. 그 기간 동안에 수천 명에 달하는 교인 거의 전부와 그들이 초청하는 태신자(vip)들도 참석한다고 합니다. 클라이맥스는 아이들도 다 같이 나오는 토요일 집회입니다. 자녀를 위한 특별 축복 안수기도가 있어서 다 나온답니다. 놀라운 이야기였습니다. 그래서 물었습니다.

"그렇게 나와서 무엇을 위해 기도하나요?"

"영적 각성이지요. 그동안 똑바로 신앙생활하지 못한 거 회개합니다. 교회에 있는 많은 문제들을 위해 기도합니다. 그런데 그 정도 제목이면 교회의 소수만 나오니까 다 나오게 하려면 역시 '꿈과 비전'을 심어 주어야 합니다. 하나님의 자녀로서 누릴 수 있는 게 있는데 누리지 못하는 이유가 믿음이 없어서입니다. 믿음이 없으니 기도가 부족해서 누리지 못하고 찌질하게 사는 것입니다. 기도해야 합니다. 하나님이 퍼부어 주시려는 그 복을 받아야 합니다. '그래서 내가 성공하지 못하는구나! 내 가족이 축복받지 못하고 자꾸 아프고 남편 사업도 잘 안 되고, 우리 애가 좋은 대학 못 가는구나!' 하는 것을 교인들이 깨달으면 오지 말라고 해도 새벽기도 나옵니다."

저는 이분의 말을 듣고 조금 실망을 했습니다. '꿈과 비전'이라고 해서 남과 북이 통일되어 복음으로 거듭나는 것 정도의 꿈과 비전인 줄 알았는데, 나날이 심각해지는 인종문제를 놓고 부르짖는 줄 알았는데, 아시안 혐오문제(Asian hate)를 놓고 기도하는 줄 알았는데, 하나님 나라가 이 땅에 오는 걸 위해 부르짖는 줄 알았는데, 우리가 죄지은 자를 용서한 것같이 우리의 죄를 용서해 달라고 구하는 줄 알았는데…, 어찌 보면 나를 위한 기도에만 간절했던 것입니다.

그럼에도 그 목사님의 이야기를 열심히 들은 이유는 교회 안에 간절함이 필요하다고 생각했기 때문입니다. '우리에게 정말 간절함이 있는가? 나에게는 간절함이 있는가? 내가 사는 도시를 바라보며

복음의 진리

이 도시에 예수 그리스도의 복음이 강력하게 전파되어야 한다는 간절함이 있는가? 성도들이 영적으로 변화되어 하나님 나라를 삶에서 경험하는 것을 나는 정말로 원하고 있는가? 세상적인 방법을 버리고 하나님 말씀대로 살기 원하는 간절함이 나에게 있는가? 정말 겸손해져서 예수님 닮은 사람이 되고픈 그 간절함이 있는가?'

예수 그리스도를 주로 고백하는 우리에게 하나님 나라를 원하는 간절함이 있습니까? 우리의 기도가 간절해져야 합니다. 주기도문의 가르침대로 일용할 양식을 위해서도, 가족을 위해서도 기도해야합니다. 그러나 하나님 나라가 이 땅에 와서 하나님의 뜻이 이루어지는 것을 위해 기도하는 것이 먼저입니다. 시험에 들지 않고 악에서건져냄을 받는 것을 위해서도 기도해야 합니다. 우리가 사는 도시를 볼 때, 기회와 성공의 땅으로만 보지 말고 그곳에 사는 영혼들을 보아야 합니다. 자유의 복음은 나만 누리라고 주신 것이 아닙니다. 복음의 진리가 주는 자유를 누리며 살아가야 하는 분들이 참 많습니다. 약속의 자녀로서 자유를 누리며 그 자유를 나누는 우리가 되기를 원합니다.

18

사랑을 통하여
일하는 믿음

갈라디아서 5:1-12

¹ 자유를 위하여 그리스도께서 우리를 해방시켜 주셨습니다. 그러므로 굳게 서서, 다시는 종의 멍에를 메지 마십시오. ² 보십시오! 나 바울이 말합니다. 여러분이 할례를 받으면, 그리스도는 여러분에게 아무런 유익이 없습니다. ³ 내가 할례를 받는 모든 사람에게 다시 증언합니다. 그런 사람은 율법 전체를 지켜야 할 의무를 지닙니다. ⁴ 율법으로 의롭게 되려고 하는 당신들은 그리스도에게서 끊어지고, 은혜에서 떨어져 나간 사람입니다. ⁵ 왜냐하면 우리는 성령을 힘입어서, 믿음으로 의의 소망을 간절히 기다리고 있기 때문입니다. ⁶ 그리스도 예수 안에서는, 할례를 받거나 안 받는 것이 문제가 되지 않기 때문입니다. 가장 중요한 것은 믿음이고, 그 믿음이 사랑을 통하여 일하는 것입니다. ⁷ 여러분은 지금까지 잘 달려왔습니다. 그런데 누가 여러분을 가로막아서 진리에 순종치 못하게 한 것입니까? ⁸ 그런 꾐은 여러분을 부르신 분에게서 나온 것이 아닙니다. ⁹ 적은 누룩이 반죽 전체를 부풀게 합니다. ¹⁰ 나는

여러분이 다른 마음을 품지 않으리라는 것을 주님 안에서 확신합니다. 그러나 여러분을 교란하는 사람은, 누가 되었든지 심판을 받을 것입니다. ¹¹ 형제자매 여러분, 내가 아직도 할례를 전한다면, 어찌하여 아직도 박해를 받겠습니까? 그렇다면, 십자가의 걸림돌은 없어졌을 것입니다. ¹² 할례를 가지고 여러분을 선동하는 사람이라면, 차라리 그 지체를 잘라 버리는 것이 좋겠습니다.

자유와 할례

갈라디아서 4장까지 아주 촘촘한 신학 논증을 마친 바울은 이제 더 감성적이고 실제적으로 갈라디아인들에게 호소하기 시작합니다.

자유를 위하여 그리스도께서 우리를 해방시켜 주셨습니다. 그러므로 굳게 서서, 다시는 종의 멍에를 메지 마십시오. (5:1)

1절은 4장의 내용을 결론짓는 말씀입니다. 또한 그다음으로 이어지는 내용의 다리 역할을 하기도 합니다.³⁹ 그리스도께서 우리를 해방시켜 주신 것은 우리에게 '자유'를 주기 위한 것이었습니다. 사도 바울은 '자유'에 관해 신약에서 가장 많이 논한 사람입니다. 그는 그의 편지들에서 명사 '자유', 형용사 '자유로운', 그리고 동사 '자유롭게 하다' 또는 '해방시키다'를 총 스물여덟 번 사용하는데, 신약의

---

39 수사학적으로는 이런 용법을 'transmissio'라고 하는데, 로마서 5장 1-11절도 같은 용법으로 쓰여 있다.

다른 부분에 여덟 번밖에 나오지 않는 것과 비교하면 그를 "자유의 사도"라고 부르는 것은 과장이 아닙니다.[40] 특히 '자유'는 갈라디아서에 가장 많이 등장합니다(열 번).[41]

드디어 바울은 '할례'를 언급합니다(2절). 놀랍게도 바울이 할례라는 단어를 '갈라디아인들과 관련지어 언급한 것'은 이 구절이 처음이라는 사실입니다. 그동안 '율법' 또는 '율법의 행위'라고 표현했지 '할례'라는 단어 자체를 쓰지는 않았는데, 이제 비로소 갈라디아인과 연결 지어 할례를 언급하고 있습니다. 이 편지를 처음 받은 갈라디아인들이나 나중에 이 편지를 읽게 된 우리나 할례가 이 모든 문제의 핵심이라는 것을 모두 알고 있습니다. 거짓 교사들이 들어와 잘못된 복음을 가르치며 갈라디아 교회 사람들에게 할례받을 것을 주장했기 때문입니다.

두 가지 방법

"보십시오! 나 바울이 말합니다"(2절) 하며 바울이 강조해서 말합니다. 할례를 받는 사람들에게 그리스도는 아무 유익이 없습니다. 왜냐하면 율법을 통해 의롭게 되려는 사람은 그리스도에게게서 끊어진 사람이고, 은혜에서 떨어져 나간 사람이기 때문입니다. 만약 어떤

---

40 Richard N. Longenecker, *Paul, Apostle of Liberty* (2nd ed.; Grand Rapids: Eerdmans, 2015). 1964년도에 처음 출판된 이 책은 출간 당시 많은 주목을 끌지 못했지만, 바울에 대한 '새 관점'이 본격적으로 논의되기 수십 년 전에 이미 같은 주장을 하고 있다는 점에서 뒤늦게 주목받게 되었다.

41 로마서와 고린도전서에는 각 일곱 번씩 사용된다.

사람이 할례를 통해 의롭게 되려고 시도한다면, 그 사람은 율법 전체를 지켜야 할 의무를 지게 됩니다. 할례가 대표하는 율법의 행위를 통해 의롭게 되려는 시도는 자신들이 유대인같이 되겠다는 것인데, 그 길로 가면 율법의 행위(할례법, 음식법, 안식일법)뿐만 아니라 율법 전체를 지켜야 하는 의무(ὀφειλή 오페일레)를 감당해야 한다는 것이 문제입니다. 율법을 통해 의롭게 될 수 있는 방법은 그것밖에 없는데, 그것이 가능치 않다는 이야기입니다.

의롭다함을 받는 것은 하나님과 올바른 관계를 갖는다는 의미입니다. 바울은 여기서 하나님과의 관계를 회복하는 두 가지 방법을 제시하고, 이 두 방법이 서로 배타적임을 보여 줍니다(mutually exclusive!). 그러니까 이 두 가지 방법을 모두 취할 수는 없습니다. 한 가지 방법은 '율법을 통한 방법', '율법의 행위를 통한 방법'입니다. 인종적으로 문화적으로 유대인같이 되는 방법입니다. 왜냐하면 율법의 행위라는 말 자체가 깊은 문화적인 요소를 담고 있기 때문입니다. 그 중심에 할례가 있습니다. 다른 방법은 '믿음을 통한 방법'입니다. 나의 믿음에 의지한다는 의미가 아니고, 그리스도의 신실함에 근거하여 그리스도를 덧입어 하나님께 나아간다는 의미입니다. 나의 의, 나의 업적, 나의 성취와 공로, 자격, 노력에의 의지가 아니라, 하나님께 나아갈 수 있는 선함이 나 자신에게는 남아 있지 않음을 인정하고 하나님 앞에 완전히 엎드리는 것입니다. 오직 그 믿음으로만 의롭다함을 받을 수 있습니다.

이 두 방법은 동시에 취할 수 없습니다. 한 가지를 선택하면 다른 방법은 포기해야 합니다. 그래서 바울은 의롭게 되려고 할례를 받는 사람들을 향해 직접적으로 선언합니다. 3인칭으로 하지 않고 2인칭을 사용해 "당신들은"이라고 합니다.

율법으로 의롭게 되려고 하는 **당신들은** 그리스도에게서 끊어지고, 은혜에서 떨어져 나간 사람입니다. (5:4)

무서운 말씀입니다. 할례를 받는 사람들은 그리스도에게서 끊어지고, 은혜에서 떨어져 나간 사람이 됩니다. 도대체 어떤 사람들 때문에 이런 일이 벌어진 것일까요?

누가 홀렸는가?

7-12절에서 바울은 갈라디아 사람들을 그런 상태로 몰아간 사람들에게 집중합니다. 그동안 갈라디아인들은 잘 달려오고 있었습니다. 바울은 자주 믿음의 여정을 달리기 경주에 비유합니다(고전 9:24-27; 빌 3:12-14; 딤후 4:7). 잘 달려오고 있었는데, 갑자기 누가 끼어든 것입니다. 2004년도 아테네 올림픽 때, 마라톤에서 일등으로 달리던 선수가 그대로 달리면 이길 수 있었는데 관중 한 사람이 갑자기 뛰어들면서 같이 넘어져 금메달을 억울하게 놓친 적이 있습니다. 7절의 표현이 바로 그것입니다. 누가 끼어들어 막아선 것입니다. 바울이 밝히는 것은, 그렇게 끼인 사람들이 갈라디아 내부에서 나오지 않고 바울이 떠나고 난 후 바깥에서 들어왔다는 것입니다. 그런데 사실 이 사람들이 수적으로 많지도 않았습니다. 소수입니다. 그러나 적은 누룩이 반죽 전체를 부풀게 합니다. 그 사람들을 조심해야 합니다. 바울은 갈라디아인들이 제대로 생각하고 돌아오기를 기대합니다.

복음의 진리

하나님은 그렇게 교란시킨 사람들을 심판하실 것입니다.

11절과 12절은 바울이 상당히 감정적이 되어 다시 호소한 내용입니다. 11절에서 바울은 자기가 만약 할례를 전했다면 보수적인 유대인들과 잘 어울려 지내며 핍박을 받지 않았으리라고 밝힙니다. 고린도후서 11장에서 보듯이, 율법을 어기고 쓸데없이 이방인들과 어울리고 십자가 같은 이단 사상을 전한다는 죄목으로 바울은 다섯 번이나 형벌을 받았습니다(고후 11:24). 십자가는 유대인들에게는 거리낌(σκανδαλον 스칸달론)이었습니다. 바울도 고난을 가져다주는 십자가를 전하지 않고 편하고 상식적인 할례의 복음을 전했다면 핍박을 받지 않고, 그 대신 인기를 끌었을 것입니다. 현대적으로 적용하면 십자가의 도 대신 성공의 복음, 공로의 복음, 성취의 복음, 대박 터지는 복음을 전했다면, 고난당하거나 힘들게 살지 않고 잘나가는 종교지도자가 되어 높은 사람들하고 어울려 무슨 조찬기도회에서 화려하게 식사나 하고 앉아 있었을 것입니다. 감정적이 된 바울은 바울 서신 전체에서 가장 심한 말을 합니다.

> 할례를 가지고 여러분을 선동하는 사람이라면, 차라리 그 지체를 잘라 버리는 것이 좋겠습니다. (5:12)

잘 새겨서 읽어야 할 구절입니다.

의의 소망

7-12절을 먼저 살펴보았는데, 사실 오늘 본문 가운데 중심 구절

은 5-6절입니다.

> 왜냐하면 우리는 성령을 힘입어서, 믿음으로 의의 소망을 간절히 기
> 다리고 있기 때문입니다. 그리스도 예수 안에서는, 할례를 받거나 안
> 받는 것이 문제가 되지 않기 때문입니다. 가장 중요한 것은 믿음이고,
> 그 믿음이 사랑을 통하여 일하는 것입니다. (5:5-6)

이 두 구절에서 우리는 율법을 통해서가 아니라, 그리스도를 통
해 사는 것이 어떤 의미인지 보게 됩니다. 그것은 무엇보다 성령을
힘입어 사는 삶입니다. 할례를 받아서 의롭다함을 받으려는 시도는
사실 어떤 외적인 표식에 의지하려는 것입니다. 즉, 자기 몸에 확실
하게 드러나는 증거를 통해 자기의 신앙을 확인하려는 시도입니다.
그래서 그런 시도는 율법주의 신앙형태로 나타납니다. 그러나 성령
의 인도하심을 받아 사는 증거는 우리의 내면에 있습니다. 성령은 우
리 마음의 변화를 통해 증거하기 때문입니다.

그런데 성령이 우리 삶에 역사하는 것은 믿음을 통해서입니다.
5절에서 바울이 말하는 믿음은 그리스도의 신실함을 의미합니다. 우
리가 성령의 힘으로 살아갈 수 있게 된 것은 그리스도의 신실함 때문
입니다. 2장 20절에서 바울은 이미 고백했습니다.

> 내가 지금 육신 안에서 살고 있는 삶은, 나를 사랑하셔서 나를 위하여
> 자기 자신을 버리신 하나님의 아들의 신실함 안에서 살아가는 것입
> 니다. (2:20)

복음의 진리

나의 힘으로 살아가는 것이 아닙니다. 성령을 통해 우리가 간절히 기다리는 것은 '의의 소망'(the hope of righteousness)입니다. 이것은 마지막 때에 우리의 구원이 완성되는 것을 의미합니다. 우리가 그리스도를 받아들이고 믿을 때 우리의 의로움의 과정이 시작됩니다. 그런데 그 의로움은 완성된 것이 아닙니다. 성령을 통하여 우리의 의로움이 점점 하나님이 원하시는 모습으로 완성되어 갑니다. 하나님의 다스림이 우리 삶 속에 공동체적으로 점점 더 역사하게 됩니다. 우리에게 있어야 하는 소망은 바로 그 소망입니다.

믿음과 사랑

6절에서 바울은 결정적으로 말합니다. 그리스도 예수 안에서는 할례를 받든 안 받든 그것이 문제가 아니라고요. 그건 핵심이 아닙니다. 바울은 할례 자체를 문제 삼지 않습니다. 필요에 따라 그는 이방인 아버지와 유대인 어머니 사이에서 태어난 디모데를 할례받게 한 적도 있습니다(행 16:3). 문제는 할례를 받아 의롭게 되려는 시도가 그리스도의 신실함만으로는 부족하고 유대인처럼 되어야 한다는 인간적인 생각에서 발생한 데 있습니다. 그리고 더 큰 문제는 할례문제 때문에 성령의 인도하심을 받는 삶을 포기하는 상황입니다. 할례처럼 가치 없는 행위 때문에 그리스도께서 십자가에서 이룩하신 진정한 가치를 포기하는 상황이 더 심각한 문제입니다. 2장 21절의 선언을 다시 봅니다.

나는 하나님의 은혜를 헛되게 하지 않습니다. 의롭다고 하여 주시는

것이 율법을 통하여 이루어진다면 그리스도께서는 헛되이 죽으신 것입니다. (2:21)

6절에서 바울이 밝히는 바, 가장 중요한 것은 믿음이며 그 믿음은 사랑을 통하여 일합니다. '역사한다'(개역개정)라고 번역된 동사는 '에네르게오'(ἐνεργέω)입니다. 직역하면 '에너지(energy)를 공급한다' 정도가 됩니다. 사랑은 믿음에 에너지를 공급합니다. 바울은 왜 사랑을 통하여 역사하는 믿음이라고 했을까요? 그리스도의 신실함은 사랑을 통하여 역사했기 때문입니다. 우리의 삶은 성령을 통해 의의 소망을 간절히 기다리는 삶이어야 합니다. 사랑을 통해 힘 있게 된 신실한 삶이어야 합니다. 하지만 우리는 신실치 못한 우리 자신을 발견합니다. 그러나 또한 사랑은 우리의 믿음을 일으켜 세웁니다. 사랑이 없다면 우리의 믿음은 독선적이며 배타적이고 관념화되고 정죄하는 교리주의가 됩니다. 그리스도의 사랑이 우리를 강권합니다. 그리스도께서 십자가에서 보여 주신 사랑 때문에 우리의 믿음은 성령을 따라가며 의지하고 성령께서 이끄시는 신실한 삶이 될 수 있습니다. 사랑을 통해 우리의 믿음은 활력을 얻습니다. 살아 움직이는(animate) 믿음이 됩니다. 활성화됩니다. 사랑을 통해 우리의 믿음은 행동하는 믿음이 됩니다.

제가 아는 신학자 한 분은 매우 분석적이고 지성적이라 기적이라고 일컫는 이야기를 잘 믿지 않았습니다. 그런데 그분과 한동네에 사는 어느 여성분에게 이성적으로는 도저히 설명할 수 없는 일이 일어났습니다. 브레이크가 갑자기 풀린 차가 밀려오면서 그 여성분의 다섯 살 난 아들이 차에 깔리는 사고가 난 것입니다. 자기 아이가 깔

복음의 진리

리는 모습을 본 그 여자분이 순간 차를 번쩍 들어 올려 아이를 구했답니다. 그런 이야기를 모르는 사람에게 들었다면 이분이 안 믿었을 텐데, 같이 있던 이웃들이 함께 보았으므로 부정할 수 없었습니다. 그 신학자는 이 현상을 '사랑의 힘'이라고밖에 설명할 수 없었습니다. 어머니의 사랑! 자기 자식을 살려야 하는 간절한 사랑 때문에 가능했습니다.

우리는 이 사랑을 십자가에서 봅니다. 우리가 아직 죄인 되었을 때에 그리스도께서 우리를 위하여 자기 목숨을 버리심으로 확증된 사랑입니다. 따라서 여기서 바울이 의미하는 사랑은 그리스도께서 보여 주신 사랑입니다. 우리의 본능적인 사랑이 아니라 우리에게는 원래 없었는데, 그리스도를 믿으면서 새롭게 받게 된 사랑입니다. 우리가 정말 사랑할 수 있는 이유는 우리 안에 사랑이 원래 있었기 때문이 아닙니다. 없었지만 그리스도를 통해 그 사랑을 받았습니다.

그런데 그리스도께서 모든 사람을 위하여 죽으신 것은, 이제부터는, 살아 있는 사람들이 자기 자신들을 위하여 살아가도록 하려는 것이 아니라, 자기들을 위하여서 죽으셨다가 살아나신 그분을 위하여 살아가도록 하려는 것입니다. (고후 5:15)

그리스도를 위하여 살아간다는 의미는 그 사랑을 가지고 다른 사람들을 위해 산다는 의미입니다. 사랑은 불가능을 가능케 하는 힘입니다. 우리의 믿음이 무기력하게 느껴지는 이유는 우리에게 사랑이 부족하기 때문입니다. 우리에게 사랑이 필요합니다. 사랑은 우리의 믿음을 활력 있게 합니다. 오직 사랑만이 우리의 오해와 다름과

편견을 극복하고 화해하게 해줍니다. 이 사랑이 교회 공동체에 가득할 때 그리스도의 뜻을 실천할 수 있습니다. 오직 사랑입니다!

복음의 진리

19   사랑할 수 있는 자유

갈라디아서 5:13-15

13 형제자매 여러분, 하나님께서는 여러분을 자유로 부르셨습니다. 그러나 여러분은 그 자유를 육체의 욕망을 만족시키는 기회로 삼지 말고, 사랑으로 서로 노예가 되어 섬기십시오. 14 모든 율법은 "네 이웃을 네 몸과 같이 사랑하여라" 하신 한마디 말씀 속에서 다 이루어졌습니다. 15 그런데 여러분이 서로 물어뜯고 잡아먹고 하면 피차 멸망하고 말 터이니, 조심하십시오.

자유로 부르심

5장 13절 말씀은 5장 1절의 말씀과 흡사합니다.

자유를 위하여 그리스도께서 우리를 해방시켜 주셨습니다. 그러므로 굳게 서서, 다시는 종살이의 멍에를 메지 마십시오. (5:1)

형제자매 여러분, 하나님께서는 여러분을 자유로 부르셨습니다. 그러
나 여러분은 그 자유를 육체의 욕망을 만족시키는 기회로 삼지 말고,
사랑으로 서로 노예가 되어 섬기십시오. (5:13)

1절에서는 '자유를 위하여 그리스도께서 우리를 해방시켜 주셨
다'고 했는데, 13절에서는 '하나님께서 우리를 자유로 부르셨다'고
말씀합니다. 1절에서는 그리스도께서 죄에서 해방시켜 주신 자유의
이유와 과거를 말하고 있다면, 13절에서는 자유의 목적과 미래를 말
하고 있습니다. 그리스도께서 십자가에서 가능케 만든 자유로 하나
님께서 우리를 부르십니다. 1절은 자유와 관련되어 종살이의 멍에를
메지 말라고 하는 부정적인 권면이라면, 13절은 그 자유를 사용해 서
로 섬기라고 긍정적인 권면을 하고 있습니다. 즉, 피할 것과 해야 할
것에 대한 말씀이 이 두 구절에 나와 있습니다.

그렇다면 바울이 여기서 말하는 자유는 무엇일까요? 다시 5장
1절을 볼 필요가 있습니다. 1절에서 바울은 하나님께서 주신 자유를
누리며 종살이의 멍에를 메지 말라고 권면합니다. 그 종살이의 멍에
는 바로 '율법의 멍에'입니다. 율법을 다 지켜야 하는 멍에! 할례를
받고 음식법을 지키고 안식일법을 지키는 것은 물론 율법 전체를 지
켜야 하는 멍에입니다. 그런데 이제 그런 멍에에서 벗어나는 자유를
그리스도께서 주신 것입니다. 이제 아무것에도 얽매이지 않아도 되
는 새로운 세계가 열렸습니다. 갈라디아 교회에 들어왔던 거짓 교사
들은 바울의 그런 가르침이 위험하다고 주장하며, 율법을 지키지 않
는다면 도덕적인 가이드를 어디서 받을 수 있겠느냐고 물었을 것입
니다. 그리스도를 믿는 것은 좋은데 율법도 지켜야 하나님이 원하시

복음의 진리

는 도덕적인 삶을 살아갈 수 있다고 주장했겠지요. 그들이 이렇게 주장할 수 있었던 이유는 13절에서 바울이 언급하는 "육체"의 존재 때문입니다. 13절에서 중요하게 들여다보아야 할 점은 바울이 의미하는 것이 우리의 '육체적인 몸'이 아니라는 사실입니다.

육체

'육체'로 번역된 그리스어 '사르크스'(σάρξ)에는 여러 의미가 있습니다. 바울 자신도 육체적인 몸을 가리키는 데 이 단어를 사용하기도 했습니다. 예를 들면, 갈라디아서 2장 20절에서 "내가 육체 가운데 사는 것은"(개역개정)이라고 말할 때, 이 단어를 사용했습니다. 그러나 바울은 대부분 '우리 안에 존재하는 하나님을 대적하는 죄의 능력'이라는 의미로 '사르크스'를 썼습니다. 5장 13절에서도 마찬가지입니다. 예수님을 믿는 우리 안에는 아직 하나님 뜻대로 살기를 꺼려하는 어떤 파워가 도사리고 있습니다. 그리고 그 파워는 항상 우리를 하나님 반대쪽으로 끌어당깁니다.

육체에 대해서는 다음 장에서 자세히 살펴보겠지만, 이 장에서 주목하고 싶은 것은 13절에서 육체와 관련지어 바울이 사용하는 언어입니다.

> 그러나 여러분은 그 자유를 육체의 욕망을 만족시키는 기회로 삼지 말고, 사랑으로 서로 노예가 되어 섬기십시오. (5:13b)

"육체의 욕망을 만족시키는 기회"에서 "기회"라는 단어가 의미심장합니다. 그리스어로는 '아포르메'(ἀφορμή)인데, 이 단어는 원래 군사용어였습니다. 군사작전을 위한 기지(a base of operation for a military campaign)를 의미했습니다. 바울은 지금 육체와 영이 전쟁 상태이고, 육체가 차지하고 있던 지역을 그리스도의 희생으로 어렵게 얻게 되었다고 보고 있습니다. 그 지역의 이름이 '자유'입니다. 바울은 그 자유를 육체가 다시 점령하여 자기 욕망을 채우는 기지로 사용하지 못하게 하라고 합니다. 하나님께서 허락하신 자유를, 육체가 군사작전을 벌일 수 있는 기지로 사용하지 못하게 하라는 말씀입니다. 13절을 풀어서 번역하면 이렇습니다. "형제자매 여러분, 하나님께서는 여러분을 자유로 부르셨습니다. 이제 육체가 그 자유를 자기의 기지로 사용하지 못하게 하고 오히려 그 자유를 사용해 사랑으로 서로에게 노예가 되어 섬기십시오!"

그러면 어떻게 하면 그 자유를 제대로 사용할 수 있을까요? 이제 율법에 얽매이지 않아도 되니 아무 행동이나 마음대로 할 수 있다는 뜻일까요? 율법이라는 통제가 없어졌으니 무슨 행동을 해도 제약을 받지 않는다는 뜻일까요?

우리는 바울에게 이런 말을 기대하고 있을지 모릅니다. "자유가 육체의 군사기지가 되지 못하게 온 힘을 다하여 육체의 욕망과 싸워라!" 하지만 바울의 권면은 차원을 달리합니다. 육체의 욕망을 이기는 방법이 파격적입니다. "사랑으로 서로 노예가 되어 섬기십시오!" 우리는 '섬긴다'는 단어를 매우 점잖게 사용하기 때문에 바울의 말을 듣고도 언어 충격을 받지 않습니다. 이 문장을 직역하면 "사랑을 통하여 **서로의 노예가 되십시오**"입니다. 바울은 4장에서 우리는 이제 '노예가 아니라 자녀'라고 주장했습니다. 율법의 노예가 되지 말라고

복음의 진리

도 했습니다. 노예가 되는 것을 결코 좋게 보지 않았습니다. 그런데 여기서 바울은 자유를 사용해 서로의 노예가 되라고 권면합니다. 육체가 자유를 통해 자기 욕망을 채우는 군사기지가 되지 못하게 하는 가장 강력한 무기는 '사랑'입니다. 왜냐하면 육체의 능력은 교만과 경쟁심과 독선에 의해 그 힘을 발휘하기 때문입니다.

사랑의 능력은 서로를 자기보다 낮게 여기게 하고, 자기 일보다 남의 일을 더 중요하게 돌보게 하고, 이기심과 질투에서 벗어나 무슨 일을 하든지 경쟁심이나 허영으로 하지 않게 합니다. 바울은 분명히 육체와의 싸움이 우리의 내면에서 시작되어 공동체 안에서 벌어지고 있다고 말하고 있습니다. 육체의 욕망은 다른 사람을 지배하고 싶은 욕망입니다. 내가 다른 사람들 우위에 서기를 원합니다. 그래서 육체는 자유를 사용해 다른 사람을 나의 노예로 만들려고 시도합니다. 그러나 사랑은 오히려 자유를 사용해 각 사람이 서로를 자기보다 낮게 여기게 하여 서로의 노예로 자처하게 합니다. 그것이 진정한 자유입니다. 즉, 자유를 나를 위해 사용하는 것이 아니라 다른 사람을 위해 사용하는 것입니다. 따라서 이 자유는 '사랑할 수 있는 자유'입니다. 이 사랑은 또한 '믿음을 활력 있게 만드는 원동력(energy)'입니다.

모든 율법

14절에서 바울은 거짓 교사들의 주장의 핵심인 율법의 문제를 정면으로 다룹니다.

모든 율법은 "네 이웃을 네 몸과 같이 사랑하여라" 하신 한마디 말씀

속에서 다 이루어졌습니다. (5:14)

거짓 교사들은 율법을 지켜야만 의롭다함을 받을 수 있다고 가르쳤습니다. 이에 바울은 어떻게 모든 율법이 완수될 수 있는지를 보여 줍니다. 이 말씀을 조심스럽게 읽어야 합니다. 바울이 14절에서 인용하고 있는 구절은 레위기 19장 18절입니다. 예수님은 모든 율법을 신명기 6장 4-5절과 레위기 19장 18절로 압축한 바 있습니다. 이두 구절을 간단히 요약하면, 하나님을 온 맘과 정성과 힘을 다해 사랑하는 것과 이웃을 자기 몸같이 사랑하는 것이 율법 전체의 핵심이라는 내용입니다. 그리고 예수님은 이 율법의 완성을 자기의 죽음을 통해 보여 주셨습니다. 하나님 사랑이 이웃 사랑으로 현실이 되는 순간 율법이 완성되는데, 갈라디아서 2장 20절이 보여 주는 바, 하나님의 아들이 다른 사람들을 위해 사랑 안에서 자기 몸을 희생하고 목숨을 주는 것에서 그 사랑이 완성됩니다. 정말 율법을 다 이루려면 그리스도의 사랑을 통하여 서로에게 노예가 되는 길밖에는 없습니다. 그런 의미에서 모든 율법이 이 말씀 하나에서 다 이루어진 것입니다.

우리가 해야 할 일은 그리스도께서 이루신 율법 완수에 사랑으로 서로의 노예가 되어 참여하는 것입니다. 그렇게 할 때 바울이 로마서 8장 29절에서 말한 것이 현실이 됩니다.

하나님께서는 미리 아신 사람들을 택하셔서, 자기 아들의 형상과 같은 모습이 되도록 미리 정하셨으니, 이것은 그 아들이 많은 형제 가운데서 맏아들이 되게 하시려는 것입니다. (롬 8:29)

복음의 진리

하나님의 목적은 우리를 "자기 아들의 형상과 같은 모습"으로 변화시키는 것입니다. 그 과정이 우리의 공동체 생활을 통해 이루어집니다. (이 문제에 대해서는 다음 두 장에 걸쳐 더 자세히 다루도록 하겠습니다.)

또한 갈라디아서 5장 13-14절의 논리는 로마서 8장 3-4절에 좀 더 자세히 드러나 있습니다.

> **육신**으로 말미암아 율법이 미약해져서 해낼 수 없었던 그 일을 하나님께서 해결하셨습니다. 곧 하나님께서는 자기의 아들을 죄 된 **육신**을 지닌 모습으로 보내셔서, 죄를 없애시려고 그 **육신**에다 죄의 선고를 내리셨습니다. 그것은, **육신**을 따라 살지 않고 성령을 따라 사는 우리가, 율법이 요구하는 바를 이루게 하시려는 것입니다. (롬 8:3-4)

여기서 "육신"이라고 번역된 단어가 바로 오늘 본문의 '육체'와 같은 단어 '사르크스'입니다. 율법은 육신에게 사로잡혀 그 기능을 제대로 할 수 없다는 것을 바울은 간파하고 있습니다. 그 육신의 파워를 깨뜨렸던 것은 하나님의 아들이 십자가에서 보여 주신 사랑입니다. 죽기까지 순종하는 사랑! 그 사랑이 육신의 파워를 깨뜨렸으므로, 이제 그리스도를 따르는 사람들이 사랑할 수 있는 자유를 사용해 서로의 노예가 되겠다고 행동하는 순간 육신은 힘을 쓰지 못합니다. 그리스도께서 인간의 육신을 입고 이 세상에 오셔서 이루어 내신 일은 바로 "율법이 요구하는 바"(롬 8:4)입니다. 그리스도를 닮아 가는 사람들 역시 율법이 요구하는 바를 이루어 갑니다.

"사랑으로 서로 노예가 되어 섬기십시오"(14절)라는 말씀은 그 당시 사람들에게 상당히 불쾌하게 들렸을 것입니다. 우리 또한 마찬가지라고 생각합니다. 다른 사람들을 섬기라고 하면 괜찮게 들리는데, 다른 사람의 노예가 되라고 하면 기분이 조금 언짢습니다. 그런데 생각해 보면 우리가 불쾌하게 여길 수가 없습니다. 빌립보서 말씀은 그리스도께서 하신 행동을 드러냅니다.

> 그는 하나님의 모습을 지니셨으나, 하나님과 동등함을 당연하게 생각하지 않으시고, 오히려 자기를 비워서 종의 모습을 취하시고, 사람과 같이 되셨습니다. 그는 사람의 모양으로 나타나셔서, 자기를 낮추시고, 죽기까지 순종하셨으니, 곧 십자가에 죽기까지 하셨습니다. (빌 2:6-8)

그리스도는 본질상 하나님이셨으나 하나님과의 동등함을 통해 어떤 유익도 취하고 않고 자기를 비워 노예가 되셨습니다. 거기서 더 낮아져서 온갖 굴욕을 당하고 죽기까지 순종하시되, 십자가에서 죽는 것까지 감당하셨습니다. 당연히 이 우주에서 가장 높임을 받아야 할 분이 노예가 되어 가장 낮은 자리까지 가셨으니 그 누구도 이제 서로 노예가 되라는 말을 들었을 때 불쾌할 수가 없게 되었습니다. 사랑으로 서로의 노예가 되는 것이 그리스도를 닮는 것입니다.

조심하라!

끝으로 15절을 봅니다.

그런데 여러분이 서로 물어뜯고 잡아먹고 하면 피차 멸망하고 말 터

이니, 조심하십시오. (5:15)

저는 15절에서 묘사하는 상황이 가상이 아닌 현실이라 믿습니다. 갈라디아 교회는 잘 달려오고 있었습니다. 그런데 거짓 교사들이 들어와 율법의 행위에 근거한 가짜 복음을 전한 후 그들에게서 그리스도의 형상이 점점 사라지게 되었습니다. 공동체에 그리스도의 형상이 사라지게 되니 육체의 일이 현저히 드러납니다. 바울이 묘사하는 상황을 갈라디아인들도 잘 알고 있었을 것입니다. 그 공동체 안에 어떤 싸움과 투쟁이 있었는데, 바울은 그것을 개들이 싸우면서 서로 물어뜯는 것으로 표현합니다. 그러다가 같이 죽는 싸움입니다. 바울은 공동체의 파괴를 심히 염려했는데, 그 현상이 이미 일어나고 있었습니다. 만약 육체가 그 공동체를 장악한다면, 그 공동체는 서로 물어뜯다가 같이 멸망의 길로 갈 것입니다. 그렇기 때문에 바울은 이 상황을 적나라한 언어를 사용해 설명하고 있는 것입니다.

그러나 그리스도 안에서 우리는 새로운 현실을 살아갑니다. 그리스도의 신실한 순종과 죽음은 사랑의 실천이 어떤 모습인지 보여 주었습니다. 나는 그리스도와 함께 못 박혔습니다. 더 이상 나의 삶은 나의 것이 아닙니다. 오직 내 안에 계신 그리스도께서 사시는 것입니다. 이 육체 안에 사는 것은 나를 사랑하사 나를 위하여 자기 목숨을 버리신 하나님의 아들의 신실함 안에서 살아가는 것입니다. 하나님이 우리를 부르셔서 자유를 누리게 하신 것은 바로 그 아들의 신실함을 닮아 가게 하기 위함입니다. 그러므로 그 자유를 육체가 장악해 버려 그 욕망을 채우는 기지가 되지 않게 해야 합니다. 그것을 위한 유일한 방법은 하나님의 아들 예수께서 보여 주신 길로 가는 것입니다. 사랑으로 다른 사람의 노예가 되는 것입니다. 여기에 자존심 같은 것은 끼어들 틈이 없습니다.

서로 섬기는 방법

온갖 악이 판치는 이 세상을 살다 보면 스트레스를 받기 참 쉽습니다. 사랑하기보다 미워하기 쉽습니다. 그러나 우리는 사랑할 수 있는 자유를 받은 사람들입니다. 사랑이 악을 이깁니다. 사랑으로 서로 섬깁시다. 서로 종이 됩시다. 노예가 됩시다. 저도 목사이기 전에 한 인간으로서 스트레스가 많이 쌓이면 미워하는 마음이 자리를 잡으려고 합니다. 그러면 산에 올라가 하나님께 불평도 늘어놓고 "도대체 왜요?" 하고 질문도 많이 합니다. 그러다 보면 그리스도의 사랑이 저를 강권합니다. "사랑하라, 사랑하라, 사랑하라…."

그렇다면 서로 노예가 되어 섬기려면 구체적으로 어떻게 해야 할까요?

(1) 사랑으로 서로 노예가 되어 섬기는 일은 서로를 위하여 기도하는 데서 시작됩니다. "그러므로 여러분은 서로 죄를 고백하고, 서로를 위하여 기도하십시오"(약 5:16). 특히 나에 대해 험담하고 나를 불쾌하게 만든 사람들을 위해 기도하는 것이 시작입니다.

(2) 우리가 서로 노예가 되어 섬기는 일은 서로를 용납함으로 계속됩니다. "오래 참음으로써 사랑으로 서로 용납하십시오"(엡 4:2). 나와 정말 달라서 나를 힘들게 한 사람을 오래 참음으로써 사랑으로 용납하는 것입니다. 고쳐서 받아들이려고 하지 말고 있는 그대로 받아 주십시오. 그렇게 받아들일 때 성령께서 마음을 감동시켜 변화

복음의 진리

될 수 있는 기회가 생깁니다. 베드로도 권면합니다. "무엇보다도 먼저 서로 뜨겁게 사랑하십시오. 사랑은 허다한 죄를 덮어 줍니다"(벧전 4:8). 사랑이 없으면 죄를 자꾸 드러내어 상대방을 어렵게 만듭니다.

(3) 바울의 구체적인 권면을 들어 봅시다. "나쁜 말은 입 밖에 내지 말고, 덕을 세우는 데에 필요한 말이 있으면, 적절한 때에 해서, 듣는 사람에게 은혜가 되게 하십시오"(엡 4:29). 우리의 언어 생활을 솔직하게 점검해 봅시다. 사랑으로 노예가 되어 서로 섬기는 일은 그 사람이 없을 때 시작됩니다. 그 사람을 위해 기도하고 그 사람에 대해 나쁜 말 대신 덕을 세우는 말을 하는 것입니다. 쉽지 않습니다. 그러나 공동체가 세워지려면 부정적인 말보다 긍정적이며 덕을 세우는 말들이 가득 차야 합니다. 적어도 10대 1이 되도록 노력해 봅시다.

(4) 목회자로서 말씀드리기 쉽지 않지만, 권면을 드립니다. "형제자매 여러분, 우리는 여러분에게 부탁합니다. 여러분 가운데서 수고하며, 주님 안에서 여러분을 지도하고 훈계하는 이들을 알아보십시오. 그들이 하는 일을 생각해서 사랑으로 그들을 극진히 존경하십시오"(살전 5:12-13). 바울이 이렇게 권면하는 것은 데살로니가 교회의 지도자들이 완벽해서가 아니라, 오히려 부족하기 때문입니다. 목회자가 이 구절을 인용하는 것이 참 쉽지 않습니다. 마치 자기를 존경하라는 식으로 들릴 수 있기 때문입니다. 그러나 바울이 이렇게 권면하는 목적이 그다음 문장에 나와 있습니다. "여러분은 서로 화목(peace)하게 지내십시오"(살전 5:13). 여기서 바울이 말하는 화목은 평안을 말합니다. '샬롬!' 곧 교회 공동체에 있는 '평안'입니다.

목회자를 사랑하고 존경해야 하는 이유는 그 목회자를 위해서라기보다 공동체를 위한 것입니다. 목회자를 사랑하고 존경하지 않는 공동체에는 평안이 없습니다. 목회자를 존중하고 사랑으로 존경하는 공동체에 평안이 있습니다. 율법의 행위가 지배하는 공동체에서는 지위와 성취와 공로와 업적으로 목회자를 평가하려 합니다. 그러면 무엇을 이루고 잘해서 업적을 쌓은(예를 들어, 교회를 성장시켰다!) 목회자는 존경하고, 그런 업적이 없는 목회자는 마구 다루게 됩니다. 믿음의 공동체, 은혜의 공동체에서는 그럴 수 없습니다.

서로 노예가 되어 섬기는 공동체, 목회자는 성도를 섬기고 성도는 목회자를 섬기는 공동체, 특별히 모든 목회자가 사랑으로 극진히 존경받는 공동체에 하나님이 평안으로 축복해 주십니다. 그것을 이루는 길은 오직 사랑입니다.

20 육체의 행실

갈라디아서 5:16-21

16 내가 또 말합니다. 여러분은 성령을 따라 살아가십시오. 그러면 육체의 욕망을 채우려 하지 않을 것입니다. 17 육체의 욕망은 성령을 거스르고, 성령이 바라시는 것은 육체를 거스릅니다. 이 둘이 서로 적대관계에 있으므로, 여러분이 원하는 일을 하지 않게 됩니다. 18 그러나 여러분이 성령을 따라 살아가면, 율법 아래에 있는 것이 아닙니다. 19 육체의 행실은 명백합니다. 곧 음행과 더러움과 방탕과 20 우상숭배와 마술과 원수 맺음과 다툼과 시기와 분냄과 분쟁과 분열과 파당과 21 질투와 술 취함과 흥청망청 먹고 마시는 놀음, 그리고 그와 같은 것들입니다. 내가 전에도 여러분에게 경고하였지만, 이제 또다시 경고합니다. 이런 짓을 하는 사람들은 하나님의 나라를 상속받지 못할 것입니다.

율법과 육체

갈라디아서에 있는 바울의 권면이 이제 클라이맥스를 향해 갑니다. 육체가 자유를 자기 욕망을 채우는 전초기지로 사용하지 않게 하려면, 성령께서 이끄시는 대로 살아가는 수밖에 없습니다. 거짓 교사들은 율법을 지켜야 육체의 욕망을 제어할 수 있다고 주장했습니다. 그러나 사실은 정반대입니다. 율법을 지키려고 그 아래 들어가는 순간, 오히려 육체의 욕망을 채우려고 살게 됩니다. 바울은 율법이 육체의 적수가 될 수 없음을 깨달았습니다. 아무리 율법이 규정하는 대로 살아가 보려고 해도 인간을 사로잡아 장악해 버리는 육체의 욕망을 제어할 수 없고, 오히려 그 밑에서 노예생활을 하게 된다는 것입니다. 육체의 파워를 깨뜨리고 하나님께서 원하시는 삶을 살기 위하여 우리에게 필요한 것은 성령의 인도하심입니다.

걷는 것과 사는 것

먼저 우리가 보아야 할 단어는 5장 16절의 "살아가십시오"입니다. 히브리어 '할라크'(הָלַךְ)를 그리스어 '페리파테오'(περιπατέω)로 번역했고, 이것을 다시 우리말로 풀어쓴 것입니다. 히브리어 '할라크'가 '걷는다'는 의미이니, "살아가십시오"라는 말에도 '걷는다'는 뜻이 들어 있습니다. 유대인들은 매일매일의 삶에서 율법이 이끄는 대로 맞추어 걷는 것을 올바른 삶이라고 생각했습니다. 그래서 히브리어 동사 '할라크'는 '걷는다'는 뜻과 함께 '산다'는 의미도 포함하게 되었습니다. 여기서 바울이 쓰는 '성령에 의해 걷는다'는 표현은 '율법에 의

복음의 진리

해 걷는다'는 표현에서 율법과 성령을 맞바꾼 것입니다. 성령이 이끄는 대로 뚜벅뚜벅 걸어가는 것이 육체의 파워를 이기는 방법입니다.

육체의 욕망

육체는 자기의 욕망($\epsilon\pi\iota\theta\upsilon\mu\iota\alpha$ 에피뛰미아)을 채워 만족하려 합니다. 그 상태에 이르기 위해 육체는 끊임없이 우리를 충동질합니다. "육체의 욕망"이라는 표현은 인간 안에 도사리고 있는 육체(사르크스)에 권능을 주어 우리 삶을 장악하려는 악한 충동질을 묘사합니다. 5장 16-21절 본문은 '육체'에 대하여 더 자세하게 보여 주고 있습니다. 여기서도 육체(사르크스)는 하나님으로부터 우리를 반대 방향으로 끌어당기며 대적하게 하는 파워를 지칭합니다.

육체의 존재는 인류의 조상이 하나님께 순종하지 않고 자기 자신이 "하나님과 같이 되려고 하는" 마음을 가질 때부터 시작되었습니다(창 3장). 타락한 인간 안에 도사리는 죄는 이 육체를 통해 활동합니다. 그래서 육체는 인간이 자기의 욕망을 채우고 높아지려고 하고, 공동체 전체의 유익보다는 자신의 욕심을 채우려고 할 때 어김없이 부추깁니다. 기억하십시오. 육체는 하나님의 뜻에 대적하고 그 뜻에 순종하지 못하게 하는 파워입니다. 바울은 로마서와 갈라디아서에서 율법은 중립적인 존재이기 때문에 죄와 육체를 극복할 수 있는 힘이 없다는 것을 가르칩니다. 육체에 사로잡혀 육체의 도구로 사용되기 일쑤입니다. 율법주의에 사로잡혀 사는 분들을 보면, 본인은 율법을 따라서 규칙을 지키며 열심히 산다고 하지만 공동체에 유익이 아닌 어려움을 주는 경우가 많습니다. 육체에 사로잡힌 율법에 다시 사로잡혔기 때문입니다.

적대관계

그렇다면 성령에 이끌려 걸어가는 삶이 어떻게 육체의 욕망을 채우는 것을 막을 수 있을까요? 17절에서 바울이 하는 설명을 잘 들여다봅시다. 먼저, 육체와 성령이 대립관계에 있으면서 서로가 바라는 것을 가로막고 서 있기 때문이라고 설명합니다. 육체의 바람은 하나님의 영을 가로막아 우리 삶에서 역사하지 못하게 하는 것입니다. 반면에 하나님의 영의 바람은 육체의 욕망을 중단시키는 것입니다. 바울은 여기서 다시 전투 이미지를 사용합니다. 두 군대가 마주 보고 대치하고 있어서 팽팽한 전열이 이루어져 있는 그림입니다. 그런데 17절 후반부에서 바울은 "여러분이 원하는 일을 하지 않게 됩니다"라고 말합니다. 이 말씀은 해석하기 쉽지 않아서 많이들 오해하고 있습니다. 우리 안에서 육체와 성령이 항상 대립되어 인간으로 하여금 고민에 빠지게 해 아무것도 못 하는 그런 상태에 있다고 이해합니다. 그런데 그렇지 않습니다. 바울은, 육체는 하나님의 영의 적수가 되지 못한다고 확신합니다. 하나님의 영에 의해 살아가는 사람들은 육체의 충동질을 누르고 승리할 수 있는 능력이 분명히 있습니다. 부활하신 주님께서 그 능력을 이미 우리에게 주셨기 때문입니다. 17절 후반부의 말씀은 이렇게 풀어서 번역할 수 있습니다. "성령이 바라시는 것은 육체를 거스릅니다. … 그래서 여러분은 육체가 원하는 일[육체의 행실]을 하지 않게 됩니다." 하나님의 영을 받으면 육체의 욕망을 따라 살지 않아도 충분한데, 갈라디아 교인들이 율법 아래로 다시 들어감으로써 육체의 일이 또다시 공동체에 드러나는 현상이 생긴 것입니다.

그러면 우리는 어떻게 성령의 인도하심을 받을 수 있을까요? 육체가 아닌, 성령께 우리 삶의 주권을 전적으로 드릴 때 가능합니다. 육체에게 주권을 주기 원하는 사람은 없을 것입니다. 그러나 바울은 율법 아래로 들어가는 것이 바로 육체에게 주권을 주는 행동이라고 주장합니다. 우리가 그리스도를 믿을 때 받은 하나님의 영이 우리 삶을 주장하도록 주권을 드리고 순종해야 육체의 파워를 이길 수 있습니다. 문제는 그것이 자동으로 되지 않는다는 점입니다. 그리스도를 믿은 다음에도 우리는 여전히 육체의 욕망대로 움직이는 데 더 익숙하고 자연스럽습니다. 예를 들면, 13절에서 바울이 사랑으로 서로 노예가 되어 섬기라고 하지만, 너무나 어렵습니다. 사랑보다는 경쟁해서 누르는 데 뛰어난 선수입니다. 평생 그렇게 살도록 훈련받았기 때문에 고민하지 않아도 그렇게 행동하게 됩니다. 필요하면 반칙을 써서라도, 거짓말을 해서라도, 내 체면 깎이는 것을 막고 상대방을 내아래에 두고 싶은 마음을 먹기가 훨씬 쉽습니다. 거짓 교사들은 갈라디아인들에게 성령을 따라 살아가는 데 필요한 내면의 변화와 헌신 대신, 외형적으로 규정을 따라가기만 하면 되는 라이프스타일, 즉 율법을 지켜야 한다고 가르쳤습니다. 그래서 갈라디아인들이 그리스도를 믿은 다음에도 율법 아래로 들어가라고 하는 유혹에 쉽게 넘어간 것입니다.

그러나 바울은 율법 대신 성령이 이끄시는 대로 걸어가라고 권면합니다. 물론 부자연스러울 수 있습니다. 그러나 성령은 우리에게 세상과 다른 마음, 즉 그리스도의 마음을 주십니다. 그리스도의 마음은 "지배를 포기하는 마음"입니다(빌 2:5-8).[42] 나보다 공동체를 먼저 생각하는 마음입니다. 성령이 이끄시는 대로 살아가면서 그리스도의 마음이 우리의 마음이 될 때 육체의 충동을 이길 수 있습니다. 그런데 다시 율법 아래로 들어가면, 육체의 욕망에 힘을 실어 주어 육체의 행실이 판치게 되는 것입니다. 그러나 바울은 선언합니다.

> 그러나 여러분이 성령을 따라 살아가면, 율법 아래에 있는 것이 아닙니다. (5:18)

이 말씀은 로마서 6장 14절과 같은 의미입니다.

> 여러분은 율법 아래 있지 않고, 은혜 아래 있으므로, 죄가 여러분을 다스릴 수 없을 것입니다. (롬 6:14)

바울은 '성령을 따라 살아간다는 의미는 이제 더는 율법 아래 있지 않고 은혜 아래 있어서 죄가 우리를 다스리지 못하는 상태에 이른 것인데, 왜 다시 율법으로 돌아가 죄와 죽음이 조정하는 육체의 욕망에 휘둘려 살기 원하는가?' 하고 묻습니다. 하나님의 영은 우리에게 육체와 대항해 싸울 수 있는 힘과 지혜와 동기를 주십니다. 이것이

---

42 Gerhard Lohfink, *Jesus and Community: The Social Dimension of Christian Faith* (Philadelphia: Fortress, 1984). 로핑크 교수는 예수가 창조하려던 공동체(대조공동체contrast community)의 특색을 "'지배를 포기하는 마음'(the renunciation of domination)을 가진 사람들의 공동체"라고 주장한다. (《예수는 어떤 공동체를 원했나?》 분도출판사 역간)

영적 전쟁의 실체입니다. 그래서 더 이상 율법 아래에서 수동적으로 끌려가는 삶이 아니라, 성령이 주시는 동기를 가지고 능동적으로 싸우게 됩니다. 16-18절은 성령이 우리에게 방향을 제시해 주시는 대로 우리가 종말론적인 전쟁터에서 육체와 전쟁을 치르는 상태에 있음을 보여 줍니다. 율법이 나쁜 것은 아니지만 이미 육체와의 전쟁에서 별 효력이 없는 것으로 밝혀졌으니, 그 아래로 다시 들어갈 생각을 하지 말고 하나님께서 선물로 주신 성령의 힘에 의지해야 한다는 권면입니다.

육체의 행실

19-26절에서 바울은 두 형태의 라이프스타일을 비교합니다. 먼저, 19-21절에서 바울은 육체의 행실에 대해 구체적으로 묘사합니다. 그리고 나서 성령의 열매를 묘사합니다. 그 둘 중 어느 쪽을 선택할지 도전합니다. 바울이 먼저 묘사하는 것은 육체(사르크스)가 우리 안의 욕망을 부추겨 살게 하는 삶의 방식, 아니 '죽음의 방식'(ways of death)입니다. 그리고 나서 성령이 이끄는 삶의 방식을 보여 줍니다. 이것은 마치 모세가 두 형태의 삶을 보여 주고 나서 도전했던 모습을 상기시킵니다.

> 나는 오늘 하늘과 땅을 증인으로 세우고, 생명과 사망, 복과 저주를 당신들 앞에 내놓았습니다. 당신들과 당신들의 자손이 살려거든, 생명을 택하십시오. (신 30:19)

생명을 택하십시오!

바울은 이 육체의 행실들이 이미 환히 드러났다고 밝힙니다. 그들의 공동체에서 이미 밝히 드러난 것입니다. 19-21절에는 15개의 육체의 행실이 묘사되어 있습니다. 물론 육체의 모든 행실을 밝힌 리스트는 아닙니다. 육체가 자기 기지를 갖게 되어 활동하면 나타나는 대표적인 몇 가지 행실을 열거한 것입니다.

(1) 이 리스트의 처음 세 가지, 즉 '음행', '더러움', '방탕'은 성적인 타락과 관련이 있습니다. 당시 이방인 사회에서 흔히 볼 수 있는 행위였고, 요즘도 잘 보이는 것들입니다.

(2) 다음 두 단어, '우상숭배'와 '마술'은 직접적인 종교 행위와 관련 있는 단어들입니다. 역시 당시 이방인 사회에서 흔히 볼 수 있는 행위였습니다. [한 가지 흥미로운 사실은 예전《킹제임스성경》에서는 여기서 '마술'(magic)로 번역된 단어를 'science'로 번역했다는 것입니다. 17세기 영국에서는 'science'를 그렇게 사용했기 때문입니다. 어쩌면 기독교 안에 깊이 퍼져 있는 반지성주의, 반과학주의는 이런 단어 때문일 수도 있겠습니다.]

(3) 그리고 이 리스트의 마지막 두 단어, '술 취함'과 '흥청망청 먹고 마시는 놀음'은 심하게 술 마시고 노는 모습을 묘사합니다. 현재 우리 한국 사회에서 매우 익숙한 장면이라서 더는 설명이 필요 없으리라 생각합니다.

그런데 여기서 우리가 주목해야 할 것은 그 중간에 나오는 단어들입니다. "원수 맺음과 다툼과 시기와 분냄과 분쟁과 분열과 파당과 질투!" 어떤 행동을 묘사하고 있습니까? 바울이 육체의 행실이라고 지목해서 집중해 보여 주는 행위들은 바로 공동체를 파괴하는 행동들입니다. 우리의 구원 과정은 하나님의 아들을 닮아 가는 과정입니다. 그 중심에 하나님을 사랑하게 됨으로써 이웃을 사랑하게 되는 성숙함이 자리 잡고 있습니다. 우리가 '이웃'이라고 할 때 어떤 추상적인 개념이 될 수 없습니다. 어쩌면 우리가 잘 모르는 사람을 그냥 추상적으로 사랑하는 것은 쉬울 수 있습니다. 그러나 가까운 이웃일수록, 계속해서 지내야 하는 경우일수록 사랑하기 더 힘듭니다.

소위 영적이라고 하는 분들 가운데, 공동체 안에서 계속 관계에 문제가 생긴다면 '영적'이라는 형용사를 거두어들여야 합니다. 오래전 제가 섬기던 어느 교회에서 신앙생활을 열심히 하는, 기도도 열심히 하고 성경공부도 여기저기 쫓아다니며 하는 분들 가운데, 계속해서 여러 관계에 문제가 생기고 웬수가 생기고 상처받고 상처 주던 분들이 있었습니다. 본인들이 영적으로 뛰어나다고 생각해서 웬만한 사람들은 존경은커녕 본인들 하수로 여겼습니다. 당시 목회 초년생이었던 저는 '왜 저분들은 신앙생활에는 이렇게 열심인데, 인간관계에서는 계속 문제를 일으킬까?' 하는 질문이 있었습니다. 그리고 한참 뒤에 깨달았습니다. 제가 이원론적인 잣대를 가지고 있었다는 사실입니다. 즉, 영적인 문제와 공동체에서의 삶을 연결 짓지 못하고 따로 보았던 것입니다.

오늘 본문에서 확인할 수 있듯이 바울은 공동체를 파괴하는 행위들을 분명히 영적인 문제로 여깁니다. 그것을 하나님의 영을 대적하는 육체의 행실로 보고 있기 때문입니다. 소위 영적이라고 하면서, 신앙생활을 열심히 한다고 하면서, 공동체 생활을 잘 못한다면, 그 표현에 모순이 있는 것입니다. 원수 맺음, 다툼, 시기, 분냄, 분쟁, 분열, 파당과 질투, 이런 일들을 계속 일으키는 사람들을 향해 바울은 강하게 경고합니다. "하나님의 나라를 상속받지 못할 것입니다!" 바울이 사용하는 현재형 분사는 이 행동들을 한두 번 했다고 하나님이 아웃시킨다는 의미가 아닙니다. 지속적이고 습관적인 행위를 가리킵니다.

자기를 돌아보라

하나님의 말씀은 다른 사람이 아닌 바로 나 자신에게 먼저 적용해야 합니다. 설교를 내가 아닌 다른 사람을 겨냥하는 도구로 사용하면, 정말 위험해집니다. 가짜 그리스도인의 세 가지 특성은 이렇습니다.

1. 말씀에 관심이 없는 자
2. 말씀을 남에게만 적용하는 자
3. 말씀을 아무리 오래 들어도 변하지 않는 자

말씀은 제일 먼저 나 자신에게 적용해야 합니다. 말씀을 전하는 저도 마찬가지입니다. 바울은 고린도전서 3장 1-3절에서 이렇게 말합니다.

형제자매 여러분, 나는 여러분에게 영에 속한 사람에게 하듯이 말할 수 없고, 육에 속한 사람, 곧 그리스도 안에서 어린아이 같은 사람에게 말하듯이 하였습니다. 나는 여러분에게 젖을 먹였을 뿐, 단단한 음식을 먹이지 않았습니다. 그때에는 여러분이 단단한 음식을 감당할

복음의 진리

수 없었습니다. 사실 지금도 여러분은 그것을 감당할 수 없습니다. 여러분은 아직도 육에 속한 사람들입니다. 여러분 가운데에서 시기와 싸움이 있으니, 여러분은 육에 속한 사람이고, 인간의 방식대로 살고 있는 것이 아닙니까? (고전 3:1-3)

바울은 영에 속한 사람과 육에 속한 사람을 나눌 때 그들의 '공동체 생활'을 보았습니다. 고린도에는 소위 '영파'들이 많이 있었습니다. 자기들이 받은 방언과 같은 성령의 은사들을 내세워 자신들이 영에 속한 사람이라는 증거로 여겼습니다. 자신들을 '프뉴마티코스'(πνευματικός), 즉 "영에 속한 사람"이라고 불렀습니다. 그러나 바울이 본 것은 그들의 공동체 생활입니다. 바울이 보기에 그들은 '사르키코스'(σαρκικός), 곧 "육에 속한 사람"이었습니다. 여기서 "육"으로 번역된 말이 바로 '사르크스'입니다. 시기와 싸움이 난무하는 고린도 교회 전체를 육에 속한 공동체로 표현하고 있고, 하나님의 방식이 아닌 인간의 방식대로 사는 사람들로 묘사하고 있습니다. 아무리 대단한 은사를 받았더라도, 공동체의 유익을 위해 살지 않고 "시기와 싸움"을 일삼으면 육에 속한 것입니다.

육체의 행실은 분명합니다. 성적으로 타락하고 종교적으로 우상숭배하고 마술에 빠지며 술에 취해 심하게 방탕한 생활을 하는 것과 공동체를 파괴하는 행위는 같은 종류입니다. 성적으로 타락하고 이상한 종교 행위를 하고 술에 취해 사는 것을 훨씬 더 나쁜 죄처럼 느낄지 모르겠지만, 오늘 본문은 공동체를 어지럽히고 파괴하는 행위는 이와 별반 다르지 않다는 점을 분명히 합니다. 이것은 육체의 욕망이라는, 같은 근원에서 나온 행동들입니다.

내가 하는 말과 내가 하는 행동이 우리 공동체를 세우고 있는지, 아니면 무너뜨리고 있는지 숙고해야 합니다. 나의 유익보다 공동체의 유익을 먼저 생각하고 실천하기란 쉽지 않습니다. 우리 안에 도사리고 있는 육체가 우리를 자꾸 충동질하기 때문입니다. 건강한 공동체를 세우는 일은 나의 작은 변화로 시작됩니다. 성령께 의지하고 성령께서 원하시는 말만 일만 하겠다는 마음이 필요합니다. 기도하지 않으면 성령께서 원하시는 것이 무엇인지 알 수 없습니다. 말씀을 읽지 않으면 알 수 없습니다. 그리고 희생하는 사람이 없으면 공동체는 절대 세워지지 않습니다. 그 희생은 사랑으로 하게 됩니다. 사랑으로 서로를 섬김으로써 공동체를 세워 갑니다. 그 사랑은 곧 하나님으로부터 받은 사랑입니다. 사랑은 성령을 통하여 하나님으로부터 옵니다. 하나님께서 성령을 통하여 그 사랑을 우리 마음속에 부어 주셨기 때문에 사랑으로 서로 섬기며 공동체를 세울 수 있습니다. 사랑으로 서로를 섬기는 것은 성령이 하시는 일입니다. 성령을 따라 걸으며(5:16), 성령에 이끌려 살아가며(5:18), 성령에 심는 사람(6:8)이 되어야 합니다.

복음의 진리

21 성령의 열매

갈라디아서 5:22-26

²² 그러나 성령의 열매는 사랑과 기쁨과 화평과 인내와 친절과 선함과 신실과 ²³ 온유와 절제입니다. 이런 것들을 막을 법이 없습니다. ²⁴ 그리스도 예수께 속한 사람은 정욕과 욕망과 함께 그 육체를 십자가에 못 박았습니다. ²⁵ 우리가 성령으로 생명을 얻었으면, 또한 성령의 인도를 따라 삽시다. ²⁶ 헛된 영광을 구하여 서로 노엽게 하거나 질투하지 않도록 합시다.

행실과 열매

앞 장에서 우리는 '육체의 행실'에 대해 살펴보았습니다. 5장 22-26절은 육체의 행실 대신 나타나야 하는 '성령의 열매'에 대해 말씀하고 있습니다. 성령의 열매에 대해서는 잘 안다고 생각할지 모르겠지만, 육체의 행실만큼이나 자세히 들여다보아야 합니다. 이를 구체적으로 설명하기 전에 몇 가지를 먼저 살펴봅시다.

(1) '육체의 행실'은 '복수'로 표현했는데, '성령의 열매'는 '단수'로 표현했다는 것입니다. 우리말 번역에서는 잘 느껴지지 않지만, 원문 성경을 번역하면 정확히 육체의 행실'들'(the works of the flesh)입니다. 반면, 성령의 열매(the fruit of the Spirit)는 단수입니다. 이것은 바울이 22-23절에서 묘사하고 있는 것들이 따로따로 나타나는 현상이 아니라, 공동체에 전체적으로 나타나는 특징 또는 성질이라는 의미입니다. 육체에 사로잡힌 공동체가 아니라 성령에 이끌려 사는 공동체에 드러나는 모습을 '단수'(열매)로 표현하고 있습니다. 주렁주렁 달린 포도 열매를 생각하면 되겠습니다.

(2) 여기에 묘사되고 있는 특징들은 개인이 갖는 어떤 '내면의 성질'이 아니라 '공동체적인 특징들'을 말하고 있습니다. 열매는 개인의 내면의 변화를 통해 열리기 시작합니다. 하지만 이것을 그저 개인적인 성질의 차원에서 이해하면 안 됩니다. 그 내면에서 밖으로 나와 공동체 안의 관계에서 열매를 맺어야 합니다. 성령의 열매는 공동체의 맥락에서 이해해야 하는 성질이므로 공동체적으로 보아야 합니다. 성령의 열매는 공동체를 파괴하는 육체의 행실의 반대 개념입니다. 육체의 행실이 공동체를 무너뜨린다고 한다면, 성령의 열매는 공동체를 굳건하게 세웁니다.

(3) 또 한 가지는 이 성질들을 삶에서 일구어야 한다고 훈계하는 것이 아니라는 사실입니다. 바울은 단지 묘사할 뿐입니다. 성령이 역사하시는 공동체가 어떤 모습일지 그림을 그리고 있습니다. 육체가 일으키는 것들은 일(ἔργα 에르가, works)인 데 비해 성령이 맺는 것은 열

매(κάρπος 카르포스, fruit)입니다. 바울이 '열매'라는 메타포어[43]를 사용하고 있는 데 주목하십시오. 열매는 살아 있는 나무에서 자연적으로 열립니다. 열매는 인간이 억지로 만들어 내지 못합니다. 성령의 열매는, 우리 안에 하나님이 주신 생명이 있을 때 하나님께서 자라게 해 주심으로써 삶에서 유기적으로 맺을 수 있습니다. 개인뿐 아니라 공동체 역시 성령이 주시는 에너지가 있어야 생명력이 넘쳐나 열매 가득한 공동체가 형성됩니다.

성령의 열매의 아홉 가지 특징

이제 성령의 열매로 묘사된 아홉 가지 특징을 보겠습니다.

(1) 사랑(ἀγάπη 아가페). 가장 먼저 나오는 특징은 사랑, 곧 아가페입니다. 이 사랑은 하나님으로부터 옵니다. 그리스어에서 '사랑'으로 번역할 수 있는 단어는 네 가지(에로스, 스트로게, 필리아, 아가페)입니다. 그 단어들 중 성경에서 '아가페'를 쓸 경우는 '하나님의 사랑'을 의미합니다. 그리스도의 사랑도 아가페 사랑입니다. 아가페는 조건 없는 희생적인 사랑을 일컫습니다. 이 사랑이 공동체에 드러나는 것은 성령의 역사하심입니다. 인간의 힘으로 되지 않습니다. 이 사랑이 드러나는 공동체에서는 어떤 이익이나 돌아올 것을 바라고 잘해 주는 것이 아닌, 순수하고 꾸밈없는 선행이 정상적인 행동이 됩니다.[44]

---

43 '메타포'는 '은유'라는 뜻으로, 적절한 연상 작용을 유도하여 어떤 개념이나 정보를 쉽고 빠르게 전달할 수 있도록 한다.

44 바울이 말하는 '사랑'에 관한 자세한 설명은 김도현, 《바울의 사상을 그리다》(서울: 성서유니온, 2023), 278-297을 참고하라.

(2) 기쁨(χαρά 카라, 개역개정 "희락"). 이 기쁨은 무엇보다 하나님 때문에 기뻐하는 것을 뜻합니다. 하나님이 하나님이시기 때문에 기뻐하는 것이지, 하나님께서 무엇을 주시기 때문에 기뻐하는 것이 아닙니다. 가짜 기쁨은 복을 주시는 분 자체가 아니라 받는 복 때문에 기뻐합니다. 축복에 근거한 기쁨에 도취되다 보면, 환경이 좋을 땐 기뻐하지만 환경이 나빠지면 급격하게 우울 상태로 들어갑니다. 그러나 하나님 그분 자신을 기뻐한다면 그런 일이 없습니다.

(3) 화평(εἰρήνη 에이레네). 하나님의 지혜와 통치 덕분에 불안하지 않고 자신감이 있고 안식이 있는 상태를 화평하다고 합니다. 자신의 능력과 지혜를 믿어서 생기는 마음의 평화는 언제든지 흔들릴 수 있습니다. 하지만 하나님에 근거한 평화는 걱정과 염려를 몰아냅니다. 가짜 평화는 무관심과 무감각 때문에 아무것도 상관치 않고 살아가게 합니다. 세상에서 난리가 나도 나와 무슨 상관이야 하고 평안하게 삽니다. 먹고사는 것이 가장 중요하기 때문에 우크라이나 전쟁 같은 비극이 일어나고 총기사고가 여기저기 일어나도 무관심 무감각으로 편안히 살아갑니다. 가짜 평안입니다. 그런데 가족 가운데 일어나는 일은 아주 조그만 일에도 마음 상하고 평안을 잃어버립니다. 이것이 우리의 모습입니다. 그러나 하나님께서 주시는 화평은 하나님에 대한 신뢰에 근거합니다. 사랑, 기쁨, 화평, 이 세 가지는 하나님과 직접적인 관계가 있습니다. 성령의 열매의 중심이며 뿌리입니다. 이 세 가지는 공동체의 기반입니다. 하나님과의 관계에서 나오는 것들이기 때문입니다.

(4) 인내(μακροθυμία 마크로뛰미아, 개역개정 "오래 참음"). 이것은 참는 것입니다. 압력 가운데에서 흔들리지 않고 참는 것, 결과를 기다리며

평정(calm)을 유지하는 행위입니다. 아무리 열 받는 일이 있어도 평정을 유지하는 것입니다. 인내의 반대는 조급함인데, 마음에 끓어오르는 분함, 억울함, 분개를 참는 것이 인내입니다.

(5) 친절(χρηστότης 크레스토테스, 개역개정 "자비"). 진정한 친절은 자기가 불리한 상태에 들어가더라도 개의치 않고 선함을 베푸는 것입니다. 친절한 사람은 내면에 깊은 안정이 있고 자신이 있습니다. 친절의 반대는 인색함이며, 다른 사람을 부러워하는 마음, 즉 질투입니다. 다른 사람이 기쁠 때 같이 기뻐하지 못하는 마음입니다. 가짜 친절은 다른 사람에게 잘해 줌으로써 자기 자신이 그래도 괜찮은 사람이라고 자뻑하려는 동기로 하는 것입니다.

(6) 선함(ἀγαθωσύνη 아가또쉬네, 개역개정 "양선"). 이 단어는 '진실성'(integrity)이라고도 번역할 수 있습니다. 이 특징이 있는 사람은 어떤 상황에서도 한결같습니다. 상황에 따라 변화무쌍한 캐릭터를 가지는 위선적인 사람이 아닙니다. 여러 가면을 준비해 놓고 살다가 상황에 따라 바꿔 쓰는 사람에게는 선함이 없습니다.

(7) 신실(πίστις 피스티스, 개역개정 "충성"). 하나님의 신실함이나 그리스도의 신실, 또는 우리의 믿음을 나타낼 때도 쓰는 '피스티스'를 번역한 단어입니다. 개역개정은 "충성"이라고 번역했는데, 그 번역도 참 좋습니다. 신실하고 충성스러운 관계를 나타냅니다. 성격이 믿을 만하며 그 말에 진실성이 있는 사람을 묘사할 때 쓰는 단어입니다. 신실의 반대는 '기회주의'입니다. 좋을 때만 친구가 되는 사람입니다. 어려워지면 나 몰라라 사라지는 사람입니다. 가짜 신실은 사랑하는 것 같지만 진실치 못한 사람을 묘사합니다. 그래서 동료가 잘못된 것을 보더라도 눈감아 버립니다.

(8) 온유(πραΰτης 프라우테스). 자기가 주장할 수 있는 권리, 쓸 수 있는 힘을, 다른 사람의 유익을 위해 포기하고 쓰지 않는 마음입니다. 겸손과 같이 가는 말입니다. 온유의 반대는 자기중심적이고 우월감에 도취해 다른 사람을 짓밟는 마음입니다.

(9) 절제(ἐγκράτεια 엥크라테이아). 그리스어 '엥크라테이아'는 충동적이고 통제되지 않는 상태가 아닌, 자기 훈련이 잘된 상태를 나타냅니다. 육체의 행실들, "술 취함과 흥청망청 먹고 마시는 놀음"과 반대되는 것입니다. 자기 절제는 다른 사람들과의 관계에서 좋은 결과로 드러납니다. 절제하는 마음은 온유와 마찬가지로 충분히 해도 되는 자유를 공동체의 유익을 위해 포기하는 마음에서 비롯됩니다. 육체의 욕망에 지지 않는 마음입니다.

개인에서 공동체로

성령의 아홉 가지 특징 가운데 처음 세 가지에 이어지는 나머지 여섯 가지 모두 다른 사람들과의 관계에 집중되어 있습니다. 앞서 살펴본 육체의 행실 또한 공동체의 삶에 집중되어 있습니다. 육체의 행실과 성령의 열매, 모두 다 개인의 내면에서 밖으로 나와 공동체 생활에서 드러나는 특징들입니다. 육체는 공동체를 파괴하지만 성령은 공동체를 세우십니다. 그러니 성령 충만한 사람은 무슨 신기한 은사를 받은 이가 아니라 공동체를 세우는 사람입니다. 성령이 키우고 생산해 내는 열매는 공동체를 활력 있게 하고 굳건히 세우며 성숙하게 하고 자라게 합니다. 성령의 열매는 개인 안에서 맺히고 끝나는 것이 아닙니다. 개인 안에서 시작되지만 사람들과의 관계에서 열매가 주렁주렁 달립니다. 그러나 그 모든 과정의 시작은 하나님과의 관계입니다. 하나님께서 주시는 사랑과 기쁨과 화평이 근본이 됩니다. 바울은 "이런 것들을 막을 법이 없습니다"(23절)라며 이 목록을 마무리합니다.

유대인들은 당시 이방인들을 율법 없는 죄인들이라 불렀습니다. 거짓 교사들은 갈라디아 교회의 이방인 그리스도인들에게, 율법을 지키지 않는다면 도덕적인 혼란에 빠져 하나님의 율법에 반대되는 행동을 하게 되리라고 경고했을 것입니다. 그러나 바울은, 율법은 하나님께서 원하시는 행동을 할 수 있는 능력을 주지 못하지만 성령의 능력으로 우리는 하나님의 율법이 원하는 것을 할 수 있다고 권면합니다. 이런 것들을 막을 율법이 없습니다. 성령의 열매는 우리가 만들어 내려고 노력한다고 해서 맺히는 것이 아닙니다. 그것이 바울이 '열매'라는 메타포어를 사용해 이 특징을 묘사하는 이유입니다. 열매는 성령께서 자라게 해주셔서 맺힙니다. 바울은 육체의 행실이 공동체 안에서 힘을 쓰지 못하게 하고 하나님께서 원하시는 모습의 공동체를 세우는 데 목적이 있는데, 그렇게 되려면 성령께 '올인'해야 한다고 권면합니다.

정욕과 욕망을 그 육체와 함께 십자가에!

24-25절은 그것을 위한 구체적인 방법입니다. 그런데 놀랍게도 이 두 구절에는 세례의 모습이 그려져 있습니다. 세례는 예수님의 죽음에 동참하는 것으로 시작합니다. 예수께 속한 사람은 예수와 함께 십자가에 못 박힌 사람입니다. 정욕과 욕망과 함께 그 육체(사르크스)

를 십자가에 못 박은 사람입니다. 육체는 우리 힘으로 물리치기 어렵습니다. 그리스도께서 십자가에서 해결해 주셔야 합니다. 물속으로 들어가야 합니다. 그리고 성령으로 다시 태어나 새로운 생명을 얻어야 예수께 속한 사람입니다. 물 위로 다시 나오는 것입니다. 새 생명을 가지고 부활하는 것입니다. 새 생명을 가지고 사는 사람은 성령의 인도하심을 따라 살아갑니다. 한 걸음 한 걸음 성령을 따라 살아갑니다. 성령을 통하여 우리는 새 생명을 얻습니다. 우리의 현재 삶은 그 새 생명을 땅에서 살아 나가는 것입니다. 성령을 따라 한 걸음 한 걸음 걸어가는 것은 믿음으로 할 수 있습니다.

우리가 믿음으로 한 걸음 한 걸음 걸어가려 할 때, 하나님은 성령을 우리 마음속에 쏟아부어 주십니다. 성령은 파워입니다. 그 파워를 우리 삶에서 믿음을 통하여 경험합니다. 믿음 없이 되지 않습니다. 성령은 믿음을 통하여 우리 삶에 오시기 때문입니다. 우리가 하나님의 말씀을 듣고 믿음으로 반응할 때, 하나님은 성령을 우리 삶에 점점 더 쏟아부어 주십니다. 하나님의 말씀이 우리 삶을 채울 때, 우리는 성령 충만을 경험합니다. 그리스도의 말씀이 우리 가운데 풍성히 살아 있을 때(골 3:16), 성령이 우리 삶을 충만히 채우고 이끌어 가십니다. 성령이 우리 삶을 이끌 때, 공동체에서 헛된 영광을 구하지 않고 서로 노엽게 하거나 서로 질투하지 않게 됩니다. 바울의 권면은 너무 생생합니다. 마치 오늘날의 교회에 와본 사람 같습니다. 우리가 어떤 것들을 경험하는지 아는 사람처럼 말합니다.

우리는 성령께 의지해야 합니다. 성령을 구해야 합니다. 어떻게 성령을 구할 수 있을까요? 하나님의 말씀과 함께, 전심으로 하는 기도로 구할 수 있습니다. 예수께서 우리를 도우려고 보내 주신 그 성령을 진심으로 구합시다. "우리의 삶을 주장하소서. 성령 충만을 원합니다." 성령의 열매가 우리 삶에서 열리기 원한다면 꾸준히 기도해야 합니다.

존 스토트 목사님이 생전에 매일 아침 드린 기도문을 공개한 적이 있습니다. 목사님이 일상을 시작하기 전에 매일 드렸던 기도라고 하는데, 근래 들어 저도 매일 아침 이 기도를 드리고 있습니다. 그중 일부를 나누면서 말씀을 마무리하겠습니다.

하늘에 계신 아버지께 기도합니다.
제가 오늘 하루 당신의 임재 안에서 당신께 기쁨을 드리며 살게 하소서.
주 예수님께 기도합니다.
오늘 하루 제가 저의 십자가를 지고 당신을 따를 수 있게 하소서.
성령님께 기도합니다.
오늘 하루 당신으로 저를 충만하게 채우시고
제 삶에서 사랑과 기쁨과 화평과 인내와 친절과 선함과
신실과 온유와 절제의 열매가 무르익게 하소서.
거룩하고 복되시며 영광스러운 삼위일체 하나님,
저를 긍휼히 여겨 주소서. 아멘.

22
그리스도의 법

갈라디아서 6:1-5

1 형제자매 여러분, 어떤 사람이 잘못에 빠진 일이 드러나면, 성령에 속한 사람인 여러분은 온유한 마음으로 그 사람을 바로잡아 주고, 자기 스스로 살펴서 유혹에 빠지지 않도록 조심하십시오. 2 여러분은 서로 남의 짐을 져 주십시오. 그렇게 하면 여러분이 그리스도의 법을 성취하실 것입니다. 3 사실 아무것도 아닌 사람이 무엇이나 된 것처럼 생각하면, 그는 자기를 속이는 것입니다. 4 각각 자기 일을 살펴보십시오. 그러면 자기에게는 자랑거리라도 남에게까지 자랑할 일은 없을 것입니다. 5 사람은 각각 자기 몫의 짐을 져야 합니다.

헛된 영광

사도 바울의 편지는 이제 막바지로 달려갑니다. 갈라디아 공동체를 향한 구체적인 권면이 이어집니다. 하나님이 원하시는 교회 공

복음의 진리

동체를 이루어 가려고 할 때 생길 수 있는 문제에 대한 권면입니다. 6장 1-10절까지가 마지막 권면에 해당하는데, 이 장에서는 첫 권면 부분만 살펴보겠습니다.

앞서 5장에서 바울은 "그리스도 예수께 속한 사람은 정욕과 욕망과 함께 그 육체를 십자가에 못 박았습니다"라고 선언합니다(24절). 정욕과 욕망과 함께 그 육체를 십자가에 못 박은 사람은 공동체에 속한 다른 사람들을 보는 관점이 달라집니다. 성령의 열매가 열리고 익어 가며, 다른 사람을 대할 때 내가 사랑해야 할 대상으로 보기 시작합니다. 사랑은 자기 기준을 내려놓는 것입니다. 다른 사람을 대할 때 내 기준으로 판단하고 정죄하지 않습니다. 26절에서 바울은 성령을 따르지 않고 육체를 따를 때 나타나는 현상에 대해 생생하게 표현합니다.

헛된 영광을 구하여 서로 노엽게 하거나 질투하지 않도록 합시다. (5:26)

"헛된 영광!"(empty glory). '헛된 영광을 구한다'는 의미가 무엇일까요? 빌립보서 2장 3절에도 같은 단어의 명사형(κενοδοξία 케노독시아, 문자적으로는 '빈 영광')을 사용했는데, 보통 '허영'으로 번역합니다. 이것은 얻어 봐야 아무 쓸모없는 것입니다. '헛된 영광을 구한다'는 말은 무엇을 놓고 경쟁을 했다는 이야기입니다. 저는 갈라디아 공동체에 있었던 문제의 핵심이 여기에 있다고 생각합니다. 그들이 경쟁하며 구했던 헛된 영광은 "누가 더 영적인가?" 또는 "누가 더 잘 믿나?" "누가 더 거룩한가?" "누가 진짜 하나님의 백성인가?" 하는 문제였습니다. 왜냐하면 그리스도를 믿는 것만으로는 부족하고 율법의 행위를 통해 '진짜'가 되기 원했기 때문입니다. 그런데 바울이 지적하는 바, 믿음에 근거한 시도가 아닌 인간적인 방법에 기댄 시도를 하다가 서로를 화나게 하고 질투하게 되어 공동체가 파괴되는 현상이 일어났다는 것입니다.

더 잘 믿겠다고 하다가 공동체가 파괴되는 일은 생각보다 자주 일어납니다. 우리는 어떤 헛된 영광을 찾고 있습니까? 교회에서의 지위? 더 많은 권한을 가지고 큰 목소리를 내는 것? 내 이름이 먼저 나오고 인정받고 높여지는 것? 그리스도의 십자가가 그런 모든 것을 헛되게 했습니다. 헛된 영광을 구하는 것은 성령이 원하시는 바가 아닙니다.

회복

그리스도의 공동체를 하나님께서 원하시는 방법으로 세우기란 쉽지 않습니다. 우리는 아직도 우리 안에 도사리고 있는 육체와 싸워야 하기 때문입니다. 자기가 영적이라고 생각하는 사람들은, 본인은 절대로 육체의 영향 따위를 받지 않는다고 자만할 수 있습니다. 그러나 그렇지 않습니다. 아무리 영적인 사람이라도 육체가 교묘하게 무너뜨릴 수 있습니다. 6장 1-2절에서 바울은 바로 그런 경우를 빗대어 권면합니다. 바울은 교회 공동체를 가족으로 생각합니다. 누가 더 영적이고 잘났는지 경쟁하는 관계가 아닌, 주 안에서 형제자매 된 입장에서 서로를 대하는 것이 전제되어 있습니다.

바울의 권면은 최대한 가상의 상황을 설정합니다. "어떤 사람이 잘못에 빠진 일이 드러나는"("어떤 사람이 어떤 죄에 빠진", 새번역; "사람이 만일 무슨 범죄한 일이 드러나거든", 개역개정) 상황에 대해 말하고 있습니다. 여기서 "잘못"이라고 번역된 단어는, 우리가 바울 서신에서 흔히 보는 죄, 즉 '하마르티아'(ἁμαρτία)가 아닌 '파라프토마'(παράπτωμα)를 사용하고 있습니다. 보통 '범죄'라고 번역된 단어입니다. 개역개정에 특히 '범죄'라고 번역되어 있는데, 오해의 여지가 있어서 저는 "잘못"이라고 번역했습니다. 이 단어는 발을 헛디뎌서 넘어지는 이미지를 담고 있습니다. 넘어지면서, 넘어서는 안 되는 선을 넘어 버리는 모습니다. 이 "잘못"은 주로 고의로 했다기보다는 실수로 한 것을 가리킵니다. 그러나 책임은 있습니다.

아무리 성령의 인도하심을 받으며 살아간다고 하더라도 어느 순간 잘못에 빠질 수 있습니다. 그럴 경우, 공동체가 나섭니다. 바울은 한 개인이 잘못에 빠진 일이 드러났을 때, 어떤 한 개인이 나서서 해결하라는 것이 아니라 "성령에 속한 사람인 여러분(복수의 사람들)", 즉 공동체가 함께 해결해야 한다고 권면합니다. 누구나 그런 상태에 빠질 수 있기에 그런 상태에 빠지지 않은 다른 사람들이 도와주는 것입니다. 또한 "성령에 속한 사람인 여러분"은 소수의 영적인 엘리트 지도자들만이 아니라, 성령에 이끌려 사는 사람들을 폭넓게 표현하고 있습니다. 이것이 핵심입니다. 소수의 영적인 엘리트가 교회 공동체를 책임지고 전부 이끌어 나가는 것은 바울이 생각하는 리더십 모델이 아닙니다. 바울은 평신도/공동체 리더십을 염두에 두고 있습니다. 그들이 해야 할 일은 범죄에 빠진 사람을 "바로잡아" 주는 것입니다.

이 단어('바로잡다')에 대해서는 설명이 필요합니다. 그리스어 '카타르티조'(καταρτίζω)는 '회복시킨다'는 의미가 있습니다. 마가복음이나 마태복음에서는 '망가진 그물을 고치는 것'을 이 동사로 표현합니다. 고린도전서 1장 10절에서는 '분열된 공동체의 회복'을 말할 때 사용합니다. 마치 구멍이 뚫려 버린 그물을 기워 수리하는 이미지를 연상시킵니다. 오늘 본문에서 바울은 잘못을 저지른 사람을 도덕적으로 바로잡아 주라고 말하지 않습니다. 그 한 사람의 행동으로 말미암아 공동체에 구멍이 났으니, 교인의 회복을 공동체적으로 접근하라는 것입니다. 카타르티조! 한 교인의 회복은 개인의 회복뿐만 아니라 크게 보면 공동체의 회복입니다. 바울은 그 회복 사역을 위해 단 한 가지 부탁을 하는데, "온유한 마음"으로 하라고 합니다. 직역하면 '온유의 영'(ἐν πνεύματι πραΰτητος 엔 프뉴마티 프라우테토스)으로 하라는 것입니다. (개역성경은 "온유한 심령"이라고 번역하고 있습니다.) 범죄에 빠진 사람을 공동체 일원으로서 다시 회복시킬 때 가장 필요한 것이 '온유의 영'입니다. 23절에서 언급한 성령의 열매의 특징 중 하나인 온유의 영으로 회복시켜야 합니다. 권면하다가 자칫 더 깊은 시험으로 빠뜨릴 수 있기 때문입니다. 성령의 열매는 공동체를 다시 한번 세우고 공동체의 회복을 위해 없어서는 안 됩니다.

그런 다음 바울은 2인칭 단수를 사용해 권면합니다. 그렇게 회복을 시키려고 하는 각자는 자기 스스로 살펴서 본인도 유혹에 빠지지 않도록 조심해야 한다는 권면입니다. 이 상황은 두 가지를 생각해 보게 합니다.

(1) 어떤 사람을 도와주려고 권면하다가 자기가 시험에 빠지는 경우입니다. 사실 범죄에 빠진 사람을 도와주는 일은 위험합니다. 많이 알면 다친다는 표현이 있습니다. 제가 고등학생 때 한동안 도스토

옙스키 소설에 심취한 적이 있는데, 소설들을 읽다가 인간 자체에 대해 깊은 회의에 빠졌습니다. 얼마나 못돼먹었는지! 인간이라는 존재가 얼마나 복잡하게 못된 짓을 하고, 죄라는 것이 얼마나 인간 존재에 뿌리 깊이 박혀 있는지, 도스토옙스키를 통해 죄의 보편성과 무서움을 배웠습니다. 어떤 사람을 도와주려고 하다가 그 사건에 대해 구체적으로 알게 될 때 시험 들기 참 좋습니다. 멘붕에 빠진다고 하지요. 조심해야 합니다.

(2) 범죄에 빠진 사람의 예를 통해 자기 자신을 돌아보는 계기를 삼는 것입니다. 바울의 말은 "잘못을 저지른 사람을 도와준다는 것이 당신이 우월하다는 의미가 아니야!"라는 뜻입니다. 여기서 중요한 전제는 누구나 다 시험에 빠질 수 있다는 것입니다. '이 사람 도대체 어쩌다가 이런 범죄에 빠졌나'보다는 '나도 이런 상태에 들어갈 수 있겠어' 하고 생각해서 조심하는 것입니다. "그러므로 서 있다고 생각하는 사람은 넘어지지 않도록 조심"해야 합니다(고전 10:12).

그리스도의 법

2절에서 바울은 결론적으로 "그리스도의 법"을 말합니다. 그리스도의 법이란 무엇일까요? 그것은 서로 남의 짐을 져 주는 것입니다. 다른 사람의 짐을 내 짐처럼 지는 것입니다. 고린도전서 10장 24절은 말씀합니다.

아무도 자기의 유익을 추구하지 말고, 남의 유익을 추구하십시오. (고전 10:24)

이것은 바울 윤리의 기본입니다. 자기의 유익을 추구하지 않고 타인의 유익을 추구하는 것입니다. 이 윤리의 근원은 다름 아닌 '십자가'입니다. '십자가 윤리'입니다. 그리스도께서 우리의 죄 짐 맡은 분이 되신 것처럼 우리도 남의 짐을 대신 져 주는 것, 그것이 바로 그리스도의 법을 완수하는 길입니다. 로마서 15장 1-2절을 봅시다.

> 믿음이 강한 우리는 마땅히 믿음이 약한 자의 약점을 담당하고 자기를 기쁘게 하지 아니할 것이라. 우리 각 사람이 이웃을 기쁘게 하되 선을 이루고 덕을 세우도록 할지니라. (롬 15:1-2, 개역개정)

성령의 인도하심을 받는 삶은 서로 의지하는 관계 안에 사는 것입니다(interdependent relationship). 자기의 유익을 추구하지 않고 남의 유익을 추구하며 덕을 세워 가는 삶입니다. 그것이 공동체를 세우는 길입니다. 서로 의지하며 살기가 사실 쉽지 않습니다. 불편할 때가 많습니다. 독립적으로 사는 것이 한결 편할지도 모릅니다. 현대의 라이프스타일이 그렇게 하도록 부추깁니다. 그러나 그런 삶은 그리스도 안에서 성령의 인도하심을 받는 삶이 아닙니다. 서로 짐을 져 주는 삶은 힘든 일을 서로 나눠 지는 삶입니다. 현대의 복음주의 그리스도인들이 빠지기 쉬운 함정이 하나 있는데, 그리스도인은 항상 행복해야 한다는 생각입니다. 하는 일마다 만사형통을 바랍니다. 공부도 잘하고 건강하고 모든 일에 모범이 되는 자녀상을 세워 놓고, 그렇지 않으면 신앙생활을 잘 못해서 그렇다는 식으로 생각합니다. 위험한 함정입니다. 번영신학, 기복신앙의 길로 가는 생각입니다. 우리가 열심히 믿어도 어려운 일이 생길 수 있습니다. 자녀가 어려움을

복음의 진리

겪을 수 있습니다. 사업이 힘들어질 수 있습니다. 하지만 그런 어려움 가운데서도 안전하고 의지할 만한 공동체가 서 있으면, 서로 짐을 져 주는 일이 가능합니다. 공동체에 대해 그런 신뢰가 없다면, 좋은 일은 자랑하되 좋지 않은 일은 숨기려 할 것입니다.

서로의 짐을 짐으로써 그리스도인은 그리스도의 법을 성취합니다. "그리스도의 법"은 정말 놀라운 표현입니다. 갈라디아서 전체를 통하여 '그리스도'와 '율법'은 반대되는 개념으로 사용되었는데, 이제 이 두 개념이 통합되어 표현되고 있습니다. 그 의미는 무엇이겠습니까? '성취한다'라고 번역된 동사에 실마리가 있습니다. '성취한다'는 의미로 바울이 보통 사용하던 '플레로오'(πληρόω) 대신에 '아나플레로오'(ἀναπληρόω)를 쓰고 있습니다. 이 두 동사의 차이는 그리 크지 않지만, 플레로오 앞에 '아나'(ἀνα)라는 전치사가 붙으면 '모자란 부분을 채우는 행위'를 나타냅니다(Fill up! Make complete). 그러니까 컵에 물이 있긴 한데, 꽉 차지 않아서 채우는 것입니다. 멈추지 않고 계속 채우는 것입니다. 5장 14절에서 바울은 "모든 율법은 네 이웃을 네 몸과 같이 사랑하여라 하신 한마디 말씀 속에서 다 이루어졌습니다"라고 선언했습니다. 여기서 '이루어졌다'로 번역된 단어가 바로 '플레로오'입니다. 그리스도께서는 이웃을 자기 몸같이 사랑하는 것이 무엇인지 십자가에서 보여 주셨습니다. 그리스도께서 십자가에서 율법을 이루신 것같이 우리가 서로의 짐을 대신 져 줄 때, 그 율법이 다시 이루어집니다. 계속해서 그리스도의 율법을 우리 공동체의 삶을 통해 이루고 또 이루는 것입니다. 그리스도께서 다 채우지 못했기 때문이 아니라, 우리가 채울 자리를 남겨 놓은 것입니다. 자기희생적이고 공동체적인 사랑의 패턴이 우리 공동체에서 실현될 때, 그리스도의 율법은 계속해서 성취됩니다. 바울은 골로새서 1장 24절에서 이렇게 말합니다.

> 이제 나는 여러분을 위하여 고난을 받는 것을 기쁘게 여기고 있으며, 그리스도의 남은 고난을 그분의 몸 곧 교회를 위하여 내 육신으로 **채워 가고** 있습니다. (골 1:24)

바울이 이 구절에서 '채워 간다'고 할 때 사용하는 개념과 '성취한다'가 같은 의미입니다. 그리스도께서 우리가 채워야 할 고난을 남겨 놓으셨기 때문에 바울은 자기의 육신으로 고난을 받으며 그것을 채워 나가고 있다고 합니다.

각각 자기의 일을

3-5절은 서로의 짐을 져 주는 것이 공동체에 속해 있는 개인들의 무책임한 삶을 부추기는 행위가 아님을 분명하게 권면합니다. 즉, 자기가 당연히 해야 할 일을 다른 사람에게 떠넘기라는 뜻이 아님을 보여 줍니다.

5절을 먼저 보십시오. "사람은 각각 자기 몫의 짐을 져야 한다"라고 말씀합니다. 이 구절은 특히 마지막에 있을 하나님의 심판대 앞에서의 장면을 염두에 두고 이해해야 합니다. 하나님은 우리 각 개인에게 우리의 행동을 설명할 기회를 주실 것입니다. 2절의 말씀이 무책임하고 게으른 삶을 전제로 하고 있지 않음은 분명합니다. 우리의 짐 중 나누어질 수 없는 것이 있습니다. 그것은 각 개인이 하나님의 심판대 앞에 서서 설명해야 할 나의 책임입니다. 그것은 각자가 져야 합니다.

3-4절의 권면은 '그렇다면 우리가 서로의 잘못된 점을 회복시키려 도와주고 남의 짐을 지려고 할 때 먼저 철저한 자기 검증이 있어야 된다'는 점을 부각시키고 있습니다. 즉, 나에게 주어진 책임을 감당하지 못하면 다른 사람을 도와주는 일은 불가능합니다. 내가 이 순간 누구를 도와주는 위치에 있다고 해서 갑자기 내가 훌륭한 사람이 되는 것이 아닙니다. 자기를 속일 수 없습니다. 4절의 말씀은 특별히 중요합니다. 자랑의 문제를 지적하고 있기 때문입니다. 우리 인간의 쓸데없는 자랑의 문제는 고린도후서 11-12장에서 자세히 다루고 있습니다. 그 핵심은 세상의 기준으로 자랑할지 십자가의 기준으로 자랑할지에 있습니다. 자기를 끊임없이 살펴보며, 나의 삶에 있는 자랑거리가 세상의 기준에 의한 것인지 아닌지 가늠해야 합니다. 세상의 기준으로 자랑하는 것은 비교를 낳습니다. 비교는 우월감을 낳든지, 아니면 열등감을 낳습니다. 비교를 낳는 자랑은 공동체를 파괴합니다. 헛된 영광을 구하는 자랑은 십자가의 마음이 아닙니다. 최종 평가는 하나님께 속해 있다는 사실을 기억해야 합니다.

회복시키는 공동체

오늘 본문에서 바울이 그리고 있는 공동체의 모습은, 각자 육체가 원하는 대로 살지 않고 성령의 열매를 맺으며 덕을 쌓는 모습입니다. 그러다가 잘못에 빠질 수 있는데, 그럴 때 공동체가 나서서 온유의 영을 가지고 협력해서 그 지체를 회복시키는 모습을 담고 있습니다. 서로의 짐을 나누어 지며 그리스도의 법을 계속 이루어 나가는 아름다운 모습입니다. 경쟁하거나 비교하여 우월감이나 열등감에 빠지는 것이 아닌, 온유의 영으로 회복시키는 공동체를 그려 내고 있습니다. 모든 교인이 열심이 있고 완전하다면 아무 문제가 없습니다. 그러나 먼저 출발한 사람, 그 뒤에 선 사람, 막 시작한 사람 등 여러 형태의 사람들이 모여 있는 곳이 교회입니다. 오래 믿었다고 잘 믿는 것도, 방금 믿었다고 잘못 믿는 것도 아닙니다. 믿은 지 얼마 되지 않았는데 오히려 더 순전하게 신앙생활을 하는 분들도 많습니다. 신앙의 나이는 연륜으로 정해지지 않습니다. 얼마나 오래 믿었느냐가 아니라 얼마만큼 그리스도의 법을 이루어 나가는지가 중요합니다. 그리스도의 법을 계속 이루어 나가 교회 공동체 안에 그리스도의 형상이 뚜렷하게 나타나게 되기를 기원합니다.

복음의 진리

23 때가 이를 때에

갈라디아서 6:6-10

6 말씀을 배우는 사람은 가르치는 사람과 모든 좋은 것을 함께 나누어야 합니다. 7 스스로 속이지 마십시오. 하나님은 조롱을 받으실 분이 아닙니다. 사람은 무엇을 심든지 자기가 심은 것을 그대로 거둘 것입니다. 8 자기 육체에 심는 사람은 육체에서 멸망을 거두고, 성령에 심는 사람은 성령에게서 영생을 거둘 것입니다. 9 낙심하지 말고 꾸준히 선한 일을 계속합시다. 포기하지 아니하면, 때가 이를 때에 거두게 될 것입니다. 10 그러므로 기회가 있을 때마다 모든 사람에게 선한 일을 합시다. 특히 믿음의 식구들에게 더욱 선을 행합시다.

코이노니아

갈라디아서 6장 6-10절은 바울의 마지막 권면입니다. 바울은 갈라디아 공동체에 보내는 편지를 마치면서 몇 가지 부탁을 하고 있습니다. 서로 상관없는 권면처럼 보이지만 일관된 실타래가 있습니다. '하나님의 공동체를 어떻게 세워 나갈까'입니다. 6절은 목회자들에게 참 위로가 되는 말씀입니다. 말씀을 배우는 사람은 가르치는 사람과 모든 좋은 것을 나누어야 한다고 합니다. 전통적인 교회에서 교리를 배울 때 사용하는 문답을 '카테키즘'(catechism)이라고 하는데, "말씀을 배우는 사람"(κατηχούμενος 카테쿠메노스)이라는 표현에서 나왔습니다.

바울은 교회에서 복음의 기본 지식을 가르치고 배우는 일을 중요한 요소로 보았습니다. 특별히 새롭게 믿은 사람들을 대상으로 한 제자도의 훈련과 가르침을 중요하게 여겼습니다. 6절에서 "말씀"이라고 번역된 단어는 '로고스'(λόγος)입니다. '로고스'는 하나님의 말씀을 요약하며, 복음의 기본 원리, 지식, 믿음의 기본 가르침을 의미합니다. 이것은 절대로 가볍게 여길 수 없는 사역입니다. 갈라디아 교회의 문제는 결국 말씀의 가르침과 배움의 문제였습니다. 갈라디아 교회에는 말씀을 가르치는 일에 전념하는 사람들이 이미 있었을 것입니다. 하지만 교회가 문제에 빠졌을 때 그들 역시 큰 시험에 들었습니다. 우리가 여기서 눈여겨보아야 할 점은 바울이 교회 공동체 전체를 책망했지 그들을 끄집어내어 지적하며 책망하지 않았다는 것입니다. 물론 그들의 책임이 크다는 사실은 누구나 알고 있습니다. 그러나 바울은 이 구절을 통해 그들을 오히려 격려합니다. 배우는 사람은 가르치는 사람과 "모든 좋은 것"을 나누라고 권면합니다. 가르치는 사람은 말씀을 가르치는 데 전념해야 하므로 생활에 필요한 수입을 얻기 힘들어질 때 공동체가 그 짐을 나누어 지라는 것입니다. 6장 2절에서 말하는 "그리스도의 법"을 적용하고 있습니다.

복음의 진리

'나눈다'는 '코이노네오'(κοινωνέω), 즉 '코이노니아(κοινωνία)를 한다'는 뜻입니다. 주일 예배를 마치고 식사를 같이 할 때 '친교(코이노니아)한다'라고 하는데, '같이' 음식을 나누기 때문입니다. 바울은 음식뿐 아니라 "모든 좋은 것"을 나누라고 권면합니다. "모든 좋은 것"은 분명히 재정적인 도움을 포함합니다. 주목해야 할 점은 이 상황에서 바울이 '나눈다'라는 동사를 사용한 것입니다. 여기에서 "가르치는 사람"에게 주는 것은 그 사람의 서비스에 상응하는 페이먼트 개념이 아닙니다. 말씀을 가르치는 사람에게 물질을 나눌 때, 고용주가 고용인에게 봉급을 주듯이 하면 안 된다는 내용입니다. 봉급이 아니라 '펠로십'(fellowship), '나눔'입니다. 가르치는 자가 자신의 성령의 은사를 배우는 사람에게 나누듯이, 배우는 사람은 하나님이 허락하신 물질을 가르치는 사람과 '나누는' 것입니다. 이때 교제, 코이노니아가 일어납니다. 그래서 교회에서는 기본적으로 목회자에게 최선을 다해 후하게(generous) 나누는 것입니다. 절대 소비자 개념으로 접근해서는 안 됩니다.

심은 대로

7절에서 바울은 경고합니다. "스스로 속이지 마십시오." 어떻게 보면 이것이 갈라디아서 전체의 주제라고도 할 만큼 중요합니다. 갈라디아 교인들은 성령으로 시작했다가 육체로 마치는 위험에 처했던 사람들이기 때문입니다. 그들이 자기를 속일 수 없는 이유는 하나님은 조롱받으실 분이 아니기 때문입니다. '조롱하다'(μυκτηρίζω 뮈크테리조)를 직역하면, '코를 들쳐 세우다'라는 뜻입니다. 하나님께 "흥"

하면서 코를 들쳐 세우는 것입니다. 하나님은 조롱받으실 분이 아닙니다. 사람은 무엇을 심든지 심은 대로 거둡니다. 이 말씀은 마지막 심판의 확실성을 근거로 한 경고입니다. 하나님의 심판은 정확하고 포괄적입니다. 바울이 말하는 바를 풀어쓰면 이렇습니다. "여러분, 당신들의 하나님이 어떤 분인지 정확하게 알기 바랍니다. 당신들이 상상하는 그 이상입니다. 하나님 앞에서 대충 지나갈 수 없습니다. 다 아시고, 다 기억하시고, 다 판단하실 것입니다."

하나님의 은혜 없이는 우리 중 누구도 살아남지 못합니다. 그러나 하나님은 계산이 정확하십니다. 삶을 바라볼 때, 우리는 항상 끝을 기억하며 그곳을 기준으로 되돌아보아야 합니다. 지금 무엇을 심든지, 자기가 심은 대로 거두는 것이 진리입니다. 감자를 심었는데, 고구마가 나지 않습니다. 육체에다 심는다는 뜻이 무엇입니까? 앞에서 여러 차례 보았듯이, 육체는 하나님께 순종치 않고 대적하는 경향입니다. 하나님을 가볍게 여기고, 자기 삶을 교만하게 자기가 원하는 데 투자하고 추구하면 멸망을 거둘 것입니다. 특별히 바울의 관심은 공동체의 건강입니다. 개인적인 삶에도 적용되지만, 특히 공동체의 삶에 적용되는 말씀입니다. 육체에 심는 것은 이기적으로 다른 사람 위에 자기의 유익을 놓는 삶입니다. 공동체를 파괴하는 행위입니다. 자기 관점에 사로잡혀 본인이 옳다고 생각하는 대로 밀어붙이는 고집도 여기 포함됩니다. 그렇게 되면, 공동체를 파괴하고 자기 자신의 삶에서도 썩을 것을 거두게 된다는 말씀입니다.

그렇다면 성령에 심는 것은 무엇입니까? 그것은 하나님의 영에 의지하며 하나님께 소망을 두는 삶입니다. 바울이 성령의 열매를 논의하면서 열매 이미지를 사용했기 때문에 추수의 이미지가 자연스럽습니다. 우리의 일상을 돌아봅시다. 성령에 심는다는 것은 모든 삶을 하나님을 위해 사는 것을 말합니다. 우리가 어떤 생각을 하고 말을 하고 행동을 하는 것은 씨를 심는 행위입니다. 하나님의 영광을 위해 생각하고 말하고 행동한다면 성령에 심는 것입니다. 매일 말씀을 읽고 묵상하며 기도하고, 예배를 드리고, 성도로서의 삶을 꾸준히 이어 가는 것, 바로 성령에 심는 행위입니다. 성령에 심으면 정하신 때에 반드시 수확을 하게 됩니다.

성령의 열매에는 공동체를 세우는 특징이 있으므로, 성령에 심고 거두는 것은 공동체를 먼저 생각하는 마음과 행동입니다. 나의 유익을 위해서가 아니라 이웃을 위해 심는 것입니다. 이 세상의 교훈은 너무나 분명합니다. 자기에게 투자하라고 합니다. 자신의 소유, 신분, 재능, 지위, 명예를 위해 투자하고 노력하라고 메시지를 던집니다. 특히 청년들에게 압력을 줍니다. 다른 사람들을 섬기려면 먼저 자기가 성공해야 한다고 부추깁니다. 여기에 함정이 있습니다. 육체에 심는 것을 교묘히 포장한 말입니다. 자기가 먼저 성공하고 남을 도우라는 논리는 성경적 논리가 아닙니다. 성공함으로써 돕는 것이 아니기 때문입니다. 성령에 심는 삶은 이웃에 심는 삶입니다. 나의 성공을 위해 심는 삶과 다른 사람을 위해 사는 삶은 처음부터 방향이 다릅니다. 성령에 심는 것은 또한 하나님 나라에 심는 것입니다. 예수께서는 "너희를 위하여 보물을 땅에 쌓아 두지 말라"(마 6:19, 개역개정)라고 하십니다. 하나님의 의와 하나님의 나라를 구하라고 말씀하십니다. 그리하면 그 외의 것들이 더해진다고 하십니다. 시작이 다릅니다. 나의 성공이 아니라 하나님의 의와 나라를 구하는 것이 먼저입니다.

바울은 성령에게서 영생을 거둔다고 확언합니다. 바울 서신에는 '영생'이라는 표현이 드물게 나오는데, 그 의미는 몸의 부활과 같습니다. 바울이 대조하고 있는 '멸망'과 '영생'은 고린도전서 15장에서 사용하고 있는 '멸망'과 '몸의 부활'과 같은 단어입니다. 육체는 멸망, 즉 죽음으로 이끌어 가는 능력인 반면에 성령은 생명을 주는 능력입니다. 그 마지막 결과는 몸의 부활입니다. 육신의 것에 우리의 소망과 확신을 심고 살아가는 행동은 어리석습니다. 그것은 육체를 신뢰하는 삶입니다. 이것은 이 세상을 사는 동안에도 부질없고 어리석지만, 마지막에 거둘 것이 '멸망' 즉 '영원한 죽음'이기에 더 두렵습니다. 뉴스만 보아도 세상적인 것에 소망과 확신을 두고 사는 일이 얼마나 불안하고 헛된 일인지 알 수 있습니다. 한순간에 없어질지도 모르는 세상적인 것에 소망을 두는 어리석음에 빠지지 않도록 영원한 하나님께 의지하여 하나님의 영을 받아야 합니다.

> 정의를 뿌리고 사랑의 열매를 거두어라. 지금은 너희가 주를 찾을 때이다. 묵은 땅을 갈아엎어라. 나 주가 너희에게 가서 정의를 비처럼 내려 주겠다. (호 10:12)

낙심하지 마십시오

9-10절에 바울의 권고가 이어집니다. 선한 일을 하다가 낙심하기 쉽습니다. 결과가 금방 보이지 않을 수도 있기 때문입니다. 바울은 지쳐 넘어지지 않고 견디라고 권고합니다. 농부가 씨를 뿌리고 경작하며 추수할 때를 기다리듯이, 낙심하지 않고 기다리면 "때가 이를

복음의 진리

때에" 거두게 될 것입니다. "때가 이를 때에"(9절)는 하나님의 시간, '카이로스'(καιρός)를 의미합니다. 하나님의 시간표에 따라 거둡니다. 우리의 시간표(크로노스)는 빨리 이루어졌으면 하지만, 하나님의 시간표는 항상 가장 좋은 때를 가리킵니다. 우리가 성령 안에서 심는 씨는 잠들어 있을 수 있습니다. 결과가 금방 나타나지 않을 수 있습니다. 그럼에도 하나님께서 기회 주시는 동안에 열심히 씨를 심어야 합니다. 우리가 생각하는 시간에 열매를 거두지 못할지라도, 성령 안에서 심은 씨는 "때가 이를 때에", 즉 하나님의 시간에 꼭 열매를 맺습니다.

저는 그동안 여기저기서 말씀을 가르치고 설교했습니다. 씨를 심는 사역입니다. 하지만 잘 준비해서 전해도 청중이 졸고 더욱이 열매가 보이지 않으면 '이게 무슨 효과가 있나' 하며 낙심합니다. 하지만 오늘 이 말씀을 묵상하며 다시 한번 힘을 얻고 용기를 냅니다. 당장 열매를 맺지 못해도 하나님의 시간이 되면 꼭 거둘 것입니다. 마지막 하나님의 심판 때 모두 다 드러나고 심은 대로 거두게 될 것입니다. 심겨진 생명의 말씀은 언젠가 열매를 맺습니다.

마지막으로, 10절의 말씀입니다. "기회가 있을 때마다"는 마지막이 오기 전의 시간을 의미합니다. 바울의 언어는 시간의 언어입니다. "기회"라고 번역된 단어는 '카이로스'입니다. '크로노스' 즉 자연적인 시간이 아닌, 의미가 있는 시간인 '카이로스'를 일컫습니다. 하나님의 시간표에 근거한 시간입니다. 마지막이 오기 전에 우리가 선한 일을 할 수 있는 시간, 기회가 있습니다. 그때를 놓치면 안 됩니다. 그런데 되도록 모든 사람에게 선한 일을 하려고 노력하라고 합니다. 바울은 교회 안이나 밖이나 "모든 사람"에게 선한 일을 하라고 강조합니다.

선한 일이 무엇입니까? 마태복음 25장 34-36절에 근거해 보면, 그것은 굶주린 사람들을 먹이고, 목마른 사람들에게 마실 것을 주고, 나그네에게 친절을 베풀고, 헐벗은 사람을 입히고, 병들어 있을 때 돌보고, 옥에 갇혀 있을 때 찾아가는 일입니다. 선한 일은 사회정의를 위해 목소리를 내고 약자의 편에 서는 것입니다. 정부가 부당한 일을 하면 알아들을 수 있도록 날카로운 비판을 하는 것이 선한 일입니다. 바울은 특히 "믿음의 식구들"에게 더욱 그렇게 하라고 권면합니다. 믿음의 식구는 교회 공동체에 같이 속해 있는 형제자매를 일컫습니다. 바울이 권하는 바는 집단 이기주의가 아닙니다. 교회 바깥에 있는 사람들에게도 선한 일을 하지만, 가까이서 함께 신앙생활을 하는 사람들을 챙기라는 권면입니다. 초대교회의 어려움을 생각하면 어쩌면 당연한 말씀입니다.

공동체를 세우라

지금껏 우리는 바울에게서 여러 권면을 들었습니다. 일관된 관점은 공동체를 세우는 데 있습니다. 믿음으로 의롭다함을 받으므로, 아무 행동도 하지 않는다고 생각하면 큰 낭패를 볼 것입니다. 심은 대로 거둡니다. 선한 일, 선한 행동이 있어야 합니다. 공동체를 먼저 생각하고 공동체를 세워 가야 합니다. 선한 일을 하다가 낙심하고 지치기 쉽습니다. 특히 결과가 바로 보이지 않을 때 힘이 듭니다. 그럴 때 성령께서 주시는 위로와 격려를 받습니다. 하나님은 "피곤한 사람에게 힘을 주시며, 기운을 잃은 사람에게 기력을 주시는 분"(사 40:29)

복음의 진리

입니다. 그래서 "비록 젊은이들이 피곤하여 지치고, 장정들이 맥없이 비틀거려도, 오직 주님을 소망으로 삼는 사람은 새 힘을 얻으리니, 독수리가 날개를 치며 솟아오르듯 올라갈 것이요, 뛰어도 지치지 않으며, 걸어도 피곤하지 않을 것"입니다(사 40:30-31).

24

그리스도의
십자가

갈라디아서 6:11-14

11 보십시오, 내가 여러분에게 직접 이렇게 큰 글자로 적습니다. 12 육
체의 겉모양을 꾸미기를 좋아하는 사람은, 여러분에게 할례를 받으라
고 강요합니다. 그것은 그들이 그리스도의 십자가 때문에 받는 박해를
면하고자 하는 것입니다. 13 할례를 받는 사람들 자신조차 율법을 지키
지 않으면서 여러분에게 할례를 받게 하려는 것은, 여러분의 육체를
이용하여 자랑하려는 것입니다. 14 그런데 내게는 우리 주 예수 그리스
도의 십자가밖에는, 자랑할 것이 아무것도 없습니다. 그리스도로 말미
암아, 내 쪽에서 보면 세상이 못 박혔고, 세상 쪽에서 보면 내가 못 박
혔습니다.

직접 쓴 후기

갈라디아서 6장 11-14절은 현대식으로 하면 후기 같은 성격을

복음의 진리

띠고 있습니다. 이제 바울은 갈라디아 교회를 향한 권면을 다 마쳤습니다. 편지를 마무리하면서 자기 손으로 직접 써서 후기를 첨가하고 있습니다. 당시에는 '아마누엔시스'(amanuensis)라고 불렸던 사서 같은 사람이 편지를 대필했습니다. 지금같이 종이에 펜으로 쉽게 쓸 수 없었기 때문에, 훈련받은 전문가들이 구술을 들으면서 써주는 것이 보통이었습니다. 그런데 편지 마지막 부분에 바울이 자기 손으로 "직접 이렇게 큰 글자"(11절)로 쓴다고 말하고 있습니다. 고대의 상황을 생각해 보면, 사도 바울이 편지를 써서 믿을 만한 사람에게 부탁해 편지를 전달하고 직접 읽게 한 것입니다. 갈라디아 교회가 다 같이 모여 편지 읽는 것을 듣는 중에 편지를 읽던 사람이 11절 지점에서 교인들에게 이 편지를 들어 보이며 바울의 큰 글자 친필을 보여 주었을 것입니다. '자기 손으로 직접 큰 글자'로 적는다는 표현은 친밀감의 표시이자 강조하려는 의도입니다. 또 고대 수사학에서는 이 마지막 부분을 '페로라치오'(peroratio)라고 하는데, 단순하게 결론을 짓는 것이 아니라 편지의 중요 내용을 다시 한번 하이라이트 하는 의미입니다. 따라서 바울이 이 부분을 자기 손으로 직접, 큰 글자로 쓴다는 것은 편지의 핵심 내용을 요약하며 강조하고 일깨우려는 목적이 있습니다.

할례, 할례, 할례!

12-13절에서 우리는 복음이 망가지는 것을 우려한 바울의 핵심 주제가 할례 문제였음을 분명히 확인하게 됩니다. 할례에 의존해서 의롭다함을 받으려는 시도는 육체에 속한 일임을 다시 한번 알게 됩

니다. 육체는 성령의 반대 개념입니다. 그리스도의 신실함이 아닌 인간적인 방법에 의지하려는 사고방식(mindset)이고 세계관입니다. 여기에는 그렇게 할례를 강요하는 사람들의 의도가 정리되어 있습니다. 그들은 그리스도의 십자가 때문에 받는 박해를 면하고자 할례에 의지했습니다. 무슨 뜻입니까? 어떻게, 할례를 받으면 박해를 피할 수 있을까요?

대체로 이방인들로 이루어진 갈라디아 교회의 상황은, 당시 로마 제국의 다른 곳에 살던 이방인들이 예수 그리스도를 믿고 나서 겪은 것과 크게 다르지 않았을 것입니다. 바울이 데살로니가 교인들에게 썼던 것처럼 그들은 "우상을 버리고 하나님께로 돌아와서 살아 계시고 참되신 하나님을 섬기게" 된 것입니다(살전 1:9). 로마 제국하에서 그들의 신들을 섬기는 것은 단순히 종교 행위를 넘어 정치적인 함의도 있었습니다. 1세기경 상황에서 정치와 종교를 오늘날처럼 분리하기란 불가능했지요. 정기적으로 신들을 경배하고 예배하는 의식에 참여하는 것이 자연스럽고 당연했습니다. 그러나 예수 그리스도를 믿고 나서도 그런 생활을 계속할 수는 없었습니다.[45]

역사학자들은 그런 상황에서 유대인들이 누렸던 흥미롭고도 예외적인 지위에 주목합니다. 로마인들은 유대인들이 단 하나의 신을 믿기에 그들에게 유일신 사상을 버리고 다른 신들을 숭배하게 하는 것은 목숨이 걸린 문제라는 사실을 알았습니다. 점차 로마인들은 유대인들을 상대로 정기적인 종교의식에 참여하는 것을 조건적

---

45   Justin K. Hardin, *Galatians and the Imperial Cult: A Critical Analysis of the First-Century Social Context of Paul's Letter* (Tübingen: Mohr Siebeck, 2008), 1-15.

복음의 진리

으로 면제해 주는 일종의 거래(deal)를 합니다. 유대인들은 자기들의 유일신에게 로마와 로마 제국, 그리고 황제를 위하여 기도해 주는 조건으로 면제권을 받게 됩니다. 사도행전의 기록(행 16:20-21, 19:34)에서 우리는 로마 제국에 사는 사람들이 유대인들이 누렸던 예외적인 지위에 대해 모두 동의한 것은 아니지만, 지역에 따라 그런 합의(arrangement)가 있었다는 사실을 보게 됩니다.[46]

그렇다면 유대교는 아니지만 유일신을 믿게 된 이방인 그리스도인들도 그런 예외적인 지위를 획득할 수 있었을까요? 예수를 따르게 된 이방인 개종자들에게 이것은 실존적인 문제였고, 그들은 완전히 유대인이 되지도 않은 상태에서(할례법, 음식법, 안식일법), 유대인들이 누리고 있었던 예외 조항을 적용받기 원했을 것입니다. 자신들이 정당한 아브라함의 자손이라는 주장은 단지 신학적인 문제가 아니라 현실이었습니다. 그러나 그들의 주장은 로마인들뿐 아니라 지역의 유대인들에게도 위험하고 눈살을 찌푸리게 하는 상황을 연출했을 가능성이 큽니다.[47] 그런 상황에서 그리스도를 따르며 신앙생활을 하던 그들에게 해결책이 등장합니다. '할례를 받고 유대인같이 되면 모든 문제가 해결되는 것 아닌가?' 갈라디아에 들어와 갈라디아인들에게 할례받기를 강요했던 사람들은 이런 실제적인 면도 내세웠을 가능성이 있습니다.

---

46   B. W. Winter, "The Imperial Cult and Early Christians in Pisidian Antioch (Acts XIII 13-50 and Gal VI 11-18)," in *Actes du ler Congrès International sur Antioche de Pisidie, Collection Archéologique et Histoire de l'Antiquité*, ed. T. Drew-Bear, M. Tashalan, and C. M. Thomas (Lyon: Université Lumière-Lyon, 2002), 67-75; N.T. Wright, *Galatians*, 23-24.

47   Hardin, *Galatians and the Imperial Cult*, 92-94.

그러나 유대인들에게 할례는 신학적으로 심각한 문제였습니다. 구원과 관련이 있기 때문입니다. 사도행전 15장에는 교회 최초의 공회의가 예루살렘에서 열렸다는 기록이 있는데, 바로 이 문제 때문에 열린 것입니다.

> 몇몇 사람이 유대에서 내려와서, 이렇게 신도들을 가르쳤다. "여러분이 모세의 관례대로 할례를 받지 않으면, 구원을 얻을 수 없습니다."
> (행 15:1)

이 유대인들은, 이방인들은 예수도 믿고 할례도 받아야 한다고 주장합니다. 구원받으려면 '예수님+할례'가 있어야 한다는 주장입니다.

1장에서 밝혔듯이, 예수님을 만나기 전, 보수적인 유대인(바리새인)으로서 바울은 그리스도인들을 잡으러 다녔습니다. 언약의 상징인 할례는 유대인들에게 중요한 문제였습니다(창 17장). 다윗이 골리앗에 대해 내뱉었던 말이 생각나십니까? "저 할례도 받지 않은 블레셋 녀석이 무엇이기에, 살아 계시는 하나님을 섬기는 군인들을 이렇게 모욕하는 것입니까?"(삼상 17:26) 바울이 처음에 그리스도인들을 박해했던 이유는 그들이 할례도 받지 않고 구원을 받을 수 있다고 주장했기 때문입니다. 율법이 아닌 다른 방법으로 하나님과의 관계가 올바르게 될 수 있다는 주장을 바리새인 바울은 받아들일 수 없었습니다. 이방인들이 유대인과 같이 되지 않아도 예수 그리스도만 의지하면 인종을 뛰어넘는 하나님의 구원을 받을 수 있다는 생각은 보수적인 바리새인 바울에게는 참을 수 없는 신성모독이었습니다. 그러

복음의 진리

나 부활하신 주님을 만나고 나서 바울의 생각이 완전히 바뀌었습니다. 할례를 포함하여 율법의 행위가 아닌 그리스도의 신실함만이 하나님과의 관계를 회복시킬 수 있는 유일한 방법이라는 확신을 품게 되었지요.

갈라디아의 그리스도인들에게 찾아온 거짓 선생들은 예수를 통해 구원의 시작을 이룰 수 있음을 인정하면서도, 지역의 보수적인 유대인들의 박해를 피할 뿐만 아니라 로마인들과도 잘 지내려면 할례로 대표되는 율법규정을 지켜야 한다고 설득했을 것입니다. 바울 편에서 볼 때 그들의 주장은 그리스도의 십자가 때문에 받는 박해를 면하고자 하는 핑계밖에 되지 않았습니다. 그리스도를 믿으면 그것으로 충분하며, 박해가 있더라도 기꺼이 받겠다는 것이 바울의 신념이었기 때문입니다. 할례가 필요 없다고 주장함으로써 바울은 박해를 받았습니다. 하지만 박해를 당한다고 해서 십자가 복음을 포기할 수는 없었습니다.

또한 13절에서 그 유대인들의 다른 의도가 드러납니다. 그들은 이방인이었던 갈라디아 교인들에게 할례를 받게 해서 자기들의 선교 업적을 자랑하려는 의도가 있었습니다. 다른 유대인들에게 자기들의 놀라운 업적, 즉 바울이 세워 놓은 공동체를 자기들 편으로 만들었다는 자랑을 하고 싶었던 것입니다. 이렇게 상상해 보면 좋겠습니다. 그들이 예루살렘에 있는 본부에 선교편지를 씁니다. "이번에 갈라디아 선교에서 바울이라는 이단이 세워 놓은 교회에 들어가서 100명에게 할례를 베풀었습니다. 그들은 예수를 믿는 것만 알았지 할례를 받아 언약으로 들어와야 한다는 것을 모르던 이방인들이었습니다. 할렐루야!"

그러나 바울은 그렇게 주장하는 사람들이 사실은 자신도 율법을 지키지 않는 위선자들이었다는 점을 지적합니다. 그들의 자랑은 위선이며 헛된 자랑이었습니다.

십자가밖에는

바울은 고백합니다.

> 그런데 내게는 우리 주 예수 그리스도의 십자가밖에는, 자랑할 것이 아무것도 없습니다. (6:14)

"자랑"과 "십자가"는 함께 갈 수 없는 단어입니다. 그리스도의 십자가 위에서 모든 인간적인 자랑이 끝났기 때문입니다. 십자가는 우리의 행동이 아닌 하나님의 행동이 드러난 곳입니다. 따라서 십자가를 자랑한다는 것은 인간의 지위와 업적, 공로, 프라이드에 대한 의지는 죽음으로 이끌 뿐이고, 새로운 생명을 얻기 위해서는 오직 하나님의 은혜밖에 없음을 고백하는 것입니다. 오직 하나님의 은혜만이 우리를 지금의 악한 세대에서 구원할 수 있다는 고백입니다. 우리의 힘으로는 되지 않습니다. 우리가 자랑할 수 있는 것은 "예수 그리스도와 그가 십자가에 못 박히신 것"(고전 2:2, 개역개정) 외에는 없습니다. 우리의 소망은 예수 그리스도의 고난과 영광에 참여하는 것입니다(롬 5:2-5, 11).

바울은 현시대의 모든 가치와 질서가 더 이상 우리 삶을 주장하지 못한다는 것을 선언합니다. 14절의 이 선언은 매우 놀랍습니다.

복음의 진리

바울은 전에 자부심(pride)을 가졌던 모든 것이 이제 하나도 쓸데없다고 선언하기 때문입니다. 그리스도의 십자가 때문에 유대인으로서의 자부심과 업적을 똥이라고 여기게 되었습니다(빌 3:4-11). 십자가 때문에 그는 전에 가졌던 정체성을 버리고 새로운 정체성을 갖게 되었습니다. 이제는 자기가 사는 것이 아니라 자기 안에 그리스도께서 사신다고 고백합니다(2:19-20). 왜 그렇습니까? 그리스도를 믿는 사람은 그리스도와 함께 십자가에 못 박히며 그의 죽음에 참여하기 때문입니다. 그래서 그리스도를 믿는 사람은 자기 힘으로 살아가지 않고 하나님께서 허락하신 "새 생명" 안에서 살아갑니다(롬 6:4, 11). 그는 죄에게는 죽은 사람이요 하나님께는 살아 있는 사람입니다.

그런데 바울이 사용하는 언어를 단순히 인간 내면의 심리적인 변화에 국한해 이해해서는 안 됩니다. 그가 사용하는 "세상"이라는 단어, 즉 '코스모스'(κόσμος) 자체가 십자가를 통해 죽어 버렸기 때문입니다. 코스모스는 온 우주를 포함하는 개념입니다. 그 안에 있는 모든 것이 십자가 때문에 변화되었습니다. 하나님은 십자가를 통해 세상의 통치자들과 권세 잡은 자들을 심판하셨습니다(골 2:13-15). 바울에게 그들은 더 이상 두려운 존재도 매력적인 존재도 아닙니다. 자기 쪽에서 보면 세상은 십자가에 못 박혀 죽었기 때문입니다. 그러므로 이제 바울은 세상이 가르치고 밀어붙이는 가치관과 방법으로 살아가는 사람이 아닙니다.

십자가형

십자가에 달리신 그리스도만을 자랑하는 삶은 우리가 우리 자신을 구원할 수 있다는 생각을 버릴 때만 가능합니다. 십자가를 자랑한다는 의미는 단지 예수께서 나의 죄를 위해 죽으셨다는 사실을 믿는 데서 끝나지 않습니다. 예수께서 가신 그 십자가의 길로 따라간다는 의미입니다. 사도 바울은 14절에서 세 가지 십자가형을 보여 주고 있습니다. 십자가는 하나이지만, 거기에는 세 가지 십자가형이 드러납니다.

(1) 십자가 위에서 그리스도께서 우리의 죄를 위해 죽으셨습니다.

(2) 우리가 그리스도를 믿을 때 우리는 그와 함께 십자가에 못 박히게 됩니다. 그리스도와 연합하여 그와 함께 죽고 새롭게 태어납니다.

(3) 그러므로 우리는 세상에 대해 못 박히고, 세상은 나에 대해 못 박히게 됩니다.

그래서 우리가 십자가를 자랑한다고 고백할 때, 삼중으로 십자가형을 생각하게 됩니다. 십자가에 달리신 그리스도, 십자가에 달린 나, 그리고 십자가에 달린 세상. 바울은 이렇게 선언했습니다.

> 그리스도 예수께 속한 사람은 정욕과 욕망과 함께 그 육체를 십자가에 못 박았습니다. (5:24)

우리의 죄는 십자가에 못 박아서 해결할 수밖에 없습니다. 그런데 5장 24절에서처럼 6장 14절에서도 십자가에 못 박았다고 표현할 때, 똑같이 현재완료형을 사용했습니다. 과거에 일어난 사건이 현재에도 영향을 끼친다는 의미입니다. 우리의 육체는 그리스도께서 십

복음의 진리

자가에서 죽을 때 같이 죽었습니다. 이 사건이 현재에 끼치는 영향은 세상이 나를 유혹하고 붙잡아 끌고 가려는 힘이 점점 약해진다는 것입니다. 세상이 주는 유혹에서 점점 벗어나면서, 우리는 하나님의 은혜에 의해 새로운 생명을 갖고 살아가게 됩니다. 나의 옛사람이 십자가에 못 박혔으니 이제 움직이지 못합니다. 나의 옛사람은 죽었고 이제 새사람으로 살아갑니다. 내 안에 사시는 그리스도께서 나의 삶을 주장하십니다!

25 새 창조

갈라디아서 6:15-18

¹⁵ 그러므로 할례나 무할례가 중요한 것이 아니라, 새 창조가 중요합니다. ¹⁶ 이 잣대를 따라 사는 사람들에게, 즉 하나님의 이스라엘에게 평화와 자비가 있기를 빕니다. ¹⁷ 이제부터는 아무도 나를 괴롭히지 마십시오. 나는 내 몸에 예수의 낙인을 지니고 있습니다. ¹⁸ 형제자매 여러분, 우리 주 예수 그리스도의 은혜가 여러분의 영에 함께하기를 빕니다. 아멘.

새 창조

갈라디아서 6장 15절은 11절부터 시작된 갈라디아 서신의 마무리 구절들에서 클라이맥스인데, 아주 간단한 문장으로 되어 있습니다. 문자 그대로 직역하면 이렇습니다. "그러므로 할례나 무할례나 아무것도 아닙니다. 그러나 새 창조!" 매우 선언적인 문장입니다. 할

복음의 진리

례나 무할례가 중요한 것이 아니라 새 창조가 중요하다는 의미입니다. 새 창조(New Creation)란 무엇일까요? "새 창조"라는 단어는 이사야서에서 왔습니다. 하나님은 자기의 백성을 위하여 새로운 일을 하기 원하셨습니다.

> 너희는 지나간 일을 기억하려고 하지 말며, 옛일을 생각하지 말아라. 내가 이제 **새 일**을 하려고 한다. 이 일이 이미 드러나고 있는데, 너희가 그것을 알지 못하겠느냐? 내가 광야에 길을 내겠으며, 사막에 강을 내겠다. (사 43:18-19)

포로로 잡혀 왔던 바벨론 유배에서 벗어나 원래의 땅으로 돌아가는 것, 그것이 "새 일"입니다. 그런데 하나님의 구원 계획은 그것이 전부가 아니었습니다. 이사야가 받은 말씀은 거기에서 더 나아가 유대인과 이방인의 구원을 포함해 종말에 이루어질 하나님의 우주적인 구원을 예언하고 있습니다. 이사야 65장 17절에서 하나님은 선언하십니다.

> 보아라, 내가 **새 하늘과 새 땅을 창조**할 것이니, 이전 것들은 기억되거나 마음에 떠오르거나 하지 않을 것이다. (사 65:17)

"새 하늘과 새 땅을 창조"하는 것이 하나님의 약속입니다. 하나님의 새 창조는 결정적이고, 궁극적이며, 최종적인 사건입니다. 갱생(renewal)과 회복(restoration)을 통해 주실 완전히 새로운 창조를 가리킵니다. 바울은 새 창조가 그리스도의 십자가에서 시작되었다고 믿었습니다. 십자가에서 모든 것이 뒤집어지기 시작했습니다. 하나님의 약함을 통한 다스림이 십자가를 통해 왔고, 그리스도는 우리의 주님으로 다스리시고, 성령이 우리의 삶을 인도하심으로써 우리는 더이상 노예생활이 아닌 자유를 누리게 되었습니다.

그렇게 시작된 새 창조를 그 어떤 세력도 막을 수 없는 이유는 그리스도의 부활 때문입니다. 죄와 함께 세상에 들어온 죽음이 마침내 정복된 것입니다. 새 창조는 십자가에서 시작되어 부활을 통해 돌이킬 수 없는 현실이 되었습니다. 아무도 막을 수 없습니다. 이미 시작된 새 창조가 완성될 날을 소망하며 우리는 기뻐합니다. 현실이 주는 불안감과 염려가 엄습해 와도 새 창조 때문에 소망을 얻습니다. 그리스도의 죽음과 부활에 연합되어 참여하는 삶이 새 창조 안에서의 삶입니다. 전에 사람들을 갈라놓았던 가치 체계는 이제 무의미해졌습니다. 바울의 놀라운 선언이 그것을 잘 보여 줍니다.

유대인이나 그리스인이나 종이나 자유인이나 남자나 여자나, 여러분 모두가 그리스도 예수 안에서 하나입니다. (3:28)

새로운 세상이 열렸습니다. 이 새 세상에서는 할례나 무할례나 아무 의미가 없습니다. 인종적으로 유대인(할례)이나 이방인(무할례)으로 구분 짓는 일이 아무 의미 없다는 말씀입니다. 바울은 고린도후서에서 같은 선언을 합니다.

누구든지 그리스도 안에 있으면, 그는 새로운 피조물입니다. 옛것은 지나갔습니다. 보십시오, 새것이 되었습니다. (고후 5:17)

복음의 진리

이 구절에서 "새로운 피조물"(καινὴ κτίσις 카이네 크티시스)이라고 번역된 문구가 바로 '새 창조'(new creation)입니다. 이 새 창조는 한 개인이 새로운 사람이 되는 개인적인 변화를 의미하지 않습니다. 새 창조는 새로운 공동체의 출현을 통해 실현됩니다. 새 공동체로 드러나는 새 창조에 속한 사람들은 할례나 무할례로 특징지어지는 사람들이 아니라, 믿음으로 그 공동체를 지어 나가는 사람들입니다.

그리스도 예수 안에서는, 할례를 받거나 안 받는 것이 문제가 되지 않기 때문입니다. 가장 중요한 것은 믿음이고, 그 믿음이 사랑을 통하여 일하는 것입니다. (5:6)

'사랑을 통하여 일하는 믿음!'(Faith working through love), 사랑으로 역사하는 믿음이 새 공동체를 지어 나갑니다. 이 공동체에 속한 사람들은 더 이상 육신의 잣대로 서로를 바라보지 않기 때문입니다.

그러므로 이제부터 우리는 아무도 **육신의 잣대**로 알려고 하지 않습니다. 전에는 우리가 육신의 잣대로 그리스도를 알았지만, 이제는 그렇지 않습니다. (고후 5:16)

"육신의 잣대"가 무엇입니까? 그것은 서로를 인종과 성별, 지위와 업적, 부와 가난, 외모와 학벌 같은 것으로 재는 잣대입니다. 새 창조가 가져온 하나님의 공동체에서는 육체의 잣대로 판단하지 않습니다.

하나님의 이스라엘

16절에서 바울은 "이 잣대를 따라 사는 사람들"을 "하나님의 이스라엘"이라고 부르며 그들을 축복합니다. 이 "잣대"(κανών 카논)는 말 그대로 잣대(ruler)를 일컫습니다. 우리가 '정경'이라고 번역하는 'canon'의 원어입니다. 오직 십자가를 통해 얻어진 새 창조를 기준으로 사는 사람들에게 주는 축복입니다. 우리가 흔히 생각하는 복이 아닌 '하나님으로부터 오는 평안과 자비'입니다. 바울은 여기에서 이스라엘을 재정의합니다. "하나님의 이스라엘"은 더 이상 인종적인 표현이 아닙니다. 그리스도 안에서 유대인과 이방인을 다 포함합니다. 가짜 복음 때문에 갈기갈기 찢어져 서로 물어뜯고 잡아먹고 잡아먹히고 했던 갈라디아의 교인들에게 하나님의 치유와 용서가 자비를 통해 내려지기를 기도하고 있습니다. 우리 또한 간절히 빕니다. 하나님의 이스라엘 된 우리에게, 교회들에게 평안과 자비가 가득 차기를 기도합니다. "주여, 불쌍히 여기소서."

예수의 낙인

17절에서 바울은 좀 피곤한 듯 정말 마지막으로 부탁합니다. "제발 더 이상 괴롭히지 마세요. 내 몸에는 예수의 낙인(στίγματα 스티그마타[복수])이 있습니다." '스티그마'는 문자적으로 '상처 자국'을 의미합니다. 이 상처 자국들은 바울이 그리스도의 복음을 전하다가 매를 맞아 생겼습니다. 바울은 이 상처 자국들을 자기가 그리스도와 함께 십자가에 못 박힌 증거로 생각했습니다. 고린도후서 4장 10절에서 바

복음의 진리

울은 우리가 그리스도의 죽임당하심을 몸에 짊어지고 다닌다고 표현하기도 했습니다. 그런데 예수의 상처 자국이라는 표현 속에서 우리는 더 깊은 의미를 발견합니다. 당시 노예들은 자기가 누구에게 속했는지 알려 주는 표시로써 몸에 낙인을 찍어 다녔습니다. 지울 수 없는 브랜드마크가 찍혀 있는 말을 상상하면 됩니다.

이 풍습은 미국 노예제도에서도 계속되어 몸에 낙인이 남은 흑인들이 많이 있었습니다. 흑인 노예사를 보면, 한 번 도망했다가 잡히면 인두를 달구어 몸에 주인 이름을 새겨 놓는 경우가 있었습니다. 어떤 경우에는 얼굴에 낙인을 찍기도 했습니다. 바울은 자기 자신을 예수 그리스도의 노예로 생각했습니다. 따라서 바울은 나의 주인 되신 예수 그리스도의 낙인이 내 몸에 있으니 나는 오직 그분의 명령과 권위에 의해서만 사역한다고 선언합니다. 세상적으로 보면 예수의 낙인은 절대 명예로운 것이 될 수 없습니다. 왜냐하면 그 낙인은 십자가형을 받을 때 생긴 흔적을 의미하기 때문입니다. 그러나 하나님의 관점에서 볼 때 십자가형의 흔적으로 찍힌 낙인은 명예롭고 영광스러운 것입니다. 바로 그 상처 때문에 인류가 구원받았기 때문입니다. 바울은 고백합니다.

> 내가 바라는 것은, 그리스도를 알고, 그분의 부활의 능력을 깨닫고, 그분의 고난에 동참하여, 그분의 죽으심을 본받는 것입니다. (빌 3:10)

그리스도를 아는 것은 그리스도의 고난에 동참하여 그가 받은 상처를 나도 받고 그 흔적을 나의 삶에도 새기는 것입니다. 그 흔적이 우리 삶에 있습니까? 예수님의 제자 도마는 부활하신 예수님을 보았다는 자기 동료들에게 이렇게 말합니다.

> 내가 그의 손의 못 자국을 보며 내 손가락을 그 못 자국에 넣으며 내
> 손을 그 옆구리에 넣어 보지 않고는 믿지 아니하겠노라. (요 20:25, 개
> 역개정)

어쩌면 세상은 교회에게 똑같이 말하고 있는지도 모르겠습니다. "당신들의 모습 속에 당신들이 전하려고 하는 예수의 상처가, 예수의 흔적이 보이면 믿겠소." 특히 설교자에게 뼈아픈 말입니다. "김목사, 당신이 복음의 진리를 6개월 동안 전했다고 하는데, 당신 삶 속에 예수의 상처가 어디 있습니까? 예수의 흔적을 보여 주세요. 그러면 믿겠습니다." 전설적인 어느 목사님은 전도를 하던 중, 술에 취한사람이 던진 술병에 얼굴이 찢어져 상처가 생겼습니다. 그 상처 덕분에 전도할 때 능력이 있었다고 합니다. 예수의 흔적이 우리 삶에 있습니까?

축도

18절은 바울의 축도입니다. "우리 주 예수 그리스도의 은혜"를 기원하면서 바울은 편지를 끝냅니다. 이 편지는 "은혜"로 시작했습니다. "우리 아버지 하나님과 주 예수 그리스도의 은혜와 평화"(1:3)가 있기를 빌며, 우리를 그리스도의 은혜로 불러 주신 하나님을 언급하며 시작했습니다(1:6). 이제 같은 방법으로 편지를 마칩니다.

복음의 진리

형제자매 여러분, 우리 주 예수 그리스도의 은혜가 여러분의 영에 함께하기를 빕니다. (6:18)

우리 주 예수 그리스도의 은혜는 우리가 받은 생명의 기초입니다. 그 은혜가 우리의 영에 함께하지 않으면 우리는 결코 살아남을 수 없습니다!

갈라디아서 성경강해를 마무리하면서 저 또한, 우리 주 예수 그리스도의 은혜가 여러분의 영에 함께하기를 간절히 빕니다. 아멘.

하나님, 저희로 하여금 갈라디아서를 묵상하게 하시니 감사합니다.

갈라디아서에 드러난 복음의 진리를 알게 하시고

배우게 하시니 감사합니다.

저희들이 이 책을 통해 조금이나마 배우고 깨달았다면

그 진리로 교회 공동체를 세워 가게 하소서.

육체의 행실이 아닌 성령의 열매가 주렁주렁 열려서

오직 하나님만이 영광과 경배를 받는 교회,

예수의 흔적이 있는 교회를 세워 가게 하소서.

아무것도 자랑하지 않고

오직 그리스도의 십자가만을 자랑하기 원하오며

우리 안에 살아 계신 예수 그리스도의 이름으로 기도합니다.

아멘.

복음의 진리, 갈라디아서

갈라디아서에 드러난 교회 공동체의 본질

초판 1쇄 발행 2024년 1월 12일

지은이 김도현
펴낸이 이현주

펴낸곳 사자와어린양
출판등록 2021년 5월 6일 제2021-000059호
주소 (03140) 서울시 종로구 삼일대로 428, 5층 500-28호(낙원동, 낙원상가)
전화 010-2313-9270 **팩스** 02)747-9847
이메일 sajayang2021@gmail.com **홈페이지** https://sajayang.modoo.at

ISBN 979-11-93325-05-6 03230

✛ 사자와 어린 양이 뛰놀고 어린이가 함께 뒹구는 그 나라의 책들 ✛